2020年中国博士后科学基金第68批面上资助
“股东会决议瑕疵诉讼研究”(2020M683702XB)

股东会决议瑕疵诉讼研究

蒋丽华　著

山东大学出版社
SHANDONG UNIVERSITY PRESS
·济南·

图书在版编目(CIP)数据

股东会决议瑕疵诉讼研究 / 蒋丽华著. -- 济南：山东大学出版社, 2023.10

ISBN 978-7-5607-7950-8

Ⅰ. ①股… Ⅱ. ①蒋… Ⅲ. ①股份有限公司—股东—诉讼—研究—中国 Ⅳ. ①D922.291.914

中国国家版本馆CIP数据核字（2023）第205391号

责任编辑 刘晓燕
封面设计 王秋忆

股东会决议瑕疵诉讼研究
GUDONGHUI JUEYI XIACI SUSONG YANJIU

出版发行	山东大学出版社
社　　址	山东省济南市山大南路20号
邮政编码	250100
发行热线	（0531）88363008
经　　销	新华书店
印　　刷	济南巨丰印刷有限公司
规　　格	787毫米×1092毫米　1/16
	14.75印张　232千字
版　　次	2023年10月第1版
印　　次	2023年10月第1次印刷
定　　价	59.00元

CONTENT

目 录

导论

一、研究背景

公司决议应当遵守法律、行政法规或公司章程的规定，并适用法律上有关行为瑕疵的规则。公司决议属于团体法律行为，若完全采用法律上关于无效或可撤销行为的规定，会导致团体法律关系的不稳定，影响众多利害关系人的利益，故而各国一般通过商法或公司法对公司决议的瑕疵及其救济进行专门规定，并通过各种限制缓解因滥用此种权利带来的弊端。[①] 因此，司法对公司股东会决议效力瑕疵认定的介入源于公司治理本身的局限性，目的在于弥补公司自治带来的制度缺陷以防止公司整体利益受损。但司法介入应有一定的界限，并制定合理完善的立法用以指导实践。《中华人民共和国公司法》（以下简称《公司法》）第22条和《最高人民法院关于适用〈中华人民共和国公司法〉若干问题的规定（四）》（法释〔2020〕18号）（以下简称《公司法解释（四）》）第1条将我国股东会决议瑕疵诉讼分为股东会决议无效、撤销和不成立诉讼三种类型，确立了以股东会决议瑕疵“三分法”为基础的股东会决议瑕疵诉讼体系。

然而，《公司法》第22条和《公司法解释（四）》第1—6条的规定较为

① 参见施天涛:《公司法论（第4版）》，法律出版社2018年版，第390页。

原则，难以应对法院在审理股东会决议瑕疵诉讼过程中面临的诸多困境。我国立法并未明确规定股东会决议瑕疵诉讼的合并审理，更无关于合并审理过程中当事人地位列明等具体的操作规范。此外，我国立法也并未明确股东会决议瑕疵诉讼判决的既判力问题，由此可能导致重复诉讼和恶意诉讼的发生，出现矛盾判决。近年来，我国股东会决议瑕疵诉讼案件的数量呈上升趋势，充分体现了市场经济的活跃和股东权利意识的增强。但随着公司结构的日益完善和纠纷的复杂化，粗放的立法已经难以应对精细化审判的需求，现有立法的不足增加了法官裁判的难度和不确定性。我国《公司法》及其司法解释更多体现的是实体法上的行为规范，未过多考虑在诉讼法上可能面临的理论困境及其如何进行裁判的问题。本书基于《公司法解释（四）》出台的大背景，旨在从程序法的视角，运用民事诉讼基础理论对我国股东会决议瑕疵诉讼制度进行研究。通过调查、整合与分析股东会决议瑕疵诉讼的现状、问题、成因及争议，进一步完善我国股东会决议瑕疵诉讼的基础理论与立法规则，并为司法实践提出有益、有效且可验、可行的对策建议。[①]

二、研究意义

（一）促进实体法与程序法的融合

股东会决议瑕疵诉讼是在公司决议存在瑕疵时，股东、董事、监事等利害关系主体的主要诉讼救济手段，此类诉讼不仅涉及公司法上的股东会决议制度，而且涉及民事诉讼中具体的程序规则，属于实体法和诉讼法共同作用的场域。本书基于公司法立法，从民事诉讼的角度进行理论分析，既考虑到了实体法上的规定，又兼顾了民事诉讼程序规则体系的一贯性，有利于实体法和程序法的融合。

---

① 在我国《公司法》中，公司全部都是有限公司，其又可进一步分为股份有限公司和有限责任公司。股份有限公司的决策机构为股东大会，有限责任公司的决策机构为股东会。本书中的股东会为泛称，包括股东大会和股东会。

（二）深化民事诉讼基础理论研究

股东会决议瑕疵诉讼具有特殊性：从诉讼类型角度看有突破传统诉讼类型划分和效力规定的特质；从当事人适格角度看有从诉的利益、诉讼要件等角度进行论证的必要性；从诉讼标的角度看存在如何确定诉讼标的的难题；从既判力角度看有突破传统既判力主观范围的现实需求。公司股东会决议瑕疵诉讼涉及纠纷的一次性解决和第三人程序保障的利益衡量，其特殊的社会公益性对传统民事诉讼理论提出了挑战。本书有助于从股东会决议瑕疵诉讼这一特殊的诉讼种类出发，深化民事诉讼基础理论的研究。

（三）完善股东会决议瑕疵诉讼案件的审理规则

股东会决议瑕疵诉讼作为股东会决议纠纷的外部救济手段，是对公司内部治理这一事前规制无力的救补。司法作为外部力量通过介入公司的内部治理，强化公司的内部制衡。法官在行使这一审判权的过程中需要借助具体的程序规则来实现相关利益的平衡。本书通过对股东会决议瑕疵诉讼基础理论的分析，有助于从程序适用的角度完善我国股东会决议瑕疵诉讼的具体审理规则，为司法实践提供具有可操作性的指引。

三、研究综述

（一）国外研究现状

股东会决议瑕疵诉讼的种类和具体事由与股东会决议瑕疵的分类一脉相承。因而，综观各国公司立法，对股东会决议瑕疵诉讼的规定和其他制度相比更加充分地体现了实体法与程序法的融合。对于股东会决议瑕疵诉讼，《德国股份公司法》第7部分基于股东会决议瑕疵效力“二分法”的分类，将股东会决议瑕疵诉讼分为无效和撤销诉讼两种类型。相比于其他国家，德国立法对股东会决议瑕疵诉讼规定了较为详细的操作程序，包括起诉期间、管辖、公告、审理程序和既判力等，更好地体现了行为规范与裁判规范的融合。德国学者在立法的基础上对股东会决议瑕疵诉讼进行了阐释，如托马斯·莱塞尔和吕迪格·法伊尔在《德国资合公司法》中对股东会决议瑕疵诉讼的诉讼程序作了较为详细的解说。[①] 格茨·怀克和克里斯蒂娜·温德比西勒在《德国公司法》一书中对此也有提及。[②] 韩国在其公司法立法中对股东会决议瑕疵和诉讼内容的规定，在凸显其个性的同时也借鉴了德国立法的某些规定，李哲松在《韩国公司法》一书中亦对股东会决议瑕疵诉讼的提起事由、诉的性质、适格当事人和既判力等理论进行了探讨。[③]

日本学者对股东会决议瑕疵诉讼的研究较为深入和系统，从诉的类型、诉的利益、当事人适格、诉讼标的、既判力和“重复形成对象”等角度对股东会决议瑕疵诉讼进行论述，基本涵盖了民事诉讼主要的基础理论。如高桥宏志在《民事诉讼法：制度与理论的深层分析》一书中，在介绍诉的种类、当事人适格、既判力的相关理论和研究成果时以股东会决议瑕疵诉讼为例，对日本相关学术研究进行了汇总式的解说。[④] 谷口安平在《判决效力的扩张与当事人适格》一书中以对诉的类型的讨论为起点，进而对股东会决议瑕疵诉讼的当事人适格和既判力扩张等问题进行了论述。[⑤]

《日本公司法》将股东会决议瑕疵诉讼分为股东会决议无效、撤销和不存在诉讼三种类型。对于三种股东会决议瑕疵诉讼的诉的类型，日本学者多有争论，出现分歧的原因在于传统的诉的分类在既判力扩张层面遇到了难题。新堂幸司认为股东会决议无效诉讼虽不属于形成之诉，但有形成之诉的一面。[⑥] 霜

---

① 参见[德]托马斯·莱塞尔、吕迪格·法伊尔:《德国资合公司法》，高旭军等译，法律出版社2005年版，第260—283页。

② 参见[德]格茨·怀克、克里斯蒂娜·温德比西勒:《德国公司法》，殷盛译，法律出版社2010年版，第548—558页。

③ 参见[韩]李哲松:《韩国公司法》，吴日焕译，中国政法大学出版社2000年版，第412—434页。

④ 参见[日]高桥宏志:《民事诉讼法：制度与理论的深层分析》，林剑锋译，法律出版社2003年版，第62—536页。

⑤ 参见[日]谷口安平:《程序的正义与诉讼（增补本）》，王亚新、刘荣军译，中国政法大学出版社2002年版，第271—288页。

⑥ 参见[日]新堂幸司:《新民事诉讼法》，林剑锋译，法律出版社2008年版，第151页。

岛甲一在《主张撤销股东大会决议或股东大会决议无效诉讼的诉讼标的》一文中认为确认之诉和形成之诉的诉讼类型划分是一种手段性的概念，并非绝对。股东会决议瑕疵诉讼处于确认之诉与形成之诉之间的位置，是一种包含确认与形成在内的复合形态诉讼。

对于股东会决议瑕疵诉讼的当事人适格问题，学者主要的争议在于何者为股东会决议瑕疵诉讼的适格原告和被告。根据《日本公司法》第828条第2款第1项的规定，股东会决议撤销诉讼的适格原告原则上为股东、董事、清算人、执行官和监事。此外，根据该法第831条第1款的规定，基于股东会决议被解任的董事、监事、清算人以及基于后任者选任决议而丧失董事、监事、清算人资格的人均具有原告资格。对于股东会决议无效和不存在诉讼，只要对诉讼存有正当利益者均可提起。[①] 在股东会决议撤销诉讼中，日本学者普遍认为，撤销选任高级管理人员的股东会决议瑕疵诉讼正在审理时，根据该决议被选任的高级管理人员因任期届满退任，若无特别事项该诉讼将欠缺诉的利益。[②]

日本学者对股东会决议瑕疵诉讼的被告提出了不同的观点。学者谷口安平认为虽然股东会决议属于公司的意思决定，但从本质上看公司并不具有任何发言权，其在意思决定过程中形同虚设，公司并非适格被告。为了使实质性利害关系人能够反映在当事人适格里，应由包含股东、董事的全体内部关系人来决定决议的效力。[③] 福永有利认为，由于原告以全体股东作为被告提起诉讼并不现实，因而应当将能够代表全体股东意思的公司作为被告。但当公司存在超越普通股东地位对公司决议具有特别重大利害关系的人员时，应当承认其独立于公司的被告适格，如选任董事的股东会决议受到攻击时被选任的该董事可作为被告。此外，规模不大的公司可由全体股东作为被告，无须将公司列为被

① 参见[日]近藤光男:《最新日本公司法（第7版）》，梁爽译，法律出版社2016年版，第206页。

② 参见[日]小川宏幸:《股东大会决议不存在、确认无效、撤销诉讼》，赵旭东、宋晓明主编:《公司法评论》第3辑，人民法院出版社2007年版，第124页。

③ 参见[日]谷口安平:《程序的正义与诉讼（增补本）》，王亚新、刘荣军译，中国政法大学出版社2002年版，第277—280页。

告。[①] 但对于上述被选任董事的情形，新堂幸司认为此时应当将该董事与公司作为共同被告，并且是固有的必要共同诉讼。[②] 中岛弘雅认为原告以外的公司股东分为与原告对立的股东和对纠纷不抱关心态度的股东两种类型。以选任董事的股东会决议瑕疵诉讼为例，对立派的利益由被选任的董事代表，但为了保护漠不关心的股东的利益应当允许公司作为被告。山本克己认为公司是必要的被告，诉讼开始后利害关系人可以以共同诉讼或共同诉讼辅助参加的方式加入到诉讼中来。日本学者对股东会决议瑕疵诉讼被告的理论探讨反映了公司内部利益和诉讼争议的复杂性，争议问题的根本在于从法律关系上看股东会决议体现的是股东之间的法律关系还是股东等主体与公司之间的关系。[③]

对于股东会决议瑕疵诉讼的诉讼标的，日本学术界主要有诉讼标的一元论和三元论两种学说。霜岛甲一、小山升等认为股东会决议无效、撤销和不存在各自并不构成独立的诉讼标的，而应作为一个诉讼标的予以对待。[④] 对于股东会决议瑕疵诉讼的既判力主观范围，《日本公司法》直接通过立法的方式规定了主观范围的片面扩张。日本学者对股东会决议瑕疵诉讼既判力主观方面的论述也主要以诉的性质为基础，进而对既判力主观范围的扩张提供理论支撑。也正是因为如此，日本学者对股东会决议瑕疵诉讼的既判力理论少有专门的论述，而主要以对股东会决议瑕疵诉讼诉的性质、当事人适格和诉讼标的研究为主，辅之以既判力理论检验上述学说的合理性。股东会决议瑕疵诉讼的"重复形成对象"问题，因涉及对股东会决议瑕疵诉讼的诉讼标的、既判力和争点效三个领域问题的理解，学者对此也多有论述。[⑤]

---

① 福永有利:「法人内部紛争の当事人適格」、铃木忠一・三ケ月章:『実務民事訴訟法講座第1卷（新版)』、日本評論社、1981、321頁。

② 参见［日］新堂幸司:《新民事诉讼法》，林剑锋译，法律出版社2008年版，第541页。

③ 参见李志刚:《公司股东大会撤销决议诉讼的当事人：规范、法理与实践》，《法学家》2018年第4期。

④ 霜島甲一:「総会決議の取消・無効を主張する訴訟の訴訟物」、鈴木忠一・三ケ月章:『実務民事訴訟講座5』、日本評論社、1970、3—28頁；小山昇:『訴訟物の研究』、信山社、1994、202頁。

⑤ 参见［日］高桥宏志:《民事诉讼法：制度与理论的深层分析》，林剑锋译，法律出版社2003年版，第533—536页。

从日本学者对股东会决议瑕疵诉讼的研究可以看出，股东会决议瑕疵诉讼作为公司法上特有的诉讼，既涉及实体法上的权利义务关系，又涉及民事诉讼基本法理，在具体制度讨论的过程中还需要兼顾公司经营的稳定性和其扮演的社会角色。日本学者对股东会决议瑕疵诉讼基础理论的研究各有侧重，但在研究过程中仍离不开对民事诉讼基础理论的整体统筹，原因在于单纯对股东会决议瑕疵诉讼当事人适格、诉讼标的或既判力一个方面的讨论难以解决股东会决议瑕疵诉讼面临的理论和实践难题。

（二）国内研究现状

我国对股东会决议瑕疵诉讼的研究起步较晚且缺乏体系化，学者更多是对股东会决议瑕疵诉讼的某一方面进行研究。台湾地区对股东会决议瑕疵诉讼的探讨主要紧跟日本，曾三次将此作为民事诉讼法研讨的主题。《民事诉讼法之研讨（四）》以婚姻无效和股东会决议无效诉讼作为讨论主题，学者陈荣宗认为股东会决议无效应当作裁判上无效看待，不能解释为当然无效，股东会决议无效诉讼应为形成之诉。[①]《民事诉讼法之研讨（十五）》以股东会决议瑕疵诉讼的诉讼标的为讨论主题，学者雷万来以股东会决议瑕疵诉讼三种诉讼类型存在的理由为起点，对股东会决议瑕疵诉讼诉讼标的一元论和三元论的优缺点分别进行了较为深入的分析，在坚持诉讼标的三元论的基础上提出相应的解决对策。[②]《民事诉讼法之研讨（十六）》对股东会决议瑕疵诉讼的确认利益、被告适格和判决对世效力等方面的问题进行了讨论，报告人陈鹏光认为判断股东会决议瑕疵诉讼的当事人是否适格时须考量原被告利益和法院代表的公益，诉讼类型也并非划定既判力主观范围的关键要素。[③]

---

① 参见陈荣宗：《婚姻无效与股东会决议无效之诉讼（之一）》，民事诉讼法研究基金会：《民事诉讼法之研讨（四）》，（台北）三民书局 1993 年版，第16、21 页。

② 参见雷万来：《公司股东会议决议诉讼之诉讼标的》，民事诉讼法研究基金会：《民事诉讼法之研讨（十五）》，（台北）三民书局 2008 年版，第 119—133 页。

③ 参见陈鹏光：《股东会决议争讼事件之确认利益、被告适格及判决对世效力——着重于探讨其相关审判实务应如何依循修正民事诉讼法之意旨处理及今后残留之课题》，民事诉讼法研究基金会：《民事诉讼法之研讨（十六）》，（台北）三民书局 2009 年版，第 18、36 页。

我国目前以股东会决议瑕疵诉讼作为主要研究对象的专著仅赵心泽博士《股东会决议瑕疵诉讼制度研究》一书，但书中对股东会决议瑕疵诉讼的种类、当事人适格等更多从实体法的角度进行阐释，对诉讼涉及的程序和司法裁量的研究给人意犹未尽之感。① 张卫平教授在《民事诉讼：关键词展开》一书中在对正当当事人进行讨论时对股东会决议瑕疵诉讼的被告问题进行了论述，并认为应当将全体股东作为被告，以此展开相关理论阐释。② 此外，陈群峰教授在《审判视野下的公司诉讼研究》一书中对股东会决议瑕疵诉讼进行了专章介绍，但仍立足于实体法的角度。③ 谢文哲教授在《公司法上的纠纷之特殊诉讼机制研究》一书中对股东会决议瑕疵诉讼的介绍更多体现了诉讼法的视角，但相关论述仍不够详尽。④ 张凝博士在《日本股东大会制度的立法、理论与实践》一书中对日本股东会决议瑕疵诉讼讨论不多，但仍具有较大启发。⑤ 除此之外，也有不少实体法学者出版的专著或教材在对股东会决议瑕疵进行介绍时提及股东会决议瑕疵诉讼，但篇幅均十分有限，这里不再一一列举。⑥

论文方面，蔡立东教授等在《论股东会决议撤销权的主体及其行使》一文中认为股东皆应为撤销权行使的主体，应通过诉讼担保和裁量驳回制度改善撤销权的行使。⑦ 丁勇教授通过《德国公司决议瑕疵诉讼滥用问题研究及启示》一文，在对德国股东会决议适格原告诉权滥用进行成因分析和总结现有措施的基础上，指出应回归民事诉讼法的基本原理，以行为保全制度调整此类诉讼提

① 参见赵心泽：《股东会决议瑕疵诉讼制度研究》，法律出版社 2017 年版，第 152—207 页。

② 参见张卫平：《民事诉讼：关键词展开》，中国人民大学出版社 2005 年版，第 114—118 页。

③ 参见陈群峰：《审判视野下的公司诉讼研究》，法律出版社 2013 年版，第 117—134 页。

④ 参见谢文哲：《公司法上的纠纷之特殊诉讼机制研究》，法律出版社 2009 年版，第 83—134 页。

⑤ 参见张凝：《日本股东大会制度的立法、理论与实践》，法律出版社 2009 年版，第 268—305 页。

⑥ 如钱玉林：《股东大会决议瑕疵研究》，法律出版社 2005 年版；李志刚：《公司股东大会决议问题研究：团体法的视角》，中国法制出版社 2012 年版；施天涛：《公司法论（第 4 版）》，法律出版社 2018 年版。

⑦ 参见蔡立东、杨宗仁：《论股东会决议撤销权的主体及其行使》，《当代法学》2008 年第 5 期。

起与决议执行的关系，消除诉权滥用的可能[①]；在《股东大会决议撤销诉讼功能反思》一文中指出我国《公司法》第22条将股东会决议撤销诉讼作为公司内部“公益诉讼”的功能定位值得商榷，应回归此种诉讼维护原告股东个体权利的制度宗旨[②]。在《组织法的诉讼构造：公司决议纠纷诉讼规则重构》一文中，丁勇教授从组织法的视角对公司决议瑕疵诉讼（包括股东会决议瑕疵诉讼和董事会决议瑕疵诉讼）的诉讼标的、判决效力以及第三人程序保障等问题进行了较为详细的阐释。对于股东会决议瑕疵诉讼的诉讼标的问题，丁勇教授更多的是从避免重复诉讼的角度，认为三种不同的股东会决议瑕疵诉讼的诉讼标的具有同一性，法院判决仅具有片面对世效力，并认为应通过第三人诉讼参加和诉讼告知的方式保障第三人的权益。[③]不过诉讼标的三元论以实体法上对股东会决议瑕疵的分类为依托，更具有可取性。[④]李志刚博士在《公司股东会撤销决议之诉的当事人：规范、法理与实践》一文中认为股东会决议体现的作为团体成员的股东与作为团体整体的公司之间的关系，决定了股东会决议撤销诉讼中诉讼当事人的列置与以平等主体的两造对抗模式有显著不同。[⑤]王湘淳博士在《股东会决议撤销诉讼：功能重校与规则再造》一文中表示，股东并非控制决议合法与否的适格主体，股东会决议撤销诉讼应坚持以保护股东个体权利为主、维护决议适法性为辅的定位，在团体诉讼视角下进行制度构建。[⑥]他继而又在《股东会决议撤销诉讼之二次诉讼困局研究》一文中认为基于股东会决议撤销诉讼形成之诉的特性导致的二次诉讼困局宜通过诉的客观合并方式一次性解决。[⑦]此外，学者李建伟、钱玉林、胡晓静等亦发文围绕股东会决议制度

① 参见丁勇：《德国公司决议瑕疵诉讼滥用问题研究及启示》，《比较法研究》2013年第4期。

② 参见丁勇：《股东大会决议撤销诉讼功能反思》，《法学》2013年第7期。

③ 参见丁勇：《组织法的诉讼构造：公司决议纠纷诉讼规则重构》，《中国法学》2019年第5期。

④ 参见蒋丽华：《优化营商环境下股东会决议瑕疵诉讼之诉讼标的》，《河南财经政法大学学报》2023年第2期。

⑤ 参见李志刚：《公司股东会撤销决议之诉的当事人：规范、法理与实践》，《法学家》2018年第4期。

⑥ 参见王湘淳：《股东会决议撤销诉讼：功能重校与规则再造》，《法学论坛》2018年第1期。

⑦ 参见王湘淳：《股东会决议撤销诉讼之二次诉讼困局研究》，《海南大学学报》（人文社会科学版）2018年第3期。

及其诉讼阐述了自己的观点。[①]

另外，周翠在《公司决议诉讼的功能定位与程序机制》一文中将股东会决议瑕疵诉讼分为共益型诉讼和普通确认之诉，并在此基础上对共益型诉讼的程序机制和实体审查进行论述。[②] 刘哲玮在《论公司决议诉讼的裁判效力范围》一文中从民事诉讼法基础理论的角度对包括股东会决议瑕疵诉讼在内的公司诉讼的既判力客观范围、主观范围和时间范围进行了讨论。[③] 雷震等在《有瑕疵的公司决议撤销诉讼不能调解》一文中认为公司决议撤销诉讼一概不能调解，但全体股东可在法院的主持下以新的公司决议取代有瑕疵的公司决议。[④] 谢文哲在《股东会决议撤销之诉研究》一文中介绍了股东会决议撤销诉讼的立法沿革、原因认定、程序性问题、性质及判决效力等内容。[⑤] 冒金山在《公司决议诉讼之裁判思路》一文中对法官在面对股东会决议瑕疵诉讼等公司诉讼时的裁判思路进行了解说。[⑥]

总体上看，我国对股东会决议瑕疵诉讼的研究以实体法学者研究居多，在对股东会决议瑕疵进行讨论的基础上从实体法的角度提出完善建议，并附带涉及股东会决议瑕疵诉讼的程序性问题。随着《公司法解释（四）》的出台，学术界对股东会决议瑕疵诉讼的研究呈明显增长趋势，也逐渐有诉讼法学者从民事诉讼基础理论的角度对股东会决议瑕疵诉讼进行剖析。具体而言，我国对股东会决议瑕疵诉讼的研究分为实体法学者和诉讼法学者的研究，实体法学者的

---

① 参见李建伟：《论公司决议可撤销的适用事由——基于司法适用立场的立法解释》，《浙江社会科学》2009 年第 8 期；钱玉林：《论可撤销的股东大会决议》，《法学》2006 年第 11 期；胡晓静：《德国学理及司法实践中的股东会决议不成立——兼评〈公司法司法解释（四）〉第 5 条》，《山东大学学报》（哲学社会科学版）2018 年第 3 期。

② 参见周翠：《公司决议诉讼的功能定位与程序机制》，《中外法学》2019 年第 3 期。

③ 参见刘哲玮：《论公司决议诉讼的裁判效力范围》，《山东大学学报》（哲学社会科学版）2018 年第 3 期。

④ 参见雷震、帅晓东、李航：《有瑕疵的公司决议撤销诉讼不能调解》，《人民司法（案例）》2009 年第 20 期。

⑤ 参见谢文哲：《股东会决议撤销之诉研究》，《金陵法律评论》2007 年第 1 期。

⑥ 参见冒金山：《公司决议诉讼之裁判思路》，赵旭东、宋晓明主编：《公司法评论》第 4 辑，人民法院出版社 2007 年，第 182—190 页。

研究又可以进一步分为对域外股东会决议瑕疵制度进行介绍时对股东会决议瑕疵诉讼进行附带性的涉及和对股东会决议瑕疵诉讼本身进行分析。诉讼法学者的研究主要是从民事诉讼基础理论的角度对股东会决议瑕疵诉讼进行研究或者在谈及民事诉讼基础理论时将股东会决议瑕疵诉讼作为类型化讨论的一部分。相比实体法方面的研究，诉讼法学者在股东会决议瑕疵诉讼方面的论文数量十分有限。

我国台湾地区对股东会决议瑕疵诉讼进行专门论述的专著和论文并不多见。专著方面，实体法学者柯芳枝在《公司法论》一书中对股东会决议瑕疵诉讼的诉讼类型、适格当事人和既判力等有简短论述。[①] 刘连煜在《现代公司法》一书中在对股东会决议瑕疵类型进行介绍的过程中稍微提及了上述问题。[②] 诉讼法学者杨建华在《问题研析民事诉讼法（二）》一书中对股东会决议瑕疵诉讼在诉讼法层面面临的一些问题进行了论述，并在股东会决议撤销诉讼诉讼标的方面有独到见解。[③] 论文方面，洪秀芬在《出席股东请求撤销决议诉讼权》一文中对股东会决议未能当场表示异议的出席股东的诉权持肯定态度并进行了论述，但并未从民事诉讼基础理论的角度进行详细论证。[④] 许惠峰、陈昱龙在《股东会决议瑕疵法律效果之经济分析》一文中从内外部经济成本的角度，认为股东会决议无效和不成立瑕疵对外不发生效力，股东会决议可撤销瑕疵对外发生效力，但此文并未对由此导致的股东会决议瑕疵诉讼进行阐述。[⑤]

---

① 参见柯芳枝：《公司法论》，中国政法大学出版社 2004 年版，第 234—237 页。

② 参见刘连煜：《现代公司法》，（台北）新学林出版股份有限公司 2011 年版，第 364—375 页。

③ 参见杨建华：《问题研析民事诉讼法（二）》，（台北）三民书局 2010 年版，第 970—973 页。

④ 参见洪秀芬：《出席股东请求撤销决议诉讼权》，（台北）《月旦法学教室》2009 年第 77 期。

⑤ 参见许惠峰、陈昱龙：《股东会决议瑕疵法律效果之经济分析》，（台北）《全国律师》2013 年第 2 期。

· 第一章 ·

股东会决议瑕疵诉讼的基础理论

股东会决议瑕疵诉讼是由股东会决议瑕疵引发的诉讼，不同于股东代表诉讼和其他公司诉讼。当股东会意思决定在内容或程序方面违反法律、公司章程而存在瑕疵时，适格原告可以请求法院通过确认该决议无效、撤销或不成立等方式进行救济。股东会决议瑕疵的救济有非讼救济和诉讼救济两种方式。股东会决议瑕疵非讼救济在行使范围和条件上具有局限性，股东会决议瑕疵诉讼在解决股东会决议效力纠纷上有独立存在的必要。股东会决议瑕疵诉讼的分类以股东会决议瑕疵效力的分类为基础。我国立法借鉴法律行为理论，采“三分法”的立法模式，将股东会决议瑕疵诉讼分为股东会决议无效诉讼、撤销诉讼和不成立诉讼，并分别对应不同的起诉事由。就具体性质而言，股东会决议撤销诉讼应为形成之诉，股东会决议无效和不成立诉讼应看作是确认之诉。

第一节　问题的提出

股东会是由全体股东组成的公司权力机关，对公司重大事项作出意思决定，是发挥股东民主和股东权利的主要平台。[①] 股东会作为公司的权力机关，是公司必设的组织机构之一，其职权包括法定和公司章程规定两种类型，但后者不得违反法律的规定。股东会会议包括定期会议和临时会议两种形式，由此作出股东会决议。[②] 最初各国公司以股东会为中心，但随着经济发展带来的股份公司的崛起和经济流转的加快，股东会中心主义逐步向董事会中心主义转变。虽然学者对我国是否已经形成董事会中心主义存有争议，但一般认为我国公司治理应当实现董事会中心主义。[③] 和域外国家相比，我国公司经营的决策权仍掌握在股东会手中，基本仍属于股东会中心主义。

对于股东会决议行为的性质，我国学术界讨论较多。一方面，对股东会决议性质的争论涉及法律行为的范围和归类，有助于明确法律行为的外延；另一方面，对股东会决议行为的定性直接关涉公司法对股东会决议瑕疵的分类、股东会决议瑕疵诉讼的类型等相关制度的规定和理解，也关涉民事诉讼法对股东会决议瑕疵诉讼的程序性适用和司法裁量。因而，对股东会决议行为性质的讨论也是本书对股东会决议瑕疵诉讼进行论述的前提。现有学术成果将有关决议行为性质的学说归纳为社团单方行为说、意思形成说、共同法律行为说、决议

---

① 参见刘俊海：《公司法学》，北京大学出版社 2013 年版，第 240 页。

② 股东会决议是股东会行为抑或公司行为？认为股东会决议属于股东会意思的观点以团体法为视角，主张主体的相对性原则。基于此原则，股东会决议由作为公司内部机关的股东会作出，而非由公司和股东作出，因而对公司和股东不具有拘束力，仅约束公司内部机关。有学者认为，基于相对性原则将股东会决议看成是股东会意思的观点在某种程度上忽视了公司的整体性，股东会作为公司内部机关所作的决议依程序将会转化为公司行为。参见吴高臣：《论股东大会决议的性质》，《首都师范大学学报》（社会科学版）2014 年第 6 期。公司意思说作为通说，认为股东会作为公司的内部机关对外无法替代和代表公司，其决议是通过多数决于公司内形成的公司意思。参见梅慎实：《现代公司治理结构规范运作论（修订版）》，中国法制出版社 2002 年版，第 326—327 页。公司意思说认为股东会作为公司的内部机关，虽然其意思表示是公司的“内心意思”，但最终由公司代表人完成对外的表示行为。有学者认为，两种观点均具有合理之处，对股东会决议的成立和生效的研究应立足于团体法的相对性原则，该决议作出后应从公司视角出发，将公司作为股东会决议的主体。参见吴高臣：《论股东大会决议的性质》，《首都师范大学学报》（社会科学版）2014 年第 6 期。本书倾向于将股东会决议看成是公司行为，由此公司应当作为股东会决议瑕疵诉讼的被告。

③ 参见韩龙：《公司董事会决议效力研究》，法律出版社 2016 年版，第 24—25 页。

独立行为说、商行为说。股东会决议作为公司决议的一种，意味着有关决议性质的争议也是股东会决议定性时面临的争议。

社团单方行为说认为股东会决议行为并非共同行为或特殊多方法律行为，而系非法律行为的单方行为。① 意思形成说认为“决议是意思形成的制度，而法律行为应当是意思表示制度，二者之间存在重大的区别，决议不应当适用法律行为理论”②。在共同法律行为说看来，股东会决议属于法律行为的一种，但传统法律行为理论基于交易观念设立相关规则，此种规则无法适用于团体观念下的共同法律行为。与社团单方行为说和意思形成说相比，共同法律行为说在

① 在意思作出者看来，决议行为由社团一人作出，众多参与者仅参与表决，决议是吸收了众多当事人意思的集合行为。在集合行为中，单个主体的意思表示被集合行为融合失去了独立性。这也是决议行为不同于多方法律行为的原因，因为后者单个主体的意思表示并不丧失独立性。参见史尚宽:《民法总论》，中国政法大学出版社 2000 年版，第 311 页。从决议行为内部视角看，一方面，对决议行为发生争议时仅以团体一人为被告，而多方法律行为应以全体成员为被告构成必要共同诉讼。另一方面，多方法律行为的行为人之间具有权利义务关系，而决议的单个主体之间并不存在权利义务关系。决议行为对表决人之外的第三人产生拘束力，此种拘束力源于决议系社团行为，多方法律行为说无法对此作出解释。决议行为并非依据当事人意思产生权利义务关系，决议行为是社团从事行为的意思形成阶段，此意思形成仅拘束其内部成员，因而决议行为并非合同行为，而是形成社团意思的行为。具体内容参见徐银波:《决议行为效力规则之构造》，《法学研究》2015 年第 4 期。虽然上述学者将决议行为称为“社团单方行为”，但从其论证来看，其观点和意思形成说一致，故认为其和意思形成说并无本质差别，也有学者直接将此观点归入意思形成说范畴。具体内容参见刘文科:《公司决议的法律性质与效力》，《法治现代化研究》2018 年第 3 期。

② 陈醇:《意思形成与意思表示的区别：决议的独立性初探》，《比较法研究》2008 年第 6 期。决议作为集体意思形成的制度，民主和正当程序原则是其基本原则。在决议中，其议事和表决均体现了民主原则，其中议事民主主要体现在决议的通知和辩论协商程序之中。表决民主以多数决为中心，主要体现在立法对于决议投票人数和表决数的要求之中。决议的召集和表决程序也体现了正当程序原则，决议对程序的遵守也为决议结果提供了正当性理由，为多数决中限制个人意思自治提供了理论依据。法律行为和决议不同，其无必需的民主协商程序，决议体现的是意思民主，法律行为体现的是意思自治。决议重视正当程序，法律行为对此并无特殊要求，而是在意意思表示及其真实性。参见陈醇:《论单方法律行为、合同和决议之间的区别——以意思互动为视角》，《环球法律评论》2010 年第 1 期。

法律行为的框架之内寻求决议行为的“容身之处”。[①] 单方法律行为说认为股东会决议是一项特殊的单方法律行为，体现在成立的特殊性和效力的特殊性两个方面。在成立特殊性上，决议依赖股东意思表示趋于一致而成立。在效力特殊性上，决议并非仅约束一方当事人和相对人，还约束股东以外的董监事和外部第三人。[②] 决议行为独立说将决议归属法律行为项下，但不同于单方和双方法律行为，而是作为一种独立的法律行为存在。德国民法学者主要持此观点，如迪特尔·梅迪库斯将决议看成和多方法律行为并列的一类法律行为。[③] 我国有学者将股东会决议视为商行为的一种，此种行为与法律行为不同，既包括法

① 持此观点者认为应当基于意思表示的数量和方向将法律行为分为单方法律行为、契约行为和共同行为，公司设立协议、股东会决议、业主规约等均为共同行为。和契约行为相比，共同行为和契约行为相比在责任救济方面最具特殊之处，共同行为的本质特性是指向特定的目标实体，违反共同法律行为，必然首先损害目标实体的利益，同时也可能直接损害其他行为人的利益，导致双重责任的产生。与契约行为不同，共同行为主体的意思表示指向特定目标的实体，在股东会决议之中股东意思指向的目标实体为公司。与契约理论相比，共同行为理论在公司法领域更具有解释的张力。作为共同行为的决议在意思表示成立上须遵循章程与法律规定的程序，依据人数或资本的多数决形成。决议和表决权并不相同，决议是团体的意思表示，表决权作为团体成员的意思表示并不属于共同行为。参见许中缘:《论意思表示瑕疵的共同法律行为——以社团决议撤销为研究视角》,《中国法学》2013 年第 6 期。

② 参见吴高臣:《论股东大会决议的性质》,《首都师范大学学报》(社会科学版) 2014 年第 6 期。决议成立采用多数决，但不能认为其和单方法律行为趋同，因为在决议中可以存在不同的意思表示，决议效力的特殊性也更加表明其与单方法律行为存在重大差异。采特殊单方法律行为说的学者认为在法人人格被普遍认可的情形下，决议行为虽然在形式上类似于合同，但在实质上与单方行为接近。但所谓的“接近”并不能成为决议行为即特殊单方法律行为的理由。在进行论述的过程中，单方法律行为说借用了学者狄骥的观点:“在表决一个社团的章程时……那里只有多数的单方意志表示，但这些意志表示的多数性、同一性和一致性似乎并不能改变决议的性质，不存在所谓的团体意思。”([法]狄骥:《宪法论》，钱克新译，商务印书馆 1959 年版，第 291 页) 狄骥所认为的团体意思不存在并不能表明决议即为特殊的单方法律行为，单方法律行为说在学术界支持者较少，学者一般认为应从团体内部视角观察决议行为，而非仅从外部视角对决议行为进行定性。

③ 参见[德]迪特尔·梅迪库斯:《德国民法总论》，邵建东译，法律出版社 2000 年版，第 166 页。我国有学者也持此观点，认为决议行为扩充了民事法律行为的类型，决议行为与单方法律行为、双方法律行为均存在不同之处。决议行为未必与团体个体意思表示一致，即便成员对决议持反对意见与要遵守团体的表决结果，决议在给予团体成员意思表达自由的基础上将其转化为群体意志。正是由多数决产生的团体意思高于个体意思，因而对决议行为 (转下页注)

律行为，也包括事实行为和准法律行为。①

对于公司股东会作出的决议，公司执行机关负责执行。在良性状态下，公司以股东会为中心，部门之间各司其职。在非良性状态下，公司股东会决议出现瑕疵，进而导致后续各部门对决议的执行产生争议。股东会决议瑕疵包含程序上和内容上的瑕疵两种类型，对存在瑕疵的股东会决议，可通过内部救济的方式进行治愈。但和非讼方式的治愈相比，通过提起诉讼的方式对股东会决议瑕疵进行纠正具有特殊的价值。在股东会决议瑕疵效力的分类模式下，对应地产生了不同种类的股东会决议瑕疵诉讼。然而，在司法实践中对股东会决议瑕疵诉讼具体类型的区分存在难度，在立法已有规定的情况下，各地法院的做法仍未能统一。在《公司法解释（四）》施行之前，由于我国股东会决议采“二分法”的瑕疵分类模式，出现了法院将股东会决议不成立的情形归入无效或撤销事由范畴的混乱，此种混乱在《公司法解释（四）》出台之后仍有延续。②因此，在肯定了股东会决议瑕疵诉讼价值的基础上，仍有必要对其具体的起诉事

（接上页注③）具有审查的必要性，以平衡民主多数决中少数派的利益。但同时基于社团自治，司法审查也应有一定的限度，社团成员对公司章程的同意司法原则上不应介入。参见王雷：《论民法中的决议行为——从农民集体决议、业主管理规约到公司决议》，《中外法学》2015年第1期。但该学者在《民法总则》颁布之后又倾向于认为决议行为是多方法律行为，其观点前后并不一致，具体内容参见王雷：《论我国民法典中决议行为与合同行为的区分》，《法商研究》2018年第5期。也有学者将上述观点称为“特殊的多方法律行为说”，法律行为根据意思表示的数量分为单方法律行为和多方法律行为，后者包括决议行为、合同行为和共同行为。参见贾文卿：《论私法决议行为的性质》，《河南财经政法大学学报》2018年第3期。

① 此观点认为股东会决议不仅包括肯定性决议，还包括股东会作出不通过某项议案的否定性决议。决议行为和法律行为存在重大不同，其结合了多种行为，既有股东的意思表示，也有公司的意思形成。决议行为的特殊性使得立法采取法定主义的方式进行调整，将法律行为规则适用于决议的目的在于对决议行为的现实规制，但无法说明法律行为是解读决议行为的最优路径。参见叶林：《股东会会议决议形成制度》，《法学杂志》2011年第10期。在商事活动中企业决议属于非表意行为，股东会决议作为企业决议的一种自然属于商行为中非表意行为的范畴，企业成员的个体意思仅提供了形成企业意思的可能，并非企业意思本身。参见叶林：《商行为的性质》，《清华法学》2008年第4期。也有学者在进一步肯定公司决议性质融合民法和商法基础理论的前提下，进一步将公司决议细化为法律行为、准法律行为和事实行为并进行分类和列举。股东会决议作为公司决议的一种，自然对其行为性质也不可一概而论。参见刘文科：《公司决议的法律性质与效力》，《法治现代化研究》2018年第3期。

② 参见周翠：《公司决议诉讼的功能定位与程序机制》，《中外法学》2019年第3期。

由进行详细论述。

当然，对股东会决议瑕疵诉讼的性质也有讨论的必要性：一方面，通过对诉讼性质的确定可以更加清晰地认识其诉讼标的，也便于法院进行后续的审理和裁判；另一方面，诉的性质也是判定判决既判力主观范围的重要依据，影响对后诉是否构成重复诉讼的辨别。综上所述，本章将涉及对股东会决议瑕疵诉讼制度价值、分类及诉讼性质的讨论，从而为后文对股东会决议瑕疵诉讼当事人适格、诉讼标的和判决既判力的详细探讨奠定基础。①

第二节　股东会决议瑕疵诉讼的界定

股东会决议瑕疵诉讼具有独立存在的价值。一方面，与其他公司诉讼相比，股东会决议瑕疵诉讼具有特殊性，无法被其他公司诉讼取代。另一方面，与股东会决议瑕疵非讼救济相比，股东会决议瑕疵诉讼具有独特的优势，无法被非讼救济方式完全取代。因此，本节拟在对股东会决议瑕疵诉讼内涵进行界定的基础上，对其和股东代表诉讼的区别进行简要梳理。

一、股东会决议瑕疵诉讼的内涵

对一个问题的研究起始于明确的概念界定。在对股东会决议瑕疵诉讼进行研究的初始，需要明确其内涵。从目前学术界对股东会决议瑕疵诉讼的研究来看，学者一般认为股东会决议瑕疵诉讼是适格原告针对股东会决议瑕疵提起的

① 按照新“二要素说”，股东会决议瑕疵之诉包括主体（当事人）和内容（诉讼标的）两个方面。股东会决议瑕疵诉讼包括从当事人起诉到法院作出确定判决中所有的诉讼流程，其中涉及起诉要件审查、诉讼标的的确定、当事人举证、实体事项审理、案件裁判以及确定判决的效力等一系列问题。两者虽只有一字之差，但逻辑思路并不相同，而本书的立足点是从一次性解决纠纷和第三人程序保障双重视角对这一诉讼进行讨论。但本书并未对股东会决议瑕疵诉讼进行面面俱到的介绍，而是选取学者争议最大、司法实践中最亟须解决的问题进行讨论。

要求法院对股东会决议效力作出裁判的诉讼。对于股东会决议瑕疵诉讼的精确定义，有学者认为是指“股东会意思决定在内容或程序方面违反法律、章程而存在瑕疵时，单个或少数股东可以请求法院通过确认该决议无效或予以撤销等方式进行救济”的诉讼。①

从学术界对股东会决议瑕疵诉讼的定义可以看到，第一，股东会决议瑕疵诉讼是由股东会决议瑕疵引发的诉讼。学术界一般将股东会决议瑕疵分为程序上和内容上的瑕疵。瑕疵事由的出现导致股东会决议具有了瑕疵，在内部治愈无效时，便产生了通过诉讼的方式解决股东会决议瑕疵效力的情形。因此，对股东会决议瑕疵诉讼的研究离不开对股东会决议行为及其瑕疵的深入讨论。第二，立法对于股东会决议瑕疵诉讼的规定影响了学术界对该诉讼内涵的表述。正如我国学者谢文哲将股东会决议瑕疵诉讼定义为“股东请求法院通过确认该决议无效或予以撤销”的救济方式。从现有立法来看，谢文哲教授对股东会决议瑕疵诉讼的定义具有不妥当之处，该定义将股东会决议瑕疵诉讼的适格原告限于股东，且救济方式仅包括提起股东会决议无效和撤销诉讼，与我国现有立法将股东会决议瑕疵诉讼分为股东会决议无效、撤销和不成立三种诉讼以及对适格原告的规定并不相符。但是，谢文哲教授对股东会决议瑕疵诉讼的定义立足于 2006 年制定的《公司法》，从当时的立法来看，此定义并无问题，只是随着立法的进步该定义出现了不周延之处。②

二、股东会决议瑕疵诉讼与股东代表诉讼的比较

在公司诉讼中，股东代表诉讼（英美法系国家又称“股东派生诉讼”）是经常被提及的公司诉讼类型，我国《公司法》第 151 条对此进行了概括性的规定，《公司法解释（四）》第 23~26 条对股东代表诉讼当事人诉讼地位、胜诉利益归属和诉讼费用负担等内容进行了明确和细化，补充了《公司法》在股东代

① 参见谢文哲：《公司法上的纠纷之特殊诉讼机制研究》，法律出版社 2009 年版，第 83—84 页。

② 对股东会决议瑕疵诉讼的定义应采用概括的方式作出界定，过于具体的定义方式无法满足立法的不断修改。

表诉讼方面的一些空白。[①]

与股东会决议瑕疵诉讼相比，两者的共同之处在于均通过司法手段对股东或公司权利进行救济，且股东均可作为两种诉讼的原告。两种诉讼的区别在于：第一，起诉事由不同。当股东提起股东会决议瑕疵诉讼时，股东直接行使诉权，起诉事由为股东会决议存在无效、撤销或不成立方面的瑕疵。股东代表诉权为股东因享有公司股东身份具有的派生权利，起诉事由为公司董事、监事或高级管理人员违反法律、行政法规或公司章程规定给公司造成损失。第二，当事人不同。股东会决议撤销诉讼的原告为股东，无效和不成立诉讼的原告包括股东、董事和监事等主体，被告为公司，其他利害关系人可作为第三人参加诉讼。股东代表诉讼中股东为原告，公司董事、监事或高级管理人员为被告，公司为第三人。第三，程序复杂程度不同。相比之下，股东会决议瑕疵诉讼程序较为简洁，适格原告只要认为股东会决议存在瑕疵即可向法院提起诉讼，股东代表诉讼一般只有在公司拒绝或未在一定期限内起诉才可提起。第四，胜诉利益归属不同。股东会决议瑕疵诉讼的目的是维护原告自身的利益，在特定情形下间接保护了公司的利益。股东代表诉讼的目的是追究董事、监事和高级管理人员的侵权责任，胜诉利益归属公司。

股东会决议瑕疵诉讼和股东代表诉讼之间并非全无交集，股东在提起代表诉讼的过程中也有可能提出股东会决议效力认定问题。在股东会决议效力认定成为股东代表诉讼的前提性事实时，能否在案件中直接予以认定在实践中出现了不同的做法。一方面，立法明确规定了对于股东会决议的效力争议只能通过诉讼的方式解决，旨在维护股东会决议产生的法律关系的稳定性。若法官在股东代表诉讼中直接对决议效力进行认定，有违反立法的规定并剥夺适格原告诉权之嫌。另一方面，股东会决议效力的争议和股东代表诉讼以及其他公司诉讼在事实和法律上具有关联性，虽然股东可提起两次诉讼保护自己的权益，但此时有可能徒增讼累。面对二次诉讼的困局，在维护股东会决议瑕疵诉讼独立性

① 参见肖建华、唐玉富：《新型民事诉讼程序问题研讨》，中国人民公安大学出版社 2018 年版，第 293 页。

的前提下，可通过诉的客观合并的方式寻求纠纷的一次性解决。①

除此之外，民事案由中还规定了其他众多公司诉讼，如公司新股发行无效诉讼、增减资无效诉讼等，也往往涉及股东会决议的效力认定问题。因和股东代表诉讼面临的问题相似，故本书不作进一步的列举和讨论。

第三节 股东会决议瑕疵诉讼的创设缘由

对于股东会决议瑕疵诉讼的创设缘由，本节围绕股东会决议瑕疵非讼救济的局限性和股东会决议瑕疵诉讼的优势两个方面展开。

一、弥补股东会决议瑕疵非讼救济的局限

对于股东会决议过程中的瑕疵，公司内部可通过非讼的手段进行救济，此种复原股东会决议效力的行为被称为“股东会决议瑕疵的治愈”。在商事纠纷中，之所以产生非讼化的倾向，一方面是由于市场经济交易的迅速性，内部处理股东会决议瑕疵的方式可以在最短的时间内化解风险，促使公司快速地应对风险和维持正常经营；另一方面是诉讼存在成本，股东会决议的复杂性导致股东会决议瑕疵诉讼和普通诉讼相比在诉讼程序上更加耗时费力，通过股东会决议瑕疵诉讼的方式进行救济并非最佳的选择。有观点认为股东治愈决议瑕疵有违程序正义②，本书对此并不赞同。其一，股东以积极行为治愈先前股东会决议瑕疵，体现了股东的意思自治，符合实体正义的股东意思自治依旧是股东决策的结果。其二，股东会决议瑕疵的治愈需要全体股东出席召开股东会或者由股东进行撤回或追认，无论哪种方式均需履行相应的程序，从法律行为瑕疵治愈的角度看，后续的程序性行为已经对先前的程序瑕疵进行了治愈。

---

① 参见王湘淳:《股东会决议撤销诉讼之二次诉讼困局研究》,《海南大学学报》(人文社会科学版)2018 年第 3 期。

② 参见赵心泽:《股东会决议瑕疵诉讼制度研究》，法律出版社 2017 年版，第 46 页。

股东会决议瑕疵的非讼救济主要包括对决议程序瑕疵的豁免、对无效决议的治愈和对决议瑕疵的补救。对于股东会决议程序的豁免，主要是指全体股东出席并同意召开股东会的情况下对决议瑕疵的豁免。未按照法定程序召集股东召开的股东会一般不具有合法性，但若全体股东出席并同意召开，程序上的瑕疵便可得到豁免。股东会决议程序瑕疵的豁免，日本判例逐步由否定转为肯定态度，全体股东出席体现了股东参与公司经营活动的积极性，因而通过的决议有效。[①]《德国股份公司法》也在第121条明确规定，只要股东对决议未提出异议，在全体股东或者其代理人出席的情况下股东会可以不按照本条有关召集程序的规定作出决议。《美国示范公司法》第七章第四节也规定了在全体股东一致同意的情形下股东会召集程序瑕疵可以得到豁免。

或许是因为股东会决议的特殊性，并不能完全套用传统的法律行为理论，德国立法异于其他国家，对股东会决议无效规定了例外情形。《德国股份公司法》第242条第1款规定：一项股东大会决议违反第130条第1款、第2款第1句及第4款的规定未作成或者未以适当方式作成证书的，如果该决议已登记于商事登记簿，则不能再主张其无效；[②]第2款规定：对于依据本法第241条第1项、第3项或第4项无效的，若决议已经登记于商事登记簿且已满三年，但股东会决议无效的诉讼仍未审结的，则期限延长至裁决确定或其他方法终结时；第3款规定：增加或减少资本的决议，未登记的决议作出三年后，不得主张无效。上述规定被认为是对无效决议的治愈。

决议瑕疵的补救有决议的撤回和追认两种方式，这两种方式也是一般法律行为瑕疵补救的方式。立法对股东会决议瑕疵补救采用和普通法律行为相同的理论，在一定程度上也反映出股东会决议虽有特殊性，但仍可通用法律行为的一些属性。决议无效和不成立自始无效，并不存在撤回问题，仅可撤销的股东会决议可以撤回。决议的撤回须具备两个生效要件，一是撤回决议应是与瑕疵决议同种类的股东会决议。立法对于普通决议和特别决议在法定数上规定有所

---

① 参见[日]末永敏和:《现代日本公司法》，金洪玉译，人民法院出版社2000年版，第110页。

② 参见《德国商事公司法》，胡晓静、杨代雄译，法律出版社2014年版，第178页。

不同。普通决议除特殊事项外采用简单多数原则，出席会议代表二分之一以上表决通过。特别决议须三分之二以上出席会议代表通过方为有效。[①] 正是基于防止通过以撤回决议的方式规避立法对特别决议法定数要求的考量，撤回决议作为独立的决议应采取与瑕疵决议同种类决议的方式进行。二是撤回时间应在决议生效前。已经生效的决议丧失了撤回的意义，不得使已经发生的法律关系恢复到最初状态。[②]

全体股东通过决议意味着股东并未提出异议，域外国家一般规定，对于股东提起股东会决议撤销诉讼须当场表示异议，否则股东不再享有提起股东会决议撤销诉讼的诉权，程序性瑕疵由此治愈并无不当之处。然而，提起股东会决议撤销诉讼的主体并非仅限于股东，因全体股东同意而使违反程序的股东会决议有效而非可撤销在逻辑上是有问题的。因此，此时股东会决议程序性瑕疵的治愈并非完全意义上的治愈，非股东之外的适格原告仍可基于程序性瑕疵提起股东会决议撤销等诉讼。我国并未规定提起股东会决议撤销诉讼的股东须当场提出异议，因而从现有立法来看全体股东出席并作出决议并不能对程序性瑕疵进行治愈，只是司法实践中法院的判决在某种程度上体现了股东会决议瑕疵的治愈，这种治愈是法院对裁量驳回制度运用导致的结果。

对于法律行为的效力，不同国家和地区的立法一般规定无效法律行为自始无效。台湾地区“公司法”并未规定股东会决议无效的事由。台湾地区学者对股东会决议无效是当然无效还是裁判无效也多有争论，通说认为股东会决议无效不能解释为当然无效。虽然不同国家和地区的立法规定对于股东会决议无效与否须以诉讼的方式由法院进行裁决，但和股东会决议撤销诉讼规定了较短的起诉期间不同，立法并未规定股东会决议无效诉讼的起诉期间。对股东会决议无效诉讼的起诉期间适用一般诉讼时效的规定，但并不意味着诉讼时效经过后无效股东会决议即变得有效，只是适格原告丧失胜诉权而已。一方面，诉讼法上三年诉讼时效的一般规定体现了立法对法律关系稳定性的考量，时效经过原

---

① 参见赵旭东主编:《商法学（第 3 版）》，高等教育出版社 2015 年版，第 166 页。

② 参见钱玉林:《股东大会决议瑕疵研究》，法律出版社 2005 年版，第 287—288 页。

告虽可以提起诉讼但丧失胜诉权，被告可进行诉讼时效抗辩。另一方面，公司法律关系和一般民事法律关系相比更加注重稳定性，商事外观主义有助于活跃市场经济，也体现了对善意第三人的保护。既然无效的法律行为在诉讼上不能胜诉，在实体法律关系中也应视为无效，无效的法律行为不应该得到治愈。

德国立法上对无效决议治愈予以肯定，此规定和其他国家有所不同。目前多数国家对此持否定态度，我国学者也认为股东会无效决议在内容上违反的是强制性法令和公共政策，并不能因为全体股东同意而获得治愈。对于不成立的决议，也不存在治愈的问题。股东会决议不成立的原因为重大瑕疵，致使公司决议根本不可能得到认可，不能基于全体股东出席使之有效。对于决议不成立诉讼，法律同样没有规定提起诉讼的期间，也意味着法律并不鼓励该种决议经过一定期间可以自动治愈。[①] 综上所述，德国立法对股东会决议无效瑕疵的治愈非实体法上的完全治愈。

从股东会决议撤回的具体要件可以看出，对于决议瑕疵的补救十分类似于合同的撤销和撤回。但是，决议和以双方法律行为为特征的合同行为相比仍具有特殊性。对于股东会决议，存在对已经成立的决议能否在同一次股东会中直接撤回的讨论。一种观点认为，前决议和撤回决议的事项在法律关系范围内是同一的，既然允许股东会提出动议修正原预案，也应该允许撤回。另一种观点认为，决议成立后在同一次股东会中不得撤回，因为决议撤回未在召集通知中列明，属于目的外事项。[②] 对此，虽然撤回决议不在通知股东会决议之列，但与原决议为同一法律关系，若全体股东同意未尝不可撤回。可撤回的股东会决议本身就是可撤销的股东会决议，主要是基于程序性事项而非重大瑕疵，在同一股东会决议中全体股东同意撤回，却要再次通知另行以股东会决议的方式撤回本可在决议作出之时便可撤回的决议，其实是徒增耗费。并且，可撤回的决议在撤回前仍然有效，从决议作出之后到下次决议撤回原决议之前有可能引起

---

① 参见施天涛:《公司法论（第4版）》，法律出版社2018年版，第396—397页。

② 参见钱玉林:《股东大会决议瑕疵研究》，法律出版社2005年版，第288页。

法律关系的变动并涉及众多利害关系人，增加发生纠纷的可能性。

股东会决议追认的前提在于瑕疵是否可以被治愈。只有可治愈的瑕疵才可被追认。无效决议和不成立决议无法治愈，因而仅可撤销的决议存在追认的可能。《德国股份公司法》第 244 条规定：对于可撤销的决议，若股东会以新决议的方式确认了此决议且该决议在撤销期限内未被撤销，则不得再主张撤销。新决议依照法定数和法定程序对前一决议形成的公司意思予以认可，从而确认前一决议的效力。韩国学者李哲松认为，对于具有撤销原因的股东会决议，可援用民法上的追认制度，若前决议在撤销诉讼系属中进行了追认且追认决议中有瑕疵，起诉人可同时争执追认决议的效力，将两个诉进行合并。[①]

综上所述，与提起股东会决议瑕疵诉讼相比，股东会决议瑕疵治愈这一非讼救济方式可以使有瑕疵的股东会决议在最短的时间内获得确定。从经济节省的角度看，股东会决议瑕疵治愈方式和提起股东会决议瑕疵诉讼相比耗费时间金钱更少，一旦提起股东会决议瑕疵诉讼，其时间具有不可控性，有可能造成公司经济法律关系长期处于不稳定状态。从利益维护的角度看，股东作为股东权的行使者，其对股东会决议的态度和法官相比更能有效地保护自身及公司的利益，从而作出最佳的判断。因而有学者认为，在法院就瑕疵决议作出判决前也应允许股东积极消除瑕疵。[②]但是，股东会决议瑕疵非讼救济的不足导致股东会决议瑕疵诉讼有了独立存在的价值。

二、股东会决议瑕疵诉讼具有独特性

股东会决议瑕疵诉讼具有存在的必要性。一方面，大型公司尤其是上市公司股东众多，通过召集全体股东参与股东会决议并非易事，任何一个环节的疏漏有可能导致旨在治愈前股东会决议的后股东会决议依然无效。另一方面，国有企业特殊的一家独大的股权结构和家族企业控股股东对公司的控制，使少数

---

① 参见 [韩] 李哲松:《韩国公司法》，吴日焕译，中国政法大学出版社 2000 年版，第 433 页。

② 参见李建伟:《公司决议效力瑕疵类型及其救济体系再构建——以股东大会决议可撤销为中心》,《商事法论集》2008 年第 2 期。

股东受到剥削和压制的问题在我国公司治理实践中更为突出。股东之间的利益冲突也在阻碍着公司股东会决议瑕疵的非讼救济，对立方完全可以不同意瑕疵股东会决议的治愈。此外，并非所有的股东会决议瑕疵均可治愈。对于无效股东会决议，仅德国立法规定了瑕疵的治愈且范围有限，我国立法也并未规定瑕疵股东会决议的非讼救济。对于股东会决议的效力争议，在我国立法背景下争议主体应通过诉讼的方式解决。

此外，从更广泛的意义上看，股东会决议瑕疵诉讼的设置体现了司法对公司股东会中心主义的干预。公司本是自治的社会团体，但其中存在多重利益冲突，股东与公司、股东与股东、股东与债权人和管理层之间的多重利益冲突使得公司自治有时无法平衡诸利益。现代公司法不仅强调公司的市场地位，而且也关注公司扮演的社会角色。公司纠纷源于化解利益冲突事前规制机制的缺位或无效，在公司自治失灵的情况下，需要通过诉讼的方式对此种失灵作出裁判以解决公司纠纷。[①] 虽然学术界对公司法的公私法属性存有争议，但在民商合一的立法体制下，公司法是民法的特别法，具有浓厚的私法属性，因而司法的干预应保持必要的克制。

在公司诉讼中还存在其他众多诉讼，但其他公司诉讼并不能将股东会决议瑕疵争议完全纳入其中。因而立法须对股东会决议瑕疵诉讼作专门规定，且重视程度可从民事案由对于股东会决议瑕疵诉讼诉讼类型的规定中略窥一二。[②] 最高人民法院对公司诉讼的案由规定，随着《公司法》和相关司法解释的出台而不断完善。2000 年，民事案由和公司有关的诉讼仅有 2 个，到 2008 年扩展到 22 个，2011 年进一步扩展到 25 个，直接和公司股东会决议有关的案由为股东会决议无效诉讼和股东会决议撤销诉讼。从民事案由中关于公司诉讼案由的增加趋势来看，公司诉讼在实践中日益增多和复杂化。可以预见，《公司法解

① 参见陈群峰：《审判视野下的公司诉讼研究》，法律出版社 2013 年版，第 34 页。

② 民事案由是中国特有的制度，案由不同将会导致立案、管辖、法律适用等一系列制度的不同。自 1955 年最高人民法院要求开庭前公告案由到 2011 年的《民事案件案由规定》，我国民事案由从简到繁、从粗到细，已形成了一套纵横交错的制度体系。参见宋旺兴：《民事案由制度研究》，法律出版社 2014 年版，第 1—2 页。

释（四）》对股东会决议不成立诉讼的规定将会导致民事案由规定中公司诉讼部分的修改。

无论是瑕疵股东会决议的非讼救济还是诉讼救济，目的均在于使股东等利害关系人的利益免受瑕疵决议的损害。股东会决议瑕疵诉讼虽然将股东会决议瑕疵与效力的判断权交给了法院，但此种救济方式也应遵循安定性原则的要求。虽然针对的是对股东会决议瑕疵及其效力的认定，但由民主原则形成的资本多数决理应受到司法机关的尊重。在公法领域，国家机关违反程序公正的行为会导致整个行为的无效，与公法上对程序正义的严格要求相比，股东会决议中的程序性瑕疵并不必然导致决议的无效，法院裁量驳回制度的设置也体现了对公司团体利益的维护。

第四节　股东会决议瑕疵诉讼的分类

“股东会决议制度是将多数出资者的意思吸收为单一团体意思的制度，其内容和程序应合法公正。”① 对于在程序和内容方面存有瑕疵的股东会决议，应否认其效力。根据不同的分类标准，股东会决议瑕疵被分为不同的类型并分别予以讨论。虽然现有的分类标准算不上完美，但至少为了解股东会决议瑕疵和以此为分类依据的股东会决议瑕疵诉讼提供了便利。基于此，本节将对股东会决议瑕疵诉讼的分类和分类项下的起诉事由进行梳理和讨论。

一、股东会决议瑕疵诉讼的分类依据

股东会决议瑕疵诉讼的分类取决于股东会决议瑕疵的分类。因此，对于股东会决议瑕疵诉讼的相关讨论也与股东会决议瑕疵密切相关。对于股东会决议瑕疵，有不同的分类标准，目前学术界讨论最多的是“二分法”和“三分法”，

① ［韩］李哲松：《韩国公司法》，吴日焕译，中国政法大学出版社 2000 年版，第 412 页。

对于“四分法”偶有提及。本书赞同“三分法”，进而认为股东会决议瑕疵诉讼分为股东会决议无效诉讼、撤销诉讼和不成立诉讼三种类型。

（一）股东会决议瑕疵分类之争议

决议瑕疵既可能存在于决议成立的过程，也有可能源于决议的内容，前者为程序瑕疵，后者为内容瑕疵。一般意义上理解的“二分法”依据程序瑕疵和内容瑕疵的不同分别赋予决议两种不同的效力，决议程序违反法令或章程构成决议撤销的原因，决议内容违反法令或章程构成决议无效的原因。也有学者对“二分法”有更加细致的理解，认为“二分法”的立法逻辑包括三个方面，一是根据瑕疵性质赋予决议不同的效力；二是根据决议违反法令与章程的严重程度，严重的构成无效，其余属于可撤销瑕疵，如德国和瑞士；三是根据上述决议违反的对象是程序性还是内容性事项进行划分，如台湾地区。①

“二分法”遭到了学者的强烈批判。有学者认为“二分法”基本上是一种形式主义的立法范式，缺乏深刻的法理基础。② 日本和韩国由最初的股东会决议瑕疵“二分法”模式改为现在的“三分法”或“四分法”模式，我国《公司法解释（四）》对股东会决议不成立的新规定也体现了对“三分法”的遵循。各国立法内容的变化在一定程度上体现了“二分法”的缺陷难以适应理论和实践的需求，也昭示着“三分法”的胜利。学界通说将股东会决议视为一种法律行为。法律行为是指“行为人所实施的能够发生法律效力、产生一定法律效果的行为”③。法律行为的成立和生效是两个不同的概念，“三分法”基于法律行为理论，认为股东会决议的成立和生效也存在不同。若股东会决议欠缺成立要件，则决议不成立；若股东会决议欠缺生效要件，则决议无效；当成立并生效的股东会决议存在撤销事由时，为决议可撤销。

---

① 参见李建伟：《公司决议效力瑕疵类型及其救济体系再构建——以股东大会可撤销为中心》，《商事法论集》2008 年第 2 期。但不足之处是作者并未对第一种情形进行明确阐述，导致其和第三种情形的区别有不清晰之处。

② 参见钱玉林：《股东大会决议瑕疵研究》，法律出版社 2005 年版，第 275 页。

③ 张文显主编：《法理学（第 5 版）》，高等教育出版社 2018 年版，第 142 页。

股东会决议瑕疵“三分法”的出现源于对股东会决议瑕疵行为的争议。决议行为不同于单方法律行为。单方法律行为只需要一个意思表示即可成立，除悬赏广告和遗嘱等典型的单方法律行为，还见诸形成权行为之中。① 单方法律行为和决议行为最大的不同之处在于内部意思形成的方式不同。虽然两者均具有一个外部意思表示，但单方法律行为仅一个内部意思形成，而决议行为对内是团体多个主体的意思表示，在资本多数决的要求下进行表决达成一致，少数派的意思表示无法在决议中得到体现。② 股东的意思表示只是股东会决议的构成要素，股东个人的投票只能在量上影响决议的结果，无法单独成为股东会的意思决议，也无法直接引起权利义务的变动并产生相应的法律效力，因而有别于单方法律行为。③

决议行为不同于合同行为。“双方行为是指当事人相互意思表示一致而成立的法律行为”④，其中合同行为最为典型。决议行为和合同行为相比具有以下不同之处。（1）在行为表示的方式上，决议行为采用意思多数决，通过会议召集和表决程序形成意思表示。合同行为通过要约和承诺的方式形成意思表示合意。（2）在意思表示的内容上，决议行为中的个体意思表示可能相同，也可能对立或不同。合同行为中双方当事人意思表示内容对应但方向相反。⑤（3）在意思表示的数量上，决议行为在内部成员之间具有多个意思表示，但决议对外只有一个团体上的意思表示，此时决议行为的外部意思表示和单方民事法律行为有相似之处。合同行为需双方当事人的意思合意，因而存在两方意思表示。（4）决议和合同行为的成立和生效也存有不同之处，对于决议在遵循多数决的

---

① 参见［德］迪特尔·梅迪库斯:《德国民法总论》，邵建东译，法律出版社 2013 年版，第 165 页。

② 参见戴建庭、白明刚:《单方法律行为、合同、决议的瑕疵分析和责任比较》，《东方法学》2012 年第 4 期。

③ 参见陆俊伟:《公司股东会决议性质研究》，《东南大学学报》（哲学社会科学版）2016 年第 2 期。

④ 崔建远等:《民法总论》，清华大学出版社 2010 年版，第 34 页。

⑤ 参见王雷:《论民法中的决议行为——从农民集体决议、业主管理规约到公司决议》，《中外法学》2015 年第 1 期。

基础上符合法律规定的表决比例和其他规定即可成立和生效，不需要团体内部所有成员的同意。合同行为需双方当事人合意才可成立，在无瑕疵事由的情形下方可生效。（5）在约束对象上，决议结果对作为少数派的反对者仍具有拘束力，而合同仅约束同意受合同约束之人。

决议行为不同于共同行为。共同行为又称“多方法律行为”或者“协定行为”，是两个以上当事人并行的意思表示达成一致才可成立的法律行为。[①]在最终的法律行为中，共同行为中单个意思表示并未丧失独立性，而在决议中其单个意思表示丧失独立性。虽然共同法律行为要求的一致同意在外观上和决议要求的多数决存有相近之处，但两者的差异是性质上的差异，而非程度上有所不同。在效力审查方面，对共同行为有效与否只能在行为成立后进行，对决议的审查既可以在决议成立之前进行，如确认提案内容是否合法，也可以在决议成立之后基于决议程序是否违法进而对其是否有效作出判断。[②]总体上看，决议行为的自由程度不如共同行为。

我国民法以个人法为基础构建了其制度体系，对于包括团体法行为在内的决议行为关注不足。有学者认为团体思维和经济实用主义观念的兴起构成对民法伦理人格主义的反思。[③]也有学者认为决议行为和法律行为一样，正当性均源于意思自治，程序正义、社团自治等均不是两者的伦理基础。社团自治理论无法体现团体成员的意思，此种情形下社团会变为“治理黑箱”。决议行为具有法律行为的属性，且是构建团体法上私法评价体系的纽带和桥梁，共同行为不具有公共管理属性，无法构建团体法的私法评价体系。[④]

有学者认为，虽然决议行为和一般法律行为相比具有特殊性，但与法律行为完全分离也会损及团体自治。[⑤]我国民法典在编纂过程中应舍弃民商立法体

① 参见谭启平、王宏、孙鹏：《中国民法学》，法律出版社 2015 年版，第 187 页。

② 参见吴高臣：《论股东大会决议的性质》，《首都师范大学学报》（社会科学版）2014 年第 6 期。

③ 参见王雷：《我国民法典编纂中的团体法思维》，《当代法学》2015 年第 4 期。

④ 参见吴飞飞：《决议行为归属与团体法“私法评价体系”构建研究》，《政治与法律》2016 年第 6 期。

⑤ 参见薛波：《我国未来〈民法总则〉决议行为的立法安排》，《湖北社会科学》2016 年第 2 期。

例的争议，将商事关系包含在《民法总则》之中，应在“法律行为”部分规定决议行为的相关内容。[①]《民法总则》将决议行为规定在第134条第2款，学术界和实务界一般认为此种立法模式将决议行为作为法律行为中的一种特殊类型予以对待。此立法具有重大意义的原因在于，实践中有些法院将法无明文规定的决议排除在可诉范围之外，导致权利人无法提起诉讼或无法得到法院判决的支持。[②]此外，“在民商合一的立法体例下，民法典规定决议行为的共通法律规则是立法回应现实之举，可以避免决议行为法律制度分散式、碎片化立法带来的法律不统一现象”[③]。但是，也应该看到，此种立法并未终结学术界对于决议行为性质的争议和对此种立法模式的批判。

有学者认为团体自治包含外部自治和内部自治，“就团体内部自治而言，它与个体自治相似，主要是团体作为一方主体通过实施单方法律行为与其他主体缔结契约来实现的；外部自治则不同，它主要是通过团体机关形成决议来实现的”[④]。面对理论界一般将决议归属法律行为却不适用法律行为一般理论的逻辑悖论，该学者认同决议为法律行为，但认为应当以意思表示构造规则作为划分法律行为类型的标准，决议不同于单方、双方和共同法律行为的原因在于彼此之间意思表示构造规则的不同，即单个意思表示的内容、方向与合成方式存在不同。由于法律行为理论在立法的制定过程中并非遵循由一般理论到特殊类型的制定过程，因而导致法律行为理论仅是对合同法总则高度概括的产物。相比在一般法律行为理论之外另行构建团体法上的法律行为理论，在原有法律行为理论的基础上构建适用于所有法律行为类型的法律行为理论是相对可行之举。然而，遗憾的是，该学者并未给出具体的规则设计，仅将此种美好的希望

---

① 参见薛波：《〈民法总则〉对商事关系的包容性及表现——兼论决议行为立法问题》，《中南大学学报》（社会科学版）2016年第1期。

② 参见李宇：《基础回填：民法总则中的意思表示与法律行为一般规则》，《华东政法大学学报》2017年第3期。

③ 王雷：《〈民法总则〉中决议行为法律制度的力量与弱点》，《当代法学》2018年第5期。

④ 瞿灵敏：《民法典编纂中的决议：法律属性、类型归属与立法评析》，《法学论坛》2017年第4期。

寄托于未来的立法之上。[①]

有观点认为"四分法"是指在"三分法"的基础上增加未形成有效决议这一类型，即将决议不存在和决议未有效进行区分，此种分类方法在学者中间少有讨论，也并未被《公司法解释（四）》采纳。一方面，从法律效果看，决议不存在和未形成有效决议法律效果一致，没有作进一步区分的必要。另一方面，"四分法"过于复杂的分类也容易造成法官认知的困难。[②] 可以看出，《公司法解释（四）》中规定的决议不成立实际上包含了决议不存在和未形成有效决议两种类型。对此，本书不作进一步区分，将其他国家立法中的股东会决议不存在与我国立法中的股东会决议不成立看成是同一概念。

与其他国家不同，《韩国商法典》第381条规定了除股东会决议无效、撤销和不存在诉讼之外的第四种股东会决议瑕疵诉讼，即不当决议的撤销、变更诉讼。此种诉讼针对股东会决议内容瑕疵而设，对于内容显著不当的股东会决议，由具有特别利害关系但未行使表决权的股东自决议作出之日起两个月内提起，被告为公司，由总公司所在地地方法院管辖。虽然此种决议内容并未违反法令或章程，但也有可能侵害公司或利害关系人的利益，韩国对于股东会不当决议撤销、变更诉讼的设置体现了其不仅要求股东会决议内容合法，还对合理性提出了要求。但是，毕竟仅涉及合理性问题，因而立法规定了和股东会决议撤销诉讼一样的起诉期间，适格原告在期限经过后不得再提起相关诉讼。

（二）股东会决议瑕疵诉讼分类依据之选择

从前文学者对于决议性质的讨论中可以看出，特殊单方法律行为说聚焦于决议的外部表象，共同法律行为聚焦于决议的内部自治。商行为学说意识到公司决议并不完全是法律行为，意思形成说（也包括社团单方行为说）则彻底否

① 参见瞿灵敏：《民法典编纂中的决议：法律属性、类型归属与立法评析》，《法学论坛》2017年第4期。

② 参见杜万华主编：《最高人民法院〈公司法司法解释（四）〉理解与适用》，人民法院出版社2017年版，第134页。

定了公司决议的法律行为性质，除此之外的其他学说均在法律行为的框架内对公司决议的性质进行讨论。基于上述分析，应将股东会决议定性为一种特殊的行为，参照法律行为的相关规定。将决议行为作为一种特殊的法律行为是我国学术界的通说，也被《民法典》第 134 条所采纳。若将股东会决议作为一种特殊的法律行为，对股东会决议瑕疵效力进行分类时采“三分法”立法模式便顺理成章。

然而，对于“三分法”以法律行为作为理论基础也有质疑的声音，此种质疑并未否定“三分法”的合理性，而是认为法律行为的成立和生效理论并非股东会决议不成立这一瑕疵类型的立论基础。从法律行为成立的构成要件看，只需要满足当事人、意思表示和标的这三个要件。以《公司法解释（四）》第 5 条为例，股东会决议不成立有公司未召开股东会决议或未对决议事项进行表决的情形，也有会议出席人数、股东所持表决权或会议表决结果等不符合要求的情形。对于后者，实际上满足了当事人、意思表示和标的这三个法律行为成立的要件。从当事人角度，虽然决议主体在资格上存在欠缺，但决议主体存在且明确；从意思表示角度，决议主体作出了意思表示；从标的角度，虽然决议具有瑕疵，但股东会会议针对特定的事项作出了决议。因而，若认为股东会决议是一种特殊的法律行为，那么股东会决议不成立对应法律行为不成立的观点并不完全正确，立法规定的股东会决议不成立和法律行为不成立实际上存有差别。即便股东会决议因存有严重瑕疵在立法上被认定为不存在，从法律行为的角度看其依旧具备完整的成立要件。

也有观点从股东会决议瑕疵效力体系本身对上述问题进行分析，认为法律行为在效力上分为有效、无效、可撤销和效力待定四种，法律行为不成立并不包含在内。因此，将股东会决议不成立对应法律行为不成立实际上缺乏前提依据。[①] 基于此，有学者认为“三分法”从法律行为视角对股东会决议这一商法问题进行解释，在启发了对股东会决议瑕疵认定的同时，却忽略了股东会决议的特殊性。民法更注重对于公平正义的追求，而商法更看重效率价值。“刻

① 参见苏翠萍:《股东大会决议不存在制度研究》,《商事法论集》2009 年第 1 期。

意从民法视角研究商法具体问题，将股东会决议与民法法律行为理论捆绑在一起，反而限制了公司理论的发展和司法适用。”[①]

虽然“三分法”存在上述缺陷，但“二分法”有更大的局限性。一方面，“二分法”将股东会决议瑕疵分为无效和可撤销两种类型，但两种类型的划分以股东会决议的存在为前提，此种分类忽视了未召开决议、未对决议事项进行表决等众多未形成决议的情形。另一方面，“二分法”将内容瑕疵归为决议无效范畴，而决议不存在瑕疵一般为严重程序性瑕疵，无法归入股东会决议无效范畴。对于股东会决议可撤销事由，不同国家和地区的具体规定存在差异，但主要针对程序性瑕疵和决议内容违反公司章程的情形。若权利主体在法定期限内未撤销决议，则有瑕疵的决议变为有效，任何人不得再行主张撤销。若将股东会决议不成立方面的瑕疵纳入可撤销的范畴，则难以保障公司及股东和外部第三人等众多主体的权益。“二分法”的缺陷导致学者在进行批判的基础上借鉴民事法律行为理论提出了“三分法”的构想。[②]

在公司法领域，某些情形下会限制对决议具有特别利害关系的股东行使表决权。此举是为了防止股东滥用多数决形成不公正决议，但也有可能导致少数股东利用利害关系股东不能行使表决权作出内容不当的股东会决议，股东会不当决议取消、变更诉讼为恢复决议的公正性提供了救济渠道。虽然对决议事项存有利害关系但未出席股东会参与表决的股东事后可通过其他方式予以维权，但从源头上撤销或变更内容不当的股东会决议是更为不错的解决方案。韩国立法者考虑到即便法院对内容不当的股东会决议作出了撤销的判决，股东会也有可能反复作出相同的决议，因而赋予法院对决议进行变更的权利。

韩国对股东会决议瑕疵诉讼的立法并非在股东会决议瑕疵“三分法”的基础上进行设置，也不同于“四分法”将股东会决议不存在与未形成有效决议作

---

① 步兵、孟星宇:《股东会决议不存在探析——以〈公司法〉第 22 条为中心》,《东南大学学报》(哲学社会科学版) 2014 年第 2 期。

② 只是此种借鉴因存有逻辑上的瑕疵受到批判。因而，并不否认将股东会决议不成立独立于股东会决议无效和撤销的必要性，只是“三分法”借鉴法律行为理论并作为其分类依据有不妥之处。

出区分。从适格原告上看，股东会不当决议撤销、变更诉讼的适格原告仅限于对决议存有利害关系却未行使表决权的股东。从提起事由上看，股东会不当决议撤销、变更诉讼和股东会决议无效诉讼一样，均是针对股东会决议内容方面的瑕疵。从起诉期限上看，股东会不当决议撤销、变更诉讼又和股东会决议撤销诉讼一致，两个月的期限经过后不得再提起相关诉讼。因此，韩国并未采取民事法律行为理论下（具有不当之处的通说）对股东会决议瑕疵诉讼的分类，而是针对特定的情形设置了一种特定的诉讼，杂糅了立法对其他股东会决议瑕疵诉讼的相关规定。

二、股东会决议瑕疵诉讼的具体种类

原告根据股东会决议瑕疵的不同，可提起不同的股东会决议瑕疵诉讼。德国股东会决议瑕疵效力采用“二分法”的立法模式，包括股东会决议无效和撤销两种情形，且均包括程序和实体上的瑕疵，台湾地区采此模式。相应地，德国和中国台湾地区股东会决议瑕疵诉讼包括股东会决议瑕疵无效和撤销诉讼两种类型。日本股东会决议瑕疵效力采用“三分法”的立法模式，故其股东会决议瑕疵诉讼包括无效、撤销和不存在三种诉讼。《公司法解释（四）》第1条将我国股东会决议瑕疵诉讼分为股东会决议无效、撤销和不成立三种诉讼类型，确立了以股东会决议瑕疵“三分法”为基础的股东会决议瑕疵诉讼体系。接下来以股东会决议瑕疵诉讼“三分法”为基础展开相关论述。

（一）股东会决议无效诉讼

1. 股东会决议无效诉讼立法梳理

根据《德国股份公司法》的规定，股东会决议无效的原因分为三类：违反形式规则和程序规则、违反法律规定和违反《德国股份公司法》第241条第3款、第4款和第6款规定的一般性条款。对无效的股东会决议适格原告可提起无效确认之诉，且无诉讼时效的限制，也可以在涉及另一争议的诉讼程序中请求法院首先作出确认无效的判决。如果瑕疵不涉及决议的全部，而仅涉及其中的一部分，也可以判决决议的一部分无效。[①] 德国提起股东会决议无效诉讼的适格原告包括公司股东、董事会、董事和监事，被告为公司，由公司住所地所在辖区地方法院管辖。德国股东会决议无效诉讼准用撤销诉讼的相关规定，除数个请求宣告无效诉讼应合并同时审判之外，请求宣告无效诉讼和撤销诉讼可以合并进行。

在 1938 年《日本商法》修改之前，日本不存在以决议内容瑕疵为由提起股东会决议无效诉讼的规定。当时的学说和判例一般认为内容违反法令的股东会决议当然无效，必要时可提起无效确认之诉。该诉讼被作为一般的确认之诉对待，判决无对世效力。[②] 现行《日本公司法》并未对提起股东会决议无效诉讼的情形进行列举。日本股东会决议无效诉讼的被告为公司，由公司总部所在地裁判所专属管辖。

和日本一样，《韩国商法典》并未明确规定股东会决议无效诉讼的适格原告，一般认为具有诉的利益者均可提起，且无特殊起诉时间的限制。适格原告可以股东会决议内容违反法令为由，向总公司住所地地方法院提起股东会决议无效诉讼。根据《韩国商法典》第 187 条、第 380 条的规定，当股东会决议无效诉讼被提起时，公司也应当及时进行公告。对于股东会决议无效的原因，韩国学者在立法的基础上进行了扩大化的理解。

我国《公司法》第 22 条规定了股东会决议违反法律、行政法规的股东会决议无效，但并未如《德国股份公司法》一样对无效事由进行具体的列举，导致法院在股东会决议无效与否的认定上存在一定的困难，《公司法解释（四）》并未弥补此漏洞，被认为是此司法解释的一大缺憾。[③] 对于股东会决议无效诉

---

① 参见 [德] 托马斯 · 莱塞尔、吕迪格 · 法伊尔:《德国资合公司法》，高旭军等译，法律出版社 2005 年版，第 263 页。

② 参见张凝:《日本股东大会制度的立法、理论与实践》，法律出版社 2009 年版，第 297—299 页。

③ 我国有学者认为可提起股东会决议无效诉讼的原因主要表现为违反法令、行政法规、公共利益、公共政策或公序良俗，具体包括公司决议违反股权平等原则、股利分配原则、违法回购或者公司决议违反公司环境保护法等。参见施天涛:《公司法论（第 4 版）》，法律出版社 2018 年版，第 391 页。可以看出，对股东会决议瑕疵诉讼提起事由的讨论其实和股东会决议瑕疵事由的分类具有一致性。

讼，《公司法解释（四）》规定公司股东、董事、监事等为适格原告，公司为被告，但并未规定提起诉讼的时限。根据《中华人民共和国民事诉讼法》（以下简称《民事诉讼法》）第 27 条的规定，作为公司纠纷，股东会决议无效诉讼由公司住所地法院管辖。

台湾地区“公司法”对股东会决议无效事由的规定十分简洁，仅表明股东会决议内容违反法令或章程者无效，甚至并未明确应以何种方式认定股东会决议无效与否。对于股东会决议无效诉讼的具体提起事由，台湾地区“最高法院”通过判例的方式进行了明确和扩充，认为股东会决议违反公序良俗、股东平等原则、资本维持原则等情形无效。对于股东会决议无效诉讼的原告和被告，台湾地区“公司法”也未进行明确规定，通说认为具有诉的利益者可提起该诉讼，被告为公司。根据台湾地区“民事诉讼法”第 2 条的规定，股东会决议无效诉讼由公司主事务所或主营业所所在地法院管辖。

基于上述内容，梳理了部分国家和地区对股东会决议无效诉讼的规定（见表 1–1）。

表 1–1　部分国家和地区对股东会决议无效诉讼的规定

	德国	日本	韩国	中国大陆	中国台湾
原告	股东、董事会、董事和监事	无明文规定，具有诉的利益者可提起	无明文规定，具有诉的利益者可提起	股东、董事、监事等	无明文规定，具有诉的利益者可提起
被告	公司	公司	公司	公司	无明文规定，司法实践和通说将公司作为被告
诉讼时效	无特殊规定	无特殊规定	无特殊规定	无特殊规定	无特殊规定
起诉事由	《德国股份公司法》第 241 条（进行列举式规定）	决议内容违反法令	决议内容违反法令	决议内容违反法律、行政法规	决议内容违反法令或章程
管辖法院	公司住所地地方法院	公司总部所在地裁判所	总公司所在地地方法院	公司住所地法院	公司主事务所或主营业地法院
公司公告	有	无	有	无	无
审理方式	合议庭	无特殊规定	无特殊规定	无特殊规定	无特殊规定
能否和解	不得和解	无特殊规定	无特殊规定	无特殊规定	无特殊规定

由表 1-1 可以看出，德国、日本、韩国和中国大陆与中国台湾对股东会决议无效诉讼的规定有以下相同之处：第一，德国、日本、韩国和中国台湾将公司作为股东会决议无效诉讼的被告。无论德国、日本、韩国和中国台湾的立法对此是否有明文规定，实践和通说均采用此做法。第二，德国、日本、韩国和中国台湾对股东会决议无效诉讼均未如股东会决议撤销诉讼一样明确规定具体的诉讼时效。第三，德国、日本、韩国和中国台湾一般将股东会决议无效诉讼的管辖法院规定为公司住所地法院。不同之处在于：第一，德国、日本、韩国和中国台湾对股东会决议无效诉讼的适格原告范围规定不同。相比德国和中国大陆对股东会决议无效诉讼适格原告进行明文规定，日本、韩国和中国台湾并未在公司法中予以明确，一般认为存有确认利益者均可提起此类诉讼。第二，德国、日本、韩国和中国台湾对股东会决议无效诉讼的起诉事由规定不同。德国对股东会决议无效的情形规定的最为详细，不仅包括股东会决议内容方面的事项，也包括程序性事项。德国、日本、韩国和中国大陆将违反公司章程的股东会决议排除在无效事由之外，但台湾地区将违反公司章程的决议归入无效决议的范畴。第三，为保障其他利害关系人的权益，德国和韩国规定当股东会决议无效诉讼被提起时公司应当及时公告。第四，和股东会决议撤销诉讼一样，德国立法规定对股东会决议无效诉讼也须由合议庭进行审理，且不得和解。

2. 股东会决议无效诉讼的起诉事由

对于股东会决议无效的事由，《德国股份公司法》第 241 条进行了列举式规定，日本和韩国立法均将决议内容违反法令作为无效事由，中国大陆《公司法》将决议内容违反法律、行政法规作为无效事由。中国台湾将决议内容违反法令或章程作为无效事由。然而，从立法可以看出，除德国股东会决议无效事由包括内容违反法律、公共利益或善良风俗以及其他具体股东会决议作成要求外，其他国家和地区对股东会决议无效事由规定得十分简洁，并未进行如德国那般明确的列举，这也使学者在对股东会决议无效事由上展开了更为细致的讨论。

第一，关于股东会决议内容违反强制性规定的情形。中国大陆《公司法》

第22条认为股东会决议内容违反法律和行政法规的规定无效，但并未明确违反何种法律和行政法规。法律规范分为强制性规范和任意性规范，一般认为违反强制性规范的行为无效。我国《民法典》第153条在对合同效力无效的认定上也将范围限定为违反法律、行政法规的强制性规定。因此，将股东会决议无效事由理解为违反法律、行政法规的强制性规定更具合理性，对于法律和行政法规任意性规范的违反并不构成股东会决议无效的事由。然而，强制性规范又可以进一步分为效力性强制规范和管理性强制规范。《最高人民法院关于适用〈中华人民共和国合同法〉若干问题的解释（二）》（法释〔2009〕5号）在第14条将《中华人民共和国合同法》第52条第5项的"强制性规定"限缩为效力性强制规范。该规定曾缓和了学者对于"强制性规定"理解的争论，也间接为其他特殊合同效力的认定提供了依据。2019年《全国法院民商事审判工作会议纪要》第30条采纳了这一观点。

然而，对效力性强制规范和管理性强制规范的区分，依旧存在标准和判断规则不清的困境。有观点认为，在股东会决议无效事由的判定上应遵循三个层次：第一层次是看法律、行政法规条款中是否直接规定了违反该条款的行为无效，若有此规定则直接认定为效力性强制规范。第二层次须考察继续履行股东会决议是否会损害国家、集体、第三人（善意第三人）利益及社会公共利益。第三层次是看股东会决议内容违反该强制性规定是否违背我国相关法律的立法宗旨。① 上述观点除第一层次可进行明确的识别之外，第二层次和第三层次的识别依旧会陷入困境：第二层次的识别将国家、集体、第三人利益及社会公共利益作为识别标准，但该标准本身就是一个备受争议的话题，对于上述各种利益的边界学术界至今尚无明确定论。第三层次的识别将相关法律的立法宗旨作为识别标准，但立法宗旨有时并未明确在法律中表明，立法宗旨的确定也是一个庞杂的工程。也有观点认为，基于《民法总则》将法人及其非法人组织的决议行为认定为一种特殊的法律行为，对于股东会决议无效的认定也不应仅限于从内容上对其是否违反法律、行政法规进行认定，当事人意思表示是否真实、

① 参见赵心泽：《股东会决议瑕疵诉讼制度研究》，法律出版社2017年版，第74—76页。

是否违背公序良俗等也是重要的判断标准。①

第二，关于股东会决议内容违反股东平等原则的情形。股东平等原则是指“在公司与股东的法律关系中，基于股东资格而产生的权利、义务，各股东应享有平等待遇的原则”②。股东平等原则作为股东保护的基本原则体现在公司法的各个领域，不仅有利于保护股东的财产和参与公司经营，而且有利于预防和救济资本多数决的滥用。③ 对于股东平等原则，多个国家在公司立法中均有所规定，或许这也是学者将股东会决议违反股东平等原则作为决议无效的事由之一的原因所在。如《德国股份公司法》第 53 条规定股东在同等条件下应受到平等对待，但德国主流观点认为违反此原则构成撤销而非无效事由。④《日本公司法》第 109 条规定公司应根据股东所持股份的内容和数量平等对待股东，对此原则的违反构成无效事由。《公司法》第 126 条的规定也体现了股东平等原则，也有学者认为股东会决议违反股东平等原则应为无效事由⑤，我国司法实践中也有法院认为违反股东平等原则的股东会决议无效。⑥

第三，关于股东会决议内容违反公序良俗的情形。公司法中的公序良俗原则源于民法上的理论，对于违反此原则的民事法律行为，不同国家和地区在民法典中给予了否定性的评价。《德国民法典》第 138 条第 1 款、《日本民法典》第 90 条和中国台湾“民法典”第 72 条均规定违反善良风俗的法律行为无效。《德国股份公司法》第 241 条将违反公序良俗作为股东会决议无效的事由之一。但日本最高法院曾有判决认为股东会决议内容若无违反法令和章程的情形，仅决议动机和目的违反公序良俗决议并非无效。⑦ 由此可以看出，日本司法实务

① 参见滕娟:《专家：股东会决议有无效力还需参照〈民法总则〉》,《财会信报》2017 年 9 月 11 日。

② 钱玉林:《股东大会决议瑕疵研究》，法律出版社 2005 年版，第 234 页。

③ 参见刘俊海:《股份有限公司股东权的保护》，法律出版社 1997 年版，第 30—31 页。

④ 参见 [德] 格茨 · 怀克、克里斯蒂娜 · 温德比西勒:《德国公司法》，殷盛译，法律出版社 2010 年版，第 553 页。

⑤ 参见施天涛:《公司法论（第 4 版）》，法律出版社 2018 年版，第 391 页。

⑥ 参见浙江省杭州市上城区人民法院（2008）上民二初字第 1285 号判决书。

⑦ 参见 [日] 小川宏幸:《股东大会决议不存在、确认无效、撤销诉讼》，赵旭东、宋晓明主编:《公司法评论（第 3 辑）》，人民法院出版社 2003 年版，第 122 页。

上认为单纯违反公序良俗并不导致股东会决议无效。无论是《民法总则》第 8 条还是《合同法》第 7 条，都体现了对社会公序良俗的尊重。然而，何为公序良俗？我国立法上并未有明确的概念，将违反公序良俗作为股东会决议无效的事由意味着将法律行为效力的评价事由直接应用于股东会决议行为中，也意味着在股东会决议无效诉讼中法官需要对公序良俗作出界定，如此也可能导致司法对股东会决议效力与内容的过度干预和司法实践的不统一。因此，在我国立法并未明确作出规定的情形下，不应将单纯违反公序良俗作为股东会决议无效的事由。

第四，关于股东会决议内容违反资本多数决原则的情形。公司是由股东资本组成的资合组织，资本多数决原则作为公司法上的一项基本原则，是股东基于股东资本对公司经营进行表决并最终达成决策的方式，因而资本多数决原则是公司内部行使民主的体现，资本多数决并不构成对股东平等原则的违反。然而，公司法设定的理想状态在实践过程中往往由于控股股东的个人利益以及股东之间的纠纷出现异化，控股股东滥用资本多数决排挤中小股东的现象时有发生。对于违反资本多数决原则作出的股东会决议构成无效还是撤销事由，学术界存有争议。有观点认为，违反资本多数决原则的股东会决议显失公平，构成决议撤销事由。[①] 也有观点认为，股东会决议内容违反资本多数决原则应作为无效事由，直接确认该类决议无效有利于防止和救济控股股东对资本多数决的滥用，平衡股东之间的利益，也可以从根本上实现股东会决议瑕疵诉讼的诉讼价值与立法目的。[②]

第五，关于股东会决议内容违反资本维持原则的情形。在公司存续过程中，应当维持相当于资本额的财产。资本维持原则作为资本三原则之一，是公司资本制度的核心要义，贯穿公司出资、维持和分配的始终。虽然我国公司立法已经将实缴资本制改为认缴资本制，但并未否定资本三原则。[③] 我国公司立法中对于公司收购自身股份的限制以及对于股票发行价格不得低于票面金额的

---

① 参见施天涛:《公司法论（第 4 版）》，法律出版社 2018 年版，第 391 页。

② 参见赵心泽:《股东会决议瑕疵诉讼制度研究》，法律出版社 2017 年版，第 80 页。

③ 参见赵万一:《资本三原则的功能更新与价值定位》，《法学评论》2017 年第 1 期。

要求等体现了资本维持原则。在我国司法实践中，也有法院将违反资本维持原则的股东会决议认定为无效。[①] 台湾地区实务界和理论界均有观点认为股东会决议违反资本维持原则无效。[②]

第六，关于股东会决议内容违反股东有限责任原则的情形。股东有限责任作为公司法法律的基石，也是各国公司法的一项基本原则。为了促进市场经济的发展，现代公司法规定了股东有限责任原则。虽然股东有限责任原则增加了外部利益主体的交易风险，但此原则本身并不会造成股东和债权人利益的失衡，而是被不当利用规避法律规定而已。[③] 中国大陆《公司法》第 3 条第 2 款是关于股东对公司承担有限责任的规定，有学者认为此规定为强行法事项，股东会决议对此事项的违反构成无效事由。[④] 台湾地区也有学者认为股东对公司负有限责任，违反此原则作出的股东会决议无效。[⑤]

此外，还有学者认为违反股份转让自由原则或侵害股东固有权的股东会决议无效。[⑥] 从学者对于股东会决议无效的讨论可以看出，由于立法的模糊性，股东会决议无效的原因范围具有不确定性。违反公司法中股东平等原则、资本多数决原则、资本维持原则、股东有限原则等原则的股东会决议，是否应为无效的根本在于，对公司法基本原则的违反是否属于《公司法》第 22 条规定的决议内容违反法律和行政法规的范畴，对违反公序良俗的讨论则体现了将对于一般法律行为效力的评价适用于股东会决议这一特殊的团体法律行为。若仅将股东会决议无效事由限定为违反法律和行政法规的效力性强制规范，则可在最大程度上维护股东会决议和公司经营的稳定性。若认为股东会决议事由是否有效须考量包括众多公司法和其他法律的基本原则以及众多主体的利益，虽然尽可能地保障了股东会决议的合法性，但会导致法官对股东会决议的过度审查

---

① 参见上海市普陀区人民法院（2011）普民二（商）初字第 1185 号判决书。

② 参见赵心泽：《股东会决议瑕疵诉讼制度研究》，法律出版社 2017 年版，第 84—85 页。

③ 参见孟勤国、张素华：《公司法人人格否认理论与股东有限责任》，《中国法学》2004 年第 3 期。

④ 参见钱玉林：《股东大会决议瑕疵研究》，法律出版社 2005 年版，第 236 页。

⑤ 参见王泰铨：《公司法新论》，王志诚修订，（台北）三民书局 2009 年版，第 459 页。

⑥ 参见刘连煜：《现代公司法》，（台北）新学林出版股份有限公司 2011 年版，第 372 页。

并影响公司经营的稳定。因此，通过立法的方式对股东会决议无效事由进行明确的列举是合理之举，毕竟我国立法对股东会决议撤销和不成立事由均作了较为明确的列举式规定。在立法并未进行明确列举的情况下，在各种利益取舍之间，股东会决议无效事由仅限于股东会决议内容违反法律、行政法规强制性规范的事由，股东会决议无效事由的认定及股东会决议无效诉讼并不能解决除股东会决议效力本身之外所有的不合法及不合理之处。由此可能导致的侵权，可通过其他途径或诉讼方式予以解决。

2016 年《征求意见稿》对股东会决议无效的事由作了列举式规定，该征求意见稿在第 6 条中规定了股东会决议无效的事由包括三个方面：(1) 股东滥用股东权利通过决议损害公司或者其他股东的利益；(2) 决议过度分配利润、进行重大不当关联交易等导致公司债权人的利益受到损害；(3) 决议内容违反法律、行政法规强制性规定的其他情形。从规定可以看出，立法者在征求意见稿中并未将股东会决议违反公司法的基本原则作为无效事由，而是立足于对公司、股东和债权人利益的保护，以公司、股东和债权人利益是否受损作为评价股东会决议是否有效的标准。可见，虽然股东会决议对公司、股东和债权人利益的侵犯往往意味着其违背了公司法的基本原则，但对上述利益侵犯的标准在实践中也存在难以界定之处，并不能为法官裁判提供明确的指引，《公司法解释（四）》对此条款的删除也体现了股东会决议无效事由本身的模糊性和立法者之间的争议，但对于股东会决议无效事由不作明确列举的回避之举并非长久之计。

3. 股东会决议有效诉讼的存立争议

对于是否需要确立股东会决议有效诉讼这一诉讼类型，学术界存有争议。按照民法上关于有效法律行为的表述，凡是符合法定有效要件的法律行为均有效，并取得法律认可的效力。[①] 此种有效并不需要通过诉讼的方式进行确认，只有双方当事人对法律行为的效力发生争议，才通过诉讼的方式对法律关系的效力进行确认，如确认婚姻关系不成立、撤销或无效诉讼。但是，对婚姻关系

① 参见魏振瀛主编：《民法（第 7 版）》，北京大学出版社 2017 年版，第 169 页。

是否有效，无须通过诉讼方式进行证明，通过结婚证书即可形成婚姻关系成立的外观。同理，对于股东会决议有效一般也不需要提起诉讼，当对股东会决议效力产生争议时提起无效、撤销和不成立诉讼即可。因此，域外和我国立法均未对股东会决议有效诉讼进行规定。

《公司法解释（四）》征求意见稿在第1条中曾规定适格主体可提起确认股东会决议无效或有效诉讼，只是在后来正式施行的版本中删除了对确认股东会决议有效诉讼这一诉讼类型的相关规定。司法实践中也有不少法院对确认股东会决议有效诉讼的案件予以受理并判定决议有效。[①]对此，在否定说内部，有观点认为不应确立股东会决议有效诉讼，原因在于此种诉讼高成本、低价值，不仅浪费司法资源，而且有可能使法院被误导。当事人有可能以滥用诉权的方式，通过法院的裁判为存有瑕疵的股东会决议披上合法的外衣。[②]也有观点认为，股东提起股东会决议有效诉讼并不具备诉的利益，司法应尽量减少对公司自治的干预。即便我国立法对此未规定或规定不明，绝大多数纠纷也是由于公司内部治理结构的缺陷所致，司法是否应当以及如何介入存有较大争议。在立法未作明确规定的情况下，法院应谨慎把握受理条件。[③]

在肯定说内部，有观点认为确立股东会决议有效诉讼有利于推进民法和商法的和谐。“将公司会议决议效力形态划分为决议成立与不成立、生效与未生效、可撤销与不可撤销以及有效和无效等四对范畴，有助于尽可能完整地诠释公司会议决议的效力形态，推进民法与商法的内部和谐。”[④]前两者为事实层面的判断，后两者是价值层面的判断，股东会决议作为公司会议决议的一种也应如此划分。此外，确立股东会决议有效诉讼有利于加强法律风险的防范和提高

---

① 参见杨峥嵘、杨京紫:《确认公司决议有效诉讼的司法必要性及其法律适用路径——以完善我国〈最高人民法院关于适用中华人民共和国公司法若干问题的规定（四）〉第一条为视角》,《湖南社会科学》2018年第2期。

② 参见甘培忠、赵文冰:《对公司决议效力的一些思考——析〈最高人民法院关于适用中华人民共和国公司法若干问题的规定（四）〉（征求意见稿）中的相关规定》,《法律适用》2016年第8期。

③ 俞巍:《股东请求确认股东会决议有效的诉讼不宜受理》,《法学》2008年第9期。

④ 张旭荣:《法律行为视角下公司会议决议效力形态分析》,《比较法研究》2013年第6期。

公司经营管理效率。在公司经营中有可能出现对股东会决议消极对抗的问题，此种诉讼的确立有利于积极应对消极对抗行为并对由此导致的不良后果予以救济。①

从反面角度思考，能否认为原告针对股东会决议效力提起的诉讼在被法院驳回的情况下就当然有效呢？其实并非如此。从诉讼时效的角度，对于原告超过诉讼时效提起的股东会决议瑕疵诉讼，法院应驳回诉讼请求，但并不意味着股东会决议本身没有问题，只是原告无法获得法院对股东会决议效力予以否定的裁判。从裁量驳回制度的角度，对于决议召集程序或表决方式具有轻微瑕疵并且对决议未产生实质影响的，法院对原告请求撤销股东会决议效力的请求不予支持。但此时并不能否决股东会决议本身的瑕疵，只是司法对其撤销权不予保护而已。

从上文的论述可以看出，确认股东会决议有效诉讼肯定说和否定说均提及了对于公司经营效率的考量。实际上，此种诉讼的确立既有提高公司经营管理效率的一面，也有阻碍公司正常经营的弊端，关键在于此种诉讼为何人所使用。但各方主体立场有异，立法无法对可能产生的情形进行完全的预测和防治，因而只能在不同的利益之间进行权衡和取舍，《公司法解释（四）》对其征求意见稿的修改也反映了立法过程中对此问题的争议。从实践案例来看，无论是法院受理还是不受理此类案件，均可从诉的利益的角度进行论证。对此，我国现行立法对股东会决议瑕疵诉讼“三分法”的规定更为适用。一方面，从经营效率的角度，股东会决议有效诉讼的设置更有可能降低公司经营管理效率。虽然消极对抗股东会决议的情况有可能发生，但公司内部的分歧更有可能导致部分主体以提起诉讼的方式阻碍决议的正常实施。对于上市公司而言，微量持股的诉讼“掮客”也有可能以此为筹码向公司谋取不正当利益。公司内部的消极对抗可以尝试通过公司内部治理的方式解决，由此产生的损失也可通过其他诉讼的方式予以救济。从实际运作的角度，因股东会决议本身具有复杂性，法

① 参见杨峥嵘、杨京紫：《确认公司决议有效诉讼的司法必要性及其法律适用路径——以完善我国〈最高人民法院关于适用中华人民共和国公司法若干问题的规定（四）〉第一条为视角》，《湖南社会科学》2018 年第 2 期。

院若对决议效力进行认定，由此产生的不当认定问题会更加妨碍公司的正常运营。另一方面，从诉讼种类设置的必要性来看，股东会决议虽然是一种特殊的法律行为，但能否由于其特殊性而进行更多的司法干预是值得思考的。若如此，对于董事会决议、业主集体决议等所有具有团体法特色的决议行为，是否要在具体诉讼种类的设置上均增加决议有效诉讼这一类型？此外，若决议为批准性的决议，则提起股东会决议有效诉讼并无实际的意义；若决议为执行性的决议，在义务主体不予履行时，单纯通过提起确认之诉的方式未必能够实现权利的有效救济。①

（二）股东会决议撤销诉讼

1. 股东会决议撤销诉讼立法梳理

1861 年《德国统一商法典》中并无股东会决议瑕疵诉讼的规定，但当时实务上肯定公司股东有权请求法院撤销程序上或内容上有瑕疵的股东会决议。1884 年《德国商法典》在第二次修正时增加了股东会决议撤销诉讼，但当时的德国实务和学者认为股东会决议瑕疵导致股东会决议当然无效，任何人均可进行主张，无须另行起诉请求撤销。②《德国股份公司法》自 1937 年便有关于股东会决议无效和撤销的规定，1965 年后又对相关规定进行了补充和完善。③

如果股东会决议违反了法律或章程规定，便可提起股东会决议撤销诉讼，对于违反的具体事由，《德国股份公司法》在第 243 条进行了规定。④ 决议违反的既可能是程序性规定，也可能是实质性条款。例如对于违反《德国股份公司法》第 121 条和第 129 条等规定的召集程序和议程规则都属于程序性违法，其均是导致撤销决议的法律原因，除非这种违法已经导致相关决议无效。德国

① 参见张雪娥：《公司股东大会决议效力研究》，法律出版社 2018 年版，第 282 页。

② 参见陈鹏光：《股东会决议争讼事件之确认利益、被告适格及判决对世效力——着重探讨其相关审判实务应如何依循修正民事诉讼法之意旨处理及今后残留之课题》，民事诉讼法研究基金会：《民事诉讼法之研讨（十六）》，（台北）三民书局 2009 年版，第 20—21 页。

③ 参见［德］格茨·怀克、克里斯蒂娜·温德比西勒：《德国公司法》，殷盛译，法律出版社 2010 年版，第 549 页。

④ 参见《德国商事公司法》，胡晓静、杨代雄译，法律出版社 2014 年版，第 178—179 页。

股东会决议撤销诉讼的适格原告包括公司股东、董事会、董事和监事，起诉期限为一个月，期间经过后决议瑕疵获得补正。根据《德国股份公司法》第241条第5款的规定，如果法院支持了撤销请求，决议从形成时无效。在法院判决生效之前可撤销的股东会决议处于不确定状态，一般认为应在判决生效后才能执行相关的决议，撤销权利人也可以申请临时保全措施，阻止决议的执行或登记。德国公司法学者认为，股东会决议无效和撤销诉讼的目的均是消除股东会决议的效力，即使原告在形式上提起的是撤销诉讼，法院也必须审查决议中是否存在可能引起无效的原因，反之亦然。[①] 德国立法对股东会决议撤销诉讼规定了特殊的诉讼时效，时间为一个月，由公司住所地法院管辖。《德国股份公司法》第246条规定法院对于原告提起的股东会决议撤销诉讼在一个月期限届满前不得开庭审理。此举主要是为了使多个可能的撤销诉讼均能一次性地进行审判，避免重复诉讼和矛盾判决的产生。公司董事会应将诉讼的提起和审理日期不迟延地在公司公报上公布。考虑到可能的多个撤销诉讼，立法规定数个撤销诉讼应合并同时审判。

日本立法对股东会决议瑕疵效力的现有分类经历了一定的发展和演变。现行《日本公司法》继承了1981年《日本商法》的内容，在第831条规定了股东会决议撤销的原因：(1)股东会的召集程序或决议方法违反法令或章程或明显不公正。(2)股东会决议内容违反章程。(3)与决议具有特别利害关系的股东行使表决权，致使严重不当的决议成立的场合。[②] 日本股东会决议瑕疵诉讼的适格原告包括公司股东、董事、清算人、执行官和监事，被告为公司，由公司总部所在地裁判所管辖。在1950年《日本商法》修改之前，日本股东会决议撤销诉讼起诉期限与德国一致，均为一个月。考虑到期限过短不利于股东权益的保护，在1950年修法时改为三个月，现行《日本公司法》沿用了三个月的起诉期限。三个月的起诉期间届满后能否追加撤销事由，理论界对此有不同的观点。有学者认为，三个月的起诉期间届满后不能追加撤销事由。也有学者

① 参见[德]托马斯·莱塞尔、吕迪格·法伊尔：《德国资合公司法》，高旭军等译，法律出版社2005年版，第270—278页。

② 参见《新订日本公司法典》，王作全译，北京大学出版社2016年版，第354页。

认为，三个月的起诉期间经过仍然能够追加撤销事由。日本多数说对此持否认态度，在20世纪30年代后几乎所有的判例都持否定态度。[①]

《韩国商法典》公司编对股东会决议撤销诉讼进行了规定。由于韩国曾受日本殖民统治，因而公司法框架借鉴了日本模式，在具体内容的规定上也和日本有众多相似之处。韩国公司法规定，提起股东会决议撤销诉讼的主体为股东、董事或监事。韩国通说认为，提起诉讼的股东、董事和监事在起诉后至诉讼终结时止应维持其股东资格，否则诉讼中止。也有观点认为，为维护公益，应允许其他股东或董事、监事继受诉讼。虽然立法对股东会决议撤销诉讼并未明确作出规定，但将公司作为被告并无疑问。[②] 适格原告可在股东会决议作出之日起两个月内，以股东会召集程序或决议方式违反法令或章程或明显不公、决议内容违反公司章程为由，向总公司住所地地方法院提起股东会决议撤销诉讼。根据《韩国商法典》第187条、第376条的规定，当股东会决议撤销诉讼被提起时，公司应当及时进行公告。

中国大陆《公司法》第22条规定，股东会决议瑕疵诉讼撤销事由为股东会召集程序、表决方式违反法律、行政法规或公司章程，或决议内容违反公司章程，原告为股东，被告为公司，起诉期间为六十日。与一般的诉讼时效届满法院驳回诉讼请求不同，根据《最高人民法院关于适用〈中华人民共和国公司法〉若干问题的规定（一）》（法释〔2014〕862号）第3条，法院对于超过六十日期限的股东会决议撤销诉讼不予受理，而非驳回诉讼请求，因而此处的六十日在性质上应为除斥期间。股东会决议撤销诉讼作为公司诉讼也应由公司住所地法院管辖，对于其审理方式以及能否进行和解，我国立法并未进行特殊的规定。

根据台湾地区“公司法”第189条及其相关规定，股东会决议撤销诉讼的原告为股东，被告为公司。起诉期间在2001年修法之前为一个月内，现行立法将其修改为三十日内。对于提起股东会决议撤销诉讼的事由，仅规定了股东

---

① 参见张凝：《日本股东大会制度的立法、理论与实践》，法律出版社2009年版，第287—288页。

② 参见［韩］李哲松：《韩国公司法》，吴日焕译，中国政法大学出版社2000年版，第418页。

会召集程序或决议方法违反法令或章程的程序性事项，该诉讼由公司主事务所或主营业地法院管辖。

基于上述内容，梳理了部分国家和地区对股东会决议撤销诉讼的规定（见表1–2）。

表1–2　部分国家和地区对股东会决议撤销诉讼的规定

	德国	日本	韩国	中国大陆	中国台湾
原告	股东、董事会、董事和监事	股东、董事、清算人、执行官、监事	股东、董事或监事	股东	股东
被告	公司	公司	公司	公司	公司
起诉期间	一个月	三个月	两个月	六十日，超过期限后法院不予受理	三十日
起诉事由	决议违反法律或章程；股东为谋取私利行使表决权，损害公司或其他股东利益	股东会召集程序或决议方法违反法令或章程或明显不公；决议内容违反公司章程；与决议有特别利害关系者行使表决权而作出明显不当决议	股东会召集程序或决议方式违反法令或章程或明显不公；决议内容违反公司章程	股东会召集程序、表决方式违反法律、行政法规或公司章程，或决议内容违反公司章程	股东会召集程序或决议方法违反法令或章程
管辖法院	公司住所地地方法院	公司总部所在地裁判所	总公司所在地地方法院	公司住所地法院	公司主事务所或主营业地法院
公司公告	有	无	有	无	无
审理方式	合议庭	无特殊规定	无特殊规定	无特殊规定	无特殊规定
能否和解	不得和解	无特殊规定	无特殊规定	无特殊规定	无特殊规定

由表1–2可以看出，德国、日本、韩国和中国大陆与中国台湾对股东会决议撤销诉讼的规定有以下相同之处：第一，德国、日本、韩国和中国台湾均将公司作为股东会决议撤销诉讼的被告。第二，德国、日本、韩国和中国台湾对股东会决议撤销诉讼规定了较短的起诉期间，最长也不过三个月。第三，德国、日本、韩国和中国台湾规定股东会决议撤销诉讼的管辖法院为公司住所地法院。不同之处在于：第一，德国、日本、韩国和中国台湾对于股东会决议撤

销诉讼的适格原告范围规定不同。德国、日本和韩国规定了宽泛的股东会决议撤销诉讼适格原告范围，中国大陆和台湾地区仅将股东作为股东会决议撤销诉讼的适格原告。第二，德国、日本、韩国和中国台湾对股东会决议撤销诉讼的起诉事由规定不同。德国对于股东会决议撤销事由的情形规定的最为复杂，不仅包括股东会决议内容方面的瑕疵，也包括程序性瑕疵。日本、韩国和中国大陆将股东会决议程序和内容违反公司章程作为股东会决议可撤销的事由，中国台湾仅将股东会决议程序违反法令或章程作为起诉事由。第三，为保障其他利害关系人的权益，德国和韩国规定当股东会决议撤销诉讼被提起时公司应当及时公告。第四，德国对股东会决议撤销诉讼的审理方式进行了特殊规定，须由合议庭进行审理，且不得和解。

2. 股东会决议撤销诉讼的起诉事由

从不同国家和地区关于股东会决议撤销诉讼的起诉事由来看，虽然存在细微差异，但主要为股东会决议召集程序和表决方式违反法律或公司章程。股东会决议召集程序的瑕疵，主要包括召集权人瑕疵和会议通知瑕疵；决议方法的瑕疵主要包括表决法定数瑕疵、表决主体瑕疵、表决权行使瑕疵和表决方法瑕疵等。也有学者根据决议召集程序的进展将其划分为通知召集、出席与主持、投票表决三个阶段，并对这三个阶段的具体行为进行评价并以此构建股东会决议瑕疵制度体系。①鉴于学者讨论的习惯和立法规定，这里采用通常的分类方式，分别对股东会决议召集程序和表决方式瑕疵具体事由展开相关论述。

（1）股东会决议召集程序瑕疵

第一，关于召集主体方面的瑕疵。股东会会议须由适格的主体进行召集，但在实际操作中存在未进行召集和召集不合法两种情形。对于股东会未进行召集，主要是针对股东未经召集偶然集会或自行集会。此时，应根据具体情形作不同评价：若全体股东同意召开股东会并作出决议，意味着在实质上已经召开了股东会决议。在决议内容和表决均符合要求的情况下，仅导致股东会决议程序违法，属于可撤销的范畴。股东会议散会后董事长临时召集在场全体股东作出的股东会决

① 参见彭真明、温长庆：《股东会决议程序性瑕疵的体系解释》，《江海学刊》2019年第2期。

议，也应认为属于可撤销的股东会决议；若仅部分股东在场达成共识，因无股东会形式的外观，此时应属于股东会决议不成立的情形。

召集不合法主要包括表见召集和无权召集两种情形。表见召集最为典型的是董事长未经董事会决议擅自召集股东会。根据《公司法》第 101 条的规定，董事会具有股东会的召集权，因而有学者认为此时董事长的召集行为具有表见外观，股东参与会议的决定权并未受到召集权有无的干扰，此种信赖应受到保护，故表见召集人召集的股东会议作出的决议属于可撤销范畴。① 对于董事长依据有瑕疵的董事会决议召集的股东会所作决议的效力，学术界也存有争议。有观点认为，借鉴上述表见召集的见解，因外部股东难以知晓董事会决议效力瑕疵，故而将据此瑕疵董事会决议作出的股东会决议归入可撤销范畴。② 对于台湾地区司法实务，有观点认为，依据董事会无效决议召开的股东会在召集程序上违反法令，可依"公司法"第 189 条的规定予以撤销。③ 也有观点认为，基于董事会瑕疵决议召开股东会而作出的股东会决议应为无效或不成立。台湾学术界对此也观点不一，有观点认为董事会决议是公司内部的意思决定，股东会决议的效力不因此受到影响。也有观点认为，股东会会议成本较高且召集程序和决议方法可能违法之处众多，在"公司法"第 189 条通过股东会决议撤销诉讼进行调整的前提下，对于董事会决议与股东会决议联动时无特别调整的必要，此时并非修正决议的效力，而是在交易安全和公司利益中寻求一个平衡点。④ 此外，召集权人不当行使权利，如召集权人擅自变更会议形式或地点等行为也属于召集权瑕疵。⑤ 可见此瑕疵并未对股东会议的成立外观造成实质性影响，应属于可撤销范畴。

---

① 参见李建伟：《论公司决议可撤销的适用事由——基于司法适用立场的立法解释》，《浙江社会科学》2009 年第 8 期。

② 参见李建伟：《论公司决议可撤销的适用事由——基于司法适用立场的立法解释》，《浙江社会科学》2009 年第 8 期。

③ 参见《董事会所为之决议若属违法，则其所召集之股东会效力是否受影响——"最高法院"99 年度台上第 1650 号判决》，（台北）《判解集》2011 年第 7 期。

④ 参见《依无效董事会召开之股东会，得撤销——"最高法院"96 年度台上第 2833 号民事判决》，（台北）《判解集》2014 年第 26 期。

⑤ 参见彭真明、温长庆：《股东会决议程序性瑕疵的体系解释》，《江海学刊》2019 年第 2 期。

第二，召集通知程序方面的瑕疵。主要有四种，一是通知方式不符合要求。《公司法》并未对股东会决议通知方式进行明确规定，一般认为既可以通过书面的方式予以通知或公告，也可采用公司章程规定的通知方式，通知方式不符合要求应属于决议可撤销的事由。对于通知是采取到达主义还是发信主义，公司法上无明确规定。实务上认为应采取发信主义，只要公司作出通知即可。由于公司股东往往人数众多，若采取到达主义则会造成召集程序的延迟，极易妨碍公司业务的开展。虽然有观点认为通知未送达导致的不利后果由股东承担，但公司应承担在规定期间内进行相关通知的证明责任。①

二是通知时间不符合要求。对于股东会决议，《公司法》第102条针对不同的事由分别规定了二十日、十五日、三十日的通知时间。时间的计算应采用《民法总则》第201条第1款规定的关于日的计算方式，即自下一日开始计算。在实践过程中，也存在通知时间不符合要求的情形，有的股东会决议通知时间与法律要求的时间相差较少，有的相差较多。因此，通知时间不符合要求构成股东会决议可撤销事由，对于延迟通知时间较短（如延迟时间在三个小时以内）的股东会决议，法官可通过裁量驳回制度驳回原告诉讼请求。然而，对于时间较短的边界，理论上难以给出一个统一的标准，只能由法官在司法实践中结合案情具体分析。

三是通知内容不符合要求。召集权人应通知股东股东会议召开的时间、地点、召开事由和议题。未通知非必要事项并不构成程序性瑕疵，但对必要事项的遗漏构成股东会决议可撤销的事由。因为股东经常基于股东会议的议题决定是否参加会议，未进行议题通知或通知不明会影响股东作出是否参会的决策，进而影响其表决权的行使。

四是通知对象不符合要求。若公司未通知股东或仅通知了一方股东，此时作出的股东会决议未满足股东会决议成立的要件，推定会议外观不成立，应属于不成立的范畴。② 若未受通知的股东出席了股东会议并作出表决，应根据不

---

① 参见黄学武、葛文：《股东会召集程序瑕疵与撤销——一则申请撤销股东会决议纠纷案评析》，《法学》2007年第9期。

② 参见何东闽：《如何区分公司决议不成立与可撤销》，《中国律师》2018年第8期。

同情形区别对待由此作出的股东会决议的效力。若未受通知但出席了股东会议并作出表决的股东无表决权，则股东会决议可撤销；若未受通知但出席了股东会议并作出表决的股东有表决权，但决议因表决或内容不符合要求，则根据具体事由分别归入股东会决议无效、撤销和不成立的范畴。

（2）股东会决议表决方式瑕疵

第一，表决事项瑕疵。表决事项瑕疵主要是指股东会议表决事项与会议召集通知的议题存在不符以及股东会决议超过职权。对于未被通知的事项，其性质和召集通知时遗漏的事项相同，均侵害了股东的选择权和决定权，因此也应属于可撤销的事由。此种情形并不构成股东会决议不成立的事由，因为只要股东会议作出表决且并无其他不成立事由存在，就意味着股东会决议具备了成立的外观。对于超过职权的情形，如股东会代替股东本人作出决定将股东股权转让给他人，此时应认为股东会决议无效。若股东会决议事项违反了法律和行政法规，也属于无效事由（具体见下文对此问题的讨论）。若股东会决议表决事项违反了公司章程的规定，则决议可撤销。对于股东会会议召开过程中新增的临时议案，应属于可撤销事由。正如有学者认为，若对股东表决符合规定的临时预案予以认可，虽然在提高公司决策的效率和自由方面值得肯定，但此举侵犯了股东实体权利和程序性权利，对程序稳定性的要求高于股东会表决的实际效果。①

第二，股东表决权行使瑕疵。具体包括无表决权人参与表决和股东意思表示存在瑕疵两种情形。在股东会决议中，若无表决权人或非符合法律规定的股东代理人参与了决议事项的表决，由此作出的决议在不具备其他瑕疵事由的情形下可予以撤销。若此种情形对决议结果未造成影响，可认为情节显著轻微，法院可适用裁量驳回制度予以驳回。② 在股东会决议表决过程中，有可能存在个别股东因受欺诈、胁迫等出现意思表示上的瑕疵。由此可见股东会决议是资本多数决的产物，个别股东的意思表示瑕疵并不必然对股东会决议的效力产生

① 参见彭真明、温长庆：《股东会决议程序性瑕疵的体系解释》，《江海学刊》2019年第2期。

② 参见李建伟：《公司诉讼专题研究》，中国政法大学出版社2008年版，第189页。

影响。若股东会决议表决数本身不符合要求，则决议不成立；若个别股东意思表示瑕疵未导致决议未达到法律规定的多数决，则股东会决议效力并不受此影响，此时股东的个人意思表示被团体意思表示吸收；若个别股东意思表示瑕疵导致决议未达到法律规定的多数决，因股东会决议获得了成立的外观，此时应认为股东会决议已经成立，此瑕疵仅导致股东会决议可撤销。

第三，伪造股东签名的情形。2016 年《最高人民法院关于适用〈中华人民共和国公司法〉若干问题的规定（四）（征求意见稿）》（以下简称《征求意见稿》）第 5 条将股东会决议上部分签名系伪造归为未形成有效决议的范畴，按照《公司法解释（四）》最终公布的版本，虽然未采纳“未形成有效决议”这一“四分法”上的表述，但立法规定的决议不成立实际上包含了《征求意见稿》中未形成有效决议和决议不存在两种情形，因而有观点认为股东会决议上的部分签名系伪造，可归入股东会决议不成立的范畴。也有观点认为股东会决议上部分签名系伪造并不当然使股东会决议不成立。若除去伪造的签名后股东会决议的通过比例仍符合法律和公司章程的规定，应认为股东会决议已经成立，对此可申请撤销股东会决议。一方面，正如前文所述，股东意思表示只有经过表决程序才能成为公司意志，两者并非同一概念，股东未作出意思表示并不直接意味公司意思表示为假。另一方面，在除去伪造签名仍符合规定的情况下，若认定决议不成立公司仍可作出相同决议，无论是从维持经济活动稳定性还是救济必要性的角度，将此类决议归为不成立的范畴有违合理性。[①] 合法权益由此受到侵害的被伪造签名的股东，可通过《公司法》规定的异议股东股权回购请求权、股份转让权、股东直接起诉权或根据《侵权责任法》的一般规定要求伪造签名者承担法律责任。[②]

第四，表决权计算瑕疵。股东会决议表决权计算错误的情形，主要包括表决权基数和比例计算两方面的瑕疵。表决权基数有全体股东主义和出席股东主义两种计算模式，《公司法》第 103 条对股份有限公司股东大会决议表决采取

---

① 参见何东闽:《如何区分公司决议不成立与可撤销》,《中国律师》2018 年第 8 期。

② 参见王雷:《公司决议行为瑕疵制度的解释与完善——兼评公司法司法解释四（征求意见稿）第 4-9 条规定》,《清华法学》2016 年第 5 期。

了出席股东主义，意味着若股东会决议过程中以全体股东作为表决权基数则计算有误，对此种计算错误应区别对待。若更正表决权计算错误后仍符合法定或公司章程规定的通过比例，则属于可撤销事由；若更正后无法满足法定或公司章程规定的通过比例，则股东会决议不成立。但对于通过比例应如何界定，还存在对于弃权票性质理解上的争议。从性质上看，弃权票和赞成票与反对票一样，是一种重要的表达选项。异议说赋予弃权票和反对票一样的法律效力，非异议说推定股东为恶意，此弃权票记入赞成票。① 此外，还有一种理解，那就是弃权票既非赞成票也非反对票，不记入有效投票内。对此，因我国公司立法并未明确规定弃权票的性质和计算问题，若公司章程中有规定，应遵循公司章程的规定；若公司章程无规定，不应将弃权票记入表决的分子内。一方面，弃权票的存在就是给犹豫不决的股东提供一个合理的表达渠道，此种犹豫既有可能是因为对股东会决议事项无明确的观点，也有可能是基于其他个人利益的考量。若将弃权票归入赞成票或反对票的范畴，均违背了弃权票设置的初衷。另一方面，表决权计算过程中出现的难题应通过公司立法的明确规定予以解决，而不是在表决数计算时取消弃权票的独立地位。从上述论述也可以看出，对于股东会表决权计算的争议和难点并不在于表决权本身计算错误，而在于对表决权基数和弃权票性质的理解。

（三）股东会决议不成立诉讼

1. 股东会决议不成立诉讼立法梳理

德国采用股东会决议瑕疵“二分法”的分类模式，因而股东会决议瑕疵诉讼仅包括无效和撤销两种类型。《德国股份公司法》并未规定股东会决议不成立诉讼，学说主流观点也认为无此必要，司法实践中德国联邦最高法院曾作出过个别决议不成立的判决，在受到学界批评之后再未出现过类似判例。② 借鉴

① 参见崔东豪、王丽维：《董事会决议中弃权票的性质认定》，赵旭东、宋晓明主编：《公司法评论》第 2 辑，人民法院出版社 2007 年版，第 72—76 页。

② 参见胡晓静：《德国学理及司法实践中的股东会决议不成立——兼评〈公司法司法解释（四）〉第 5 条》，《山东大学学报》（哲学社会科学版）2018 年第 3 期。

德国，台湾地区也无股东会决议不成立诉讼这一诉讼类型。

在 1981 年《日本商法》修改之前，日本并无股东会决议不存在诉讼的规定，仅在审判实务上认为可提起股东会决议不存在诉讼，并类推适用股东会决议无效诉讼的规定。1981 年修法将股东会决议无效与不存在诉讼并列进行了规定，同时为了防止法律关系复杂化，明确规定了决议不存在诉讼的对世效力。① 旧法及判例认为对于在议事录或登记簿上记载了尚未通过的决议，或无召集权者召集会议的情形，均可作为提起股东会决议不存在诉讼的事由。②对于未向大多数股东发送召集通知等明显手续上的瑕疵，也被认为决议不存在。③《日本公司法》继承了 1981 年《日本商法》修改的内容，在第 830 条第 1 款规定对于股东会等决议可以诉讼方式请求确认决议不存在，但并未明确具体的起诉事由。

韩国将股东会决议召集程序和决议方法上的重大瑕疵作为股东会决议不存在诉讼的起诉事由，此事由在本质上和股东会决议撤销诉讼相同，但并无起诉时间上的限制。韩国非上市公司以家族为中心，封闭的公司运营往往不遵守商法典的相关规定，使股东会决议具备了不存在的要件，股东会决议不存在诉讼也是韩国股东会决议瑕疵诉讼中使用频率最高的诉讼类型。④ 韩国对股东会决议不存在诉讼的适格原告和股东会决议无效诉讼一样并未进行列举，适格原告不限于股东、董事和监事，具有诉的利益者均可提起，公司作为公认的适格被告，案件由总公司所在地地方法院管辖。和其他股东会决议瑕疵诉讼一样，当股东会决议不存在诉讼被提起时，公司也应当及时进行公告。

《公司法》仅规定了股东会决议无效和撤销诉讼两种诉讼类型，此种基于股东会决议瑕疵“二分法”的立法模式遭到了众多学者的批判。《公司法解释（四）》在借鉴法律行为理论的基础上采用了“三分法”的立法模式，从而使得

---

① 参见陈鹏光：《股东会决议争讼事件之确认利益、被告适格及判决对世效——着重于探讨其相关审判实务应如何依循修正民事诉讼法之意旨处理及今后残留之课题》，民事诉讼法研究基金会：《民事诉讼法之研讨（十六）》，（台北）三民书局 2009 年版，第 23 页。

② 参见［日］末永敏和：《现代日本公司法》，金洪玉译，人民法院出版社 2000 年版，第 133 页。

③ 参见［日］山本为三郎：《日本公司法精解》，朱大明等译，法律出版社 2015 年版，第 148 页。

④ 参见［韩］李哲松：《韩国公司法》，吴日焕译，中国政法大学出版社 2000 年版，第 423 页。

我国股东会决议瑕疵诉讼增加了股东会决议不成立诉讼这一新的诉讼类型。根据司法解释的规定，股东会决议不成立诉讼在适格原告和被告上的规定与股东会决议无效诉讼一致，适格原告为股东、董事、监事等，适格被告为公司，由公司住所地法院管辖且无特殊起诉期间的限制。唯一不同之处在于立法对于股东会决议不成立诉讼的事由作了明确规定，即出现公司未召开股东会决议会议且无特殊例外、会议未对决议事项进行表决、出席会议人数或股东所持表决权不符合公司法或公司章程规定、会议表决结果未达到公司法或公司章程规定的通过比例、导致决议不成立的其他情形时，适格原告可提起股东会决议不成立诉讼。

基于上述内容，梳理了中国、日本、韩国对股东会决议不成立（不存在）诉讼的规定（见表 1–3）。

表 1–3　中国、日本、韩国对股东会决议不成立（不存在）诉讼的规定

	中国	日本	韩国
原告	股东、董事、监事等	无明文规定，具有诉的利益者可提起	无明文规定，具有诉的利益者可提起
被告	公司	公司	公司
诉讼时效	无特殊规定	无特殊规定	无特殊规定
起诉事由	公司未召开股东会决议会议且无特殊例外；会议未对决议事项进行表决；出席会议人数或股东所持表决权不符合公司法或公司章程规定；会议表决结果未达到公司法或公司章程规定的通过比例；导致决议不成立的其他情形	无明确规定	股东会决议召集程序或决议方式上存在不能辨认决议存在的重大瑕疵
管辖法院	公司住所地法院	公司总部所在地裁判所	总公司所在地地方法院
公司公告	无	无	有
审理方式	无特殊规定	无特殊规定	无特殊规定
能否和解	无特殊规定	无特殊规定	无特殊规定

由表 1–3 可以看出，三国对股东会决议不成立诉讼的规定有以下相同之处：第一，三国在股东会决议不成立诉讼中均将公司作为被告，无论各国家立法对

此是否有明文规定，实践和通说均采此做法。第二，三国对股东会决议不成立诉讼均未如股东会决议撤销诉讼一般明确规定具体的诉讼时效。第三，三国股东会决议不成立诉讼的管辖法院一般为公司住所地法院。不同之处在于：第一，三国对股东会决议不成立诉讼的适格原告范围规定不同。仅中国对股东会决议不成立诉讼的适格原告进行了明确的列举，日本和韩国一般认为存有确认利益者均可提起此类诉讼。第二，三国对股东会决议不成立诉讼的起诉事由规定不同。日本立法并未明确规定股东会决议不成立诉讼的提起事由，学者多通过具体的案例进行事由的汇总。韩国对股东会决议不成立的事由进行了规定，但还稍显粗陋。第三，为保障其他利害关系人的权益，韩国规定当股东会决议不成立诉讼被提起时公司应当及时进行公告。

2. 股东会决议不成立诉讼的起诉事由

“二分法”的立法模式旨在极力减少国家对于公司经营的干预并维护决议的稳定，因而将决议可撤销作为原则性规定，将决议无效作为例外。对于决议本身不存在的情形，立法可以将其归入无效事由范畴，对于决议具有严重程序性瑕疵的情形，立法可以规定为可撤销事由。但股东会决议无效事由一般较为狭窄，决议不成立在一定程度上可以填补无效事由过于狭窄的漏洞，因而股东会决议不成立虽然在效果上和股东会决议无效无实质性区别，但仍具有独立存在的正当性。虽然程序性事项可通过撤销决议解决，但基于对股东权益的保护，学者在法律行为理论的基础上演绎了“三分法”并成为通说。

学者对于股东会决议不成立瑕疵的争议不仅在于能否运用法律行为理论对股东会决议不成立作出合理的解释，还在于对股东会决议不成立瑕疵事由的讨论。由于股东会决议不成立包含决议本身不存在和程序性瑕疵导致的不成立，与可撤销事由中的程序性瑕疵相比须为重大瑕疵，因而在两者的认定上可能会出现模糊。由于“三分法”借鉴了法律行为理论的分析框架，对于股东会决议不成立的情形，学者也认为可以借鉴法律行为中合同成立要件，从合意的主体、内容和程序三个要件出发判断决议是否成立。[①] 也有学者认为决议包含行

---

① 参见张旭荣：《法律行为视角下公司会议决议效力形态分析》，《比较法研究》2013 年第 6 期。

为缺乏最低要件导致行为本身不具有决议特征和行为具备决议最低要件但因存在严重程序瑕疵应否定其效力两种情形。因而，在确立决议不成立具体事由时可采两步走的策略，即首先确定完全否定决议存在的最低要件，然后讨论形式上具备最低要件但导致否定决议效力的具有严重瑕疵的情形。[①] 对于股东会决议不成立的情形，《公司法解释（四）》第5条进行了较为明确的列举，本书在此基础上对更为具体的程序性瑕疵进行讨论，以更为清晰地区分股东会决议撤销和不成立瑕疵事由。

绝对无召集权人召集的股东会决议属于股东会决议不成立的情形，无论是从外观判断还是从第三人保护的角度，此种瑕疵均为严重的程序性瑕疵，应将其归入股东会决议不成立的范畴。台湾地区“最高法院”1993年台再字第3号判决也认为无召集权人召集股东会欠缺股东会决议成立要件，作出的决议不发生法律上的效力。有学者认为《公司法解释（四）》对股东会决议不成立事由的列举存在漏洞，其并未规定召集通知程序方面的瑕疵。但也可通过扩张解释《公司法解释（四）》第5条第1款，将召集通知瑕疵归入公司未召开决议的情形之中，或者归入该条第5项“导致决议不成立的其他情形”之中。[②] 因此，根据《公司法解释（四）》对股东会决议不成立事由的列举，应将其归入导致决议不成立的其他情形。虽然召集人并无召集权，但毕竟召开了股东会议并进行了表决，和未召开股东会议直接作出股东会决议存在不同之处，并不能将此归入未召开股东会决议的情形中。

对于股东会出席人数和表决权的瑕疵问题，上文已在有关股东会决议撤销事由中进行了讨论，此处不再作相关论述。《公司法解释（四）》第5条第3款和第4款均将违反公司章程对于出席会议或表决结果的规定作为决议不成立的情形。有学者认为“公司章程是公司法的原始法源，决议形成规则的‘章程自治’应当处于规范的主体地位，而公司法实际是章程的‘兜底’”[③]，此种观点

---

① 参见殷秋实：《法律行为视角下的决议不成立》，《中外法学》2019年第1期。

② 参见殷秋实：《法律行为视角下的决议不成立》，《中外法学》2019年第1期。

③ 温长庆：《论公司决议的形成规则及其在回避表决时的运用——从“万科董事会决议”的争议点切入》，《法商研究》2018年第1期。

强调了公司章程约定的重要性，但股东会决议不成立的原因不应由股东通过公司章程的方式进行约定，否则有违交易安全和决议效力的稳定性。具体而言，通过公司章程对股东会决议的出席人数和表决结果进行意思自治式的规定，容易导致决议不成立条件的泛化和滥用，决议不成立的原因应当由法律进行规定。[①] 即便是法律对出席人数和表决结果进行明确要求，也并不阻断决议不成立或撤销的可能性，对有瑕疵的决议相关主体仍可提起股东会决议瑕疵诉讼维护自己的合法权益。

对于虚构股东会会议并作成会议记录的情形，应当认定为决议不成立。对于会议决议和会议记录不符的情形，我国有学者认为此时该决议无效，属于公司决议未作出真实意思表示，归入“导致决议不成立的其他情形”之中。[②] 也有学者认为会议记录包括多项内容，至少应该记录会议的日期、内容和投票的具体情况并且有签名，只有在不满足会议记录最低要求的情形下才可认定为股东会决议不成立并归入“导致决议不成立的其他情形”之中。[③] 上述观点在郭 ×、北京 ×××× 广告有限公司诉 ×× 传媒集团有限公司公司决议效力确认纠纷一案中得到肯定。[④] 此外，若一项股东会决议中出现多数议案，仅个别议案出现了不成立的瑕疵，则仅此部分表决无效，并不影响其他议案的效力，此种情形也适用于股东会决议无效或可撤销瑕疵。

第五节　股东会决议瑕疵诉讼的性质

根据性质和内容的不同，“诉”可分为给付之诉、确认之诉和形成之诉。[⑤] 撤销权为形成权，对应的诉为形成之诉，因而股东会决议撤销诉讼为形成之诉

① 参见殷秋实:《法律行为视角下的决议不成立》,《中外法学》2019 年第 1 期。
② 参见何东闽:《如何区分公司决议不成立与可撤销》,《中国律师》2018 年第 8 期。
③ 参见殷秋实:《法律行为视角下的决议不成立》,《中外法学》2019 年第 1 期。
④ 参见北京市朝阳区人民法院（2017）京 0105 民初 29833 号判决书。
⑤ 参见江伟主编:《民事诉讼法（第 5 版）》，高等教育出版社 2016 年版，第 63 页。

并无争议。对于股东会决议无效和不成立诉讼，由于其目的在于确定股东会决议无效或不成立，一般应将其归入确认之诉的范畴。然而，传统的诉讼类型划分在股东会决议瑕疵诉讼中却遇到了困境。

一、股东会决议无效诉讼的性质

通说认为，股东会决议无效诉讼为确认之诉，诉讼标的为决议无效。如《日本公司法》第830条明确将股东会决议无效诉讼规定为确认之诉。确认之诉是指“原告请求法院对当事人之间存在争议的权利或法律关系存在与否作出权威性确定的诉”①。对于股东会决议无效诉讼为确认之诉的定性向来存在争议。传统观点认为确认之诉的对象为法律关系，股东会决议无效诉讼确认的是股东会决议这一事实，因此不符合确认之诉的范围。但在特定情形下确认之诉扩展到事实，如确认文书真伪之诉。台湾地区最新修改的“民事诉讼法”第247条将确认之诉的对象扩展到事实关系，为股东会决议无效诉讼作为确认之诉提供了法律依据。②

根据确认判决仅具有相对效力的理论，不同的股东均可以针对同一股东会决议提起确认之诉，判决结果仅约束本案诉讼的股东和公司，并不约束其他股东。若未提起诉讼的股东对法院关于股东会决议无效诉讼的判决结果不满，可以基于相同或不同的事由再次提起股东会决议无效诉讼，得到一个新判决，因而容易造成矛盾判决。也无法排除适格原告滥用诉权，借此诉讼干扰公司的正常运营以谋求不正当利益。

对此，学术界提出了不同的解决方法。有观点认为可将股东会决议无效诉讼看成形成之诉，赋予其判决对世效力；有观点认为无须拘泥于形成判决具有对世效力、确认判决具有相对效力的传统思维，在适当的条件下通过程序上的保障允

---

① 王亚新、陈杭平、刘君博:《中国民事诉讼法重点讲义》，高等教育出版社2017年版，第8页。

② 但这一依据是否能够充分说明基于特定事实提起股东会决议无效诉讼存有争议，因为台湾地区“民事诉讼法”第247条规定只有在原告不能提起其他诉讼时才可以针对法律关系基础事实存否提起诉讼。

许确认判决具有对世效力亦无不可。[①] 台湾地区“民事诉讼法”第 67 条规定法院依职权将诉讼及程序进行情况通知具有利害关系的第三人。受通知者不参加或逾期参加的，视为已经参加了诉讼，判决对其发生拘束力。对于未获得通知的第三人，通过适用反射效，使其亦受判决的约束。虽然既判力原则上仅拘束诉讼的双方当事人，但判决对与当事人具有实体法上的特殊关系（从属关系或依存关系）的第三人反射性地产生有利或不利的影响。[②] 因此，股东会决议无效诉讼为确认之诉，诉的性质不是确定诉讼判决效力的唯一僵化标准。

二、股东会决议撤销诉讼的性质

对于股东会决议撤销诉讼，学术界通说认为其为形成之诉。“形成之诉，为请求法院确定私法上之形成权存在，同时因形成权之行使，依判决宣告法律关系发生、变更或消减诉讼，故亦称权利变更诉讼或权利创设诉讼。”[③] 依形成效果的不同，形成之诉包括诉讼法上的形成之诉和实体法上的形成之诉，前者如再审之诉、第三人撤销之诉等。一般认为实体法上的形成之诉源于形成权，撤销权属于形成权的一种，由此产生的诉讼为形成之诉。但也有学者对此予以批判，进一步区分了一般形成权诉讼和形成之诉，其认为权利人作出意思表示即可达到法律关系变动效果的形成权为一般形成权，无须必然借助诉讼的途径予以实现。[④] 目前法学界对于形成权包括普通形成权和形成诉权已基本达成理论共识，只不过在形成之诉的理解和具体分类与体系设置上存有少许差异。[⑤]

---

① 参见雷万来：《公司股东会议决议诉讼之诉讼标的》，民事诉讼法研究基金会：《民事诉讼法之研讨（十五）》，（台北）三民书局 2008 年版，第 122 页。

② 参见［日］高桥宏志：《重点讲义民事诉讼法》，张卫平、许可译，法律出版社 2007 年版，第 610 页。

③ 陈计男：《民事诉讼法论（上）》，（台北）三民书局 2006 年版，第 219 页。

④ 参见李辉：《形成权诉讼与形成之诉关系辨析》，《法学论坛》2016 年第 1 期。

⑤ 我国学者任重将当事人须请求法院或仲裁机构撤销的规定纳入形成诉权的范畴，具体内容参见任重：《形成判决的效力——兼论我国物权法第 28 条》，《政法论坛》2014 年第 1 期。也有学者将通过仲裁机构的撤销看作不真正意义上的形成之诉，具体内容参见李辉：《形成权诉讼与形成之诉关系辨析》，《法学论坛》2016 年第 1 期。

有学者认为我国的撤销制度和大陆法系中的法国法族一样，采取一刀切的诉讼撤销模式。此种诉讼撤销的模式使合同撤销制度更加稳定，但和自主撤销模式相比阻碍了商事活动的便利和快捷。之所以在我国未出现太大的问题，原因在于司法实践中可撤销只是一种暂时的中间状态，具有实质意义的是法院对合同有效或无效两种效力状态的确定。该学者在对诉讼撤销各种不利益进行论述的基础上认为，我国不应该一味采用诉讼撤销模式，而应该根据不同类型的法律行为的价值取向，以自主撤销为原则、诉讼撤销为例外。①

苏联和俄罗斯将诉的类型分为给付之诉和确认之诉，否认形成之诉独立存在的价值，我国学术界也存在否认形成之诉独立存在的观点：（1）从分类设置上，相比于实体法上的形成之诉，诉讼法上的形成之诉仅具有相对效力。实体法上形成之诉的范围较窄，实际发挥的制度价值无法和给付之诉与确认之诉相提并论。（2）形成之诉对应形成权，诉讼类型与实体权利相对应作为其立论基础本身的合理性值得怀疑。权利保护请求权说的势微也影响到形成之诉的独立性。（3）法院应当对当事人争议的权利进行确认，而不是变更，若法院认为形成权不存在则不得作出变更法律关系的裁决。②（4）形成之诉和其他诉讼类型的区别日渐模糊，如撤销诈害行为的诉讼仅具有相对效力，突破了形成判决等于对世效力的传统，且仅具有形成力而非既判力。③有学者在上述论述的基础上认为形成之诉实际上是确认之诉的一种特殊情形，股东会决议撤销诉讼属于确认之诉，应当将股东会决议撤销、无效和不成立诉讼作一元化的处理，此时也不存在对股东会决议无效诉讼是形成之诉还是确认之诉的争论。④

有学者对此进行了批判，认为诉的种类的“三分法”具有厚重的历史原

---

① 参见薛军：《论可撤销法律行为撤销权行使的方法——以中国民法典编纂为背景的分析》，《法学家》2016 年第 6 期。

② 此理由过于牵强，该学者似乎将形成之诉和形成判决等同。形成之诉并不意味着形成判决，法院在不支持原告诉讼请求的情形下作出的是确认判决。

③ 本书对此并不赞同，认为形成判决仍具有既判力，具体内容在后文股东会决议瑕疵诉讼的既判力一章中有详细论述。

④ 参见陈桂明、李仕春：《形成之诉独立存在吗？——对诉讼类型传统理论的质疑》，《法学家》2007 年第 4 期。

因，虽然在体系方面存在混乱，但不至于改变现有的分类。问题的症结在于，诉讼法学者为了和实体法上的形成权对应创设了诉讼法上的异议权，用来作为诉讼法上的形成之诉的诉讼标的，不仅有悖于诉权的本质，而且造成既判力适用的困难。[①] 不论该学者对诉的新体系的建构是否具有实践上的重大价值，诉的种类的"三分法"都源远流长，不应仅仅因为体系上的某些混乱就予以否定。股东会决议撤销诉讼应为形成之诉。

三、股东会决议不成立诉讼的性质

股东会决议不成立或不存在诉讼仅存在于对股东会决议瑕疵诉讼采用"三分法"或"四分法"的国家，采用"二分法"的国家对此种诉讼的性质一般不作讨论，但从现有资料来看，学术界经常将股东会决议无效诉讼和股东会决议不成立诉讼放在一起讨论，认为两者在诉讼性质上具有一致性。通说观点认为，股东会决议不成立诉讼为确认之诉，诉讼标的为确认股东会决议不成立。也有观点基于形成之诉的优点和确认之诉的缺点，认为股东会决议不成立诉讼应为形成之诉。[②] 由于和股东会决议无效诉讼性质的争议焦点具有一致性，这里不再赘述。

根据民事诉讼传统法理，形成判决具有对世效力，确认判决仅具有相对效力。按照此种逻辑，股东会决议撤销诉讼胜诉判决为形成判决，此判决具有对世效力，即对一切不特定的第三人发生效力。败诉判决为确认判决，此判决具有相对效力，仅在诉讼当事人间发生法律效力。《德国股份公司法》和《日本公司法》对股东会决议撤销诉讼片面对世效力的规定符合民事诉讼关于诉讼性质划分的基本法理。片面对世效力是指确定判决仅在原告胜诉时产生对世效力，败诉判决仅约束诉讼当事人。然而，对股东会决议无效和不存在诉讼判决赋予和撤销诉讼判决同样的片面对世效力在理论上存在难以克服的障碍。对于

① 参见崔玲玲：《诉的类型新论——对诉的类型传统理论的扬弃》，《河北法学》2013 年第 1 期。

② 参见 [韩] 李哲松：《韩国公司法》，吴日焕译，中国政法大学出版社 2000 年版，第 420—423 页。

股东会决议无效和不存在诉讼，无论原告是否胜诉，所作判决均为确认判决，立法对于片面对世效力的规定违反了确认判决仅具有相对效力的传统理论。

产生此种困境的原因在于股东会决议诉讼具有特殊性。股东会决议诉讼为公司诉讼的一种，公司诉讼和其他诉讼相比，涉及利益更为广泛，其不仅涉及公司股东和公司职工的利益，也涉及公司债权人等第三人的利益。公司兼具经济和社会角色，且大型股份公司股东众多，确认判决若仅具有相对效力，则容易导致其他适格原告对已经生效的股东会决议无效或不存在诉讼判决确定的事项再行起诉，由此可能产生矛盾判决并使公司经营难以稳定。立法突破诉讼性质的限制对于股东会决议无效和不成立诉讼赋予片面对世效力具有一定的合理性。为提供理论上的支撑，有学者认为应突破传统的诉讼性质的划分，将股东会决议诉讼看成是一种包含确认与形成在内的复合形态诉讼。① 也有学者认为，既然股东会决议无效和不成立诉讼具有对世效力，应将其解释为形成之诉。② 还有学者认为，股东会决议无效和不成立诉讼是判决效力扩张至第三人的特殊的确认之诉。③

有学者认为，《公司法》第 22 条规定的确认股东会决议效力的诉讼属于法律中明确规定允许确认的事项，可准许适格原告提起确认之诉。④ 此处该学者似乎未对股东会决议撤销和无效诉讼进行区分，但从其表述中可以判定的是股东会决议无效诉讼属于立法特别规定的确认之诉。对于形成判决具有对世效力和确认判决具有相对效力的合理性，有学者从判决效力的主观范围和时间范围给出了自己的观点和解释。此种解释在遵循通说“三分法”诉讼性质的前提下对形成判决和确定判决的效力范围提供了新的理解视角。⑤ 有学者认为，形成

---

① 参见［日］高桥宏志:《民事诉讼法：制度与理论的深层分析》，林剑锋译，法律出版社 2003 年版，第 65—66 页。

② 参见陈荣宗:《婚姻无效与股东大会决议无效诉讼》，民事诉讼法研究基金会:《民事诉讼法之研讨（四）》，（台北）三民书局 1993 年版，第 21 页。

③ 参见［日］谷口安平:《程序的正义与诉讼（增补本）》，王亚新、刘荣军译，中国政法大学出版社 2002 年版，第 271 页。

④ 参见刘哲玮:《确认之诉的限缩及其路径》，《法学研究》2018 年第 1 期。

⑤ 参见刘哲玮:《普通形成权诉讼类型考辨——以合同解除权为例》，《中外法学》2014 年第 5 期。

判决具有对世效力，仅因为其诉讼标的和发挥的作用就应如此，且此种形成力和既判力是不同的，两者应作区分。这也是立法赋予具有公益性的确认判决具有对世效力的原因。似乎在该学者看来，立法上对于股东会决议无效和不成立诉讼对世效力的规定并不能否认其确认之诉的性质。[①] 有学者认为，学术界对确认之诉和形成之诉的区别标准与其说是区分的原因，不如说是在区分之后的结果。在该学者看来，有无法律上的明文规定不足以区分两种诉，同时既判力主观范围和时间范围也可由法律进行灵活规定，无须使形成之诉和确认之诉必然不同。两者真正的区别在于形成之诉以变动法律关系为目的，确认之诉以固定法律关系为目的。[②]

通过上文所述，可以看到学术界对股东会决议瑕疵诉讼三种诉讼的诉的性质归属争议较大。学术界所作的努力在很大程度上体现了大多数学者致力于建构一以贯之的诉的体系，并在既判力层面得到统一的适用。然而此种设想本就难以实现，就像至今未有完美的诉讼标的理论一样。我们并不认同因为形成之诉中某些具有相对效力的特殊情形或其他弊端而否认其独立存在价值的观点。正如形成判决具有相对效力的特殊情形一样，也应当容忍确认判决具有对世效力的特殊情形。因此，我们赞同学术界通说，认为股东会决议撤销诉讼为形成之诉，股东会决议无效和不成立诉讼为确认之诉。对世效力和相对效力并不能成为划分形成之诉和确认之诉边界的唯一僵化标准。

---

① 参见[德]汉斯－约阿希姆·穆泽拉克:《德国民事诉讼法基础教程》，周翠译，中国政法大学出版社 2005 年版，第 331—332 页。

② 参见欧元捷:《确认亲子关系诉讼的原告资格论——以诉的种类为秩序框架》，《政治与法律》2018 年第 11 期。

· 第二章 ·

股东会决议瑕疵诉讼的适格当事人

国内外对股东会决议瑕疵诉讼的立法逐步走向完善，但仍有不周延之处。司法实践中法院在股东会决议瑕疵诉讼的适格原告和被告范围的认定上产生了众多分歧和困境。股东会决议瑕疵诉讼适格原告的范围受股东资格、持有股份、表决权及其是否在股东会决议当场表示异议等多种因素的影响。股东会决议瑕疵诉讼的适格被告存在公司正当被告说、公司非正当被告说、公司第一被告说、公司第二被告说、法人判决名义当事人说、固有共同诉讼说、片面类似必要共同诉讼说等争论。究其原因，在诉讼法层面是受制于诉的利益的模糊性和当事人适格是诉讼要件还是权利保护要件的争议，在实体法层面是股权性质的复杂性和股东会决议本身的复杂性。对于股东会决议瑕疵诉讼的适格原告，应在肯定股东会决议无效和不成立诉讼适格原告为公司股东、董事和监事，股东会决议撤销诉讼适格原告为公司股东的基础上作限缩解释。股东会决议瑕疵诉讼的被告应维持立法现状，将公司作为唯一被告，其他利害关系人可作为辅助型第三人参加诉讼或通过其他诉讼予以救济。

第一节　问题的提出

民事诉讼在利害关系对立的双方当事人之间进行。原告在起诉状中所表明的原告和被告为诉讼主体，即当事人。对于在任何诉讼中可作为原告和被告的资格系当事人能力问题；在具体诉讼中原告与被告依据实体法或诉讼法的规定有无进行诉讼的权利与义务，以及是否属于正确当事人之类的问题属于当事人就该诉讼有无适格的问题。[①] 当事人适格也不同于当事人的确定，后者是关于在诉讼中何人具有当事人地位的问题。在诉讼过程中法院首先依职权进行调查确定当事人，然后才有当事人适格的判定问题。当事人的确定会对案件的地域管辖、法官回避原因、当事人能力、诉讼中断、当事人适格等问题的判断产生重要影响。[②]"当事人适格是一项从谁与谁的对立、有无审理或判决必要及有无审理或判决意义的角度，考察具体的权利或法律关系的概念。"[③] 与当事人能力相比，当事人适格与具体的法律关系具有密切的关联。不过，当事人适格与实体法紧密相连，认定何人有参与诉讼的资格又必须通过诉讼法予以解决。因而，对当事人适格问题的研究涉及诉讼法和实体法两个层面。

当事人适格概念的必要性可从其功能中得以体现。当事人适格概念的功能包括积极功能和消极功能两个方面。积极功能方面，当事人适格概念可将正确的当事人选择出来，此种功能在具有众多当事人的现代型诉讼中具有重要的意义。[④] 消极功能方面，当事人适格概念可将不适格的当事人加以排除。此功能为当事人适格概念的核心功能，并且从表面即可显现出来。当事人适格概念的消极功能可以防止法院对无意义的诉讼进行审判，也可在很大程度上避免法院人力、物力的无端浪费以致降低其解决纷争的能力。对于当事人适格的确切含

---

① 参见陈荣宗、林庆苗：《民事诉讼法（上）》，（台北）三民书局 2016 年版，第 169 页。

② 参见陈贤贵：《当事人适格问题研究》，厦门大学出版社 2013 年版，第 11—12 页。

③ [日]三月章：《日本民事诉讼法》，汪一凡译，（台北）五南图书出版公司 1997 年版，第 225 页。

④ 参见李木贵：《民事诉讼法（上）》，（台北）元照出版有限公司 2007 年版，第 3—44 页。

义，不同国家和地区的学者在认识上稍有差别。日本学者一般认为当事人适格是指“当事人对于作为诉讼标的之特定的权利或法律关系可以实施诉讼并请求本案判决的资格”[①]。“具有该资格之人的权能，被称为诉讼实施权。具有这种资格或权能之人，被称为正当当事人。”[②]从上述表述可以看出，日本通说认为诉讼实施权对应的主体是正当当事人，即诉讼实施权、当事人适格、正当当事人几乎等同。我国学界通采日本模式，将诉讼实施权和当事人适格等同。但也有学者对此有不同看法，认为诉讼实施权与当事人适格并非等同，两者为不同的概念。[③]考察德国文献可知，德国学者认为应当将当事人适格与诉讼实施权作严格区分。当事人适格属于诉讼正当性要件，诉讼实施权是诉讼合法性的前提条件。“诉讼实施权是以自己的名义作为当事人为自己的权利或者其他的权利实施诉讼的权利。”[④]

作为诉权的构成要件，当事人适格和诉的利益分别属于诉权的客观性利益和主观性利益。由于最初仅有给付之诉一种诉讼类型，故而当事人仅指实体上的当事人。随着诉讼形态的发展，实体当事人的概念已经无法对非权利义务主体实施诉讼作出合理的解释。学者通过构建与实体当事人相对的形式当事人的概念，虽然解决了上述问题，但也存在概念本身内容空洞的缺陷，当事人适格正是在形式当事人概念基础上对何人应为当事人作出的概念性指示。

当事人适格是一个基于解决纠纷的必要性与实效性视角来考虑的概念，须对原告、被告和法院三方之间的利益进行综合性的衡量。在判决效力发生扩张的场合，还需要附加对被扩张之人利益保护因素的考量。[⑤]在给付之诉中，因当事人适格被原告对被告所请给付请求权存在与否的本案判断吸收，日本学者

① [日]高桥宏志:《民事诉讼法：制度与理论的深层分析》，林剑锋译，法律出版社2003年版，第206页。

② [日]新堂幸司:《新民事诉讼法》，林剑锋译，法律出版社2008年版，第204页。

③ 参见肖建国、黄忠顺:《诉讼实施权理论的基础性建构》，《比较法研究》2011年第1期。

④ [德]罗森贝克、施瓦布、戈特瓦尔德:《德国民事诉讼法（上）》，李大雪译，中国法制出版社2007年版，第286—287页。

⑤ 参见[日]高桥宏志:《民事诉讼法：制度与理论的深层分析》，林剑锋译，法律出版社2003年版，第211页。

新堂幸司认为无须就当事人适格问题进行独立的判断。[①]在确认之诉中，若法院判定本诉存在确认利益，则原被告双方当然具有当事人适格，因而此时对当事人适格的判断原则上被确认利益的判断吸收。在形成之诉、诉讼担当、判决效力扩张及固有必要共同诉讼等情形中，有关当事人适格的判断具有独立性，法院须在原告对被告所请给付请求权存在与否之前进行独立的判断。

当事人能力应为诉讼要件，法院应依职权进行调查，在当事人能力欠缺时应以诉不合法为由驳回诉。但对于当事人适格，学术界存有其属于诉讼要件还是权利保护要件的争议。诉讼要件是指“作成本案判决所需要的要件”[②]。若缺乏此要件，法院应驳回诉；若法院作出了本案判决，当事人可以提出上诉。对于诉讼要件欠缺的情形，上诉法院不受禁止不利益变更原则的限制，直接作出撤销原判、驳回诉的判决。权利保护要件说由权利保护请求权说发展而来。[③]虽然权利保护请求权说逐渐被本案判决请求权说和司法判决请求权说等学说取代，但权利保护要件的称谓得以保留，一般被定义为当事人享有利于己的本案判决的必要性。

对当事人适格的判断还涉及受判决影响的第三人利益问题。为保障纠纷一次性解决，既判力主观范围在特定情形下会发生扩张，此时需要考虑利害关系人是否获得了程序上的充分保障。因此，对适格当事人的判断包含对程序外利害关系人和原被告之间的利益调节。此外，在股东会决议瑕疵诉讼等团体关系诉讼中，请求的内容仅限于股东会决议瑕疵诉讼的效力，并不直接涉及特定人的权利义务问题。在此种情形下，对适格当事人的判断就变得更为复杂，不仅要判断最具有利害关系的主体，还要判断何人能具有充分的动力进行诉讼并获得其他利害关系人的认同。此种情形之下，当事人适格理论扮演着剔除非正当当事人和选择妥当的当事人的双重角色。

---

① 参见［日］新堂幸司:《新民事诉讼法》，林剑锋译，法律出版社 2008 年版，第 214 页。

② ［日］高桥宏志:《重点讲义民事诉讼法》，张卫平、许可译，法律出版社 2007 年版，第 1 页。

③ 权利保护请求权说为公法诉权说下的一种学说，此学说认为诉权虽是公法性质的权利，却是指原告在具体案件中请求法院就特定内容作出利己判决的权利，在德国一度处于通说地位。参见江伟、邵明、陈刚:《民事诉权研究》，法律出版社 2002 年版，第 16—18 页。

虽然立法一般对股东会决议瑕疵诉讼的原被告进行了规定，但对股东会决议瑕疵诉讼诉讼主体资格的确定并非如此简单。其一，对于股东会决议瑕疵诉讼的原告，立法虽然对适格主体进行了列举式的规定，但实践中情形复杂。例如无表决权股份的股东是否有权提起股东会决议撤销诉讼？股东可否以公司对其他股东召集程序等瑕疵为由提起股东会决议撤销诉讼？其二，将公司作为股东会决议瑕疵诉讼的被告仍存有利益保护不周之处。对于股东会决议，既有未涉及任何利害关系人的事项，也有涉及公司内部特定人员和外部特定利害关系人的事项。当股东会决议涉及公司内部特定人员和外部特定利害关系人时，即便是作为第三人参加诉讼，也无法享有作为原被告所特有的权利。

综上可知，股东会决议瑕疵诉讼中的当事人适格问题，受公司法和诉讼法的双重规制。在公司法领域，可通过实体法直接规定股东会决议瑕疵诉讼的适格原告和被告。在诉讼法领域，可通过民事诉讼法的一般法理进行约束和规制。相比之下，公司法领域的规定侧重于实体法，对民事诉讼程序中的当事人适格问题难以进行细致的规定。同时，公司法领域股东权和股东会决议中的复杂理论加重了诉讼过程中认定适格当事人的难度。因而在股东会决议瑕疵诉讼适格当事人认定上，面临实体法和诉讼法上的双重困境。股东会决议瑕疵诉讼适格当事人的列明既涉及股东和其他利益相关者的利益保护，也涉及公司的切身利益。基于此，本节致力于以相关理论争议为基础，在对我国股东会决议瑕疵诉讼适格当事人列明进行分析的基础上完善相关理论，进而有针对性地为司法实践中面临的难题找出应对之策。

第二节　股东会决议瑕疵诉讼适格当事人的现实难题

虽然股东会决议瑕疵诉讼的立法逐步走向完善，但看似明确的立法在司法实践中产生了众多问题。基于此，本节在对国内外股东会决议瑕疵诉讼适格当事人现状进行梳理和评析的基础上，针对其面临的困境，尝试找出导致此种困境的原因。

一、股东会决议瑕疵诉讼适格当事人的现状综述

我国与域外国家均对股东会决议瑕疵诉讼的适格当事人进行了规定。但从司法实践来看，法官做法并不统一，逐步完善的立法仍有众多不足和争议之处。

（一）股东会决议瑕疵诉讼适格当事人的现状

1. 我国股东会决议瑕疵诉讼适格当事人的现状

我国对股东会决议瑕疵诉讼适格当事人的规定主要集中在《公司法》及《公司法解释（四）》之中。《公司法》第 22 条规定股东可根据决议召集程序或表决方式违反法定事由或决议内容违反公司章程等提起股东会决议撤销诉讼。虽然该条第 1 款规定了股东会决议无效的情形，但并未规定何人可作为适格原告提起股东会决议无效诉讼。此外，《公司法》第 22 条也并未明确股东会决议撤销诉讼的适格被告。将公司作为被告固然是学术界的通说，但在立法无明确规定的情形下也容易导致司法实践的混乱。

随着立法技术的不断进步和公司法理论研究的深入，针对司法实践中导致的股东会决议瑕疵诉讼适格当事人确定中的乱象，《公司法解释（四）》给予了相对明确的回应，其第 1 条对股东会决议无效和不成立诉讼的原告资格进行了列举式的规定，适格的原告包括公司股东、董事和监事等；第 2 条规定了股东会决议撤销诉讼的原告在起诉时须具有股东资格，不仅沿用了《公司法》第 22 条对股东会决议撤销诉讼的适格原告为股东的规定，而且将适格原告进一步限定为起诉时具有股东资格的股东；第 3 条将公司列为被告并且为唯一的被告，并规定对决议涉及的其他利害关系人可以依法列为第三人。台湾地区“公司法”规定，股东会决议撤销诉讼的原告为股东。对于股东会决议无效诉讼，台湾地区“公司法”并未明确规定适格原告的范围，仅规定股东会决议内容违反法令或章程的无效。对于股东会决议无效存有绝对无效和相对无效的争议，台湾地区坚持裁判无效的学者认为全体股东、公司董事和监事这些对决议有直接

利害关系者可成为原告提起诉讼。[①] 通说认为公司是适格被告。

后文对股东会决议瑕疵诉讼适格当事人的理论争议在一定程度上也反映了我国的司法现状。在原告方面通过梳理相关司法案例可以看出，目前提起股东会决议瑕疵诉讼的原告以股东为主，包括自然人和法人股东，其中以自然人股东居多。自然人股东中，既有作为公司董事和监事的情形，也有仅是公司普通股东而不在公司担任任何职务的情形。在欧 × 竹与南京 ×× 文化艺术有限公司、侯 × 等公司决议撤销纠纷一案中，欧 × 竹作为原告提起股东会决议撤销诉讼，其提起诉讼时的身份是公司股东、法定代表人和执行董事。[②] 台湾地区“最高法院”97 年台上字第 925 号判决中，原告不仅是公司股东，还是公司的董事。[③] 在张 × 娟诉江苏 ×× 工贸发展有限公司、万 ×、吴 × 亮、毛 × 伟股东权纠纷一案中，张 × 娟在提起股东会决议瑕疵诉讼时已经不是形式意义上的股东，但由于转让股权的股东会决议是在其不知情的情况下作出的，法院受理了起诉并最终判决股东会决议不成立。[④] 从此案中可以看出，对于股东会决议无效和不成立诉讼，司法实践中并未一律要求公司股东在提起诉讼时仍是形式上的公司股东。对于法人股东提起股东会决议瑕疵诉讼的情形，如 ×× 置业集团股份有限公司与云南 ×× 实业股份有限公司股东会决议撤销一案[⑤]。单纯的作为独立董事或监事提起股东会决议瑕疵诉讼的情形较为少见。在司法实践中，也存在第三人作为原告的情形。如台湾地区高等法院 98 年上字第 149 号民事判决，此案中的原告是被告公司股东的控股关联公司。[⑥]

被告方面，包括以下情形：（1）将公司作为单一被告。此为最为常见的

① 参见陈荣宗：《婚姻无效与股东会决议无效诉讼》，民事诉讼法研究基金会：《民事诉讼法之研讨（四）》，（台北）三民书局 1993 年版，第 16 页。

② 参见南京市中级人民法院（2017）苏 01 民终 1337 号民事判决书。

③ 参见台湾地区“最高法院”97 年台上字第 925 号判决。

④ 参见《张 × 娟诉江苏 ×× 工贸发展有限公司、万 ×、吴 × 亮、毛 × 伟股东权纠纷案》，《最高人民法院公报》2007 年第 9 期。

⑤ 参见昆明市中级人民法院（2009）昆民五终字第 3 号民事裁定书。

⑥ 参见台湾地区“高等法院”98 年上字第 149 号民事判决。

被告情形，如杜 × 财、彭 × 勇公司决议撤销纠纷一案[①]。台湾地区“最高法院”68 年台上字第 603 号判决认为应将公司作为股东会决议瑕疵诉讼的被告[②]，并在“最高法院”96 年台上字 1525 号判决中认为将公司之外的主体作为股东会决议瑕疵诉讼的被告是“赘列”。[③]（2）将公司和股东列为共同被告。如俞 × 与宁波 × × 置业有限公司、宁波 ×× 服饰有限公司等公司决议效力确认纠纷一案[④]。（3）将公司和担保人列为共同被告。如张花荣、刘艳霞等与石家庄振讯商贸有限公司等公司决议效力确认纠纷一案[⑤]。（4）股东不得单独作为股东会决议瑕疵诉讼的被告，如在杨永、路海燕与杨青、孙元公司决议效力确认纠纷一案中，法院最终以不具备诉讼要件为由驳回了原告的起诉。[⑥]

此外，在将公司作为被告的同时，有法院将公司法定代表人作为第三人，如陈 ×、黄 × 敏等与深圳市 × × × 购物广场有限公司公司决议效力确认纠纷一案[⑦]。也有法院将股东列为第三人的情形，如北京 × × × 咨询服务中心与毕 × 昌股东会决议撤销纠纷一案[⑧]、陈 × 与泸州 × × 房地产开发有限公司公司决议纠纷一案[⑨]。

2. 域外国家股东会决议瑕疵诉讼适格当事人的现状

在英美法系国家，英国规定了两种特殊的决议撤销诉讼。其一，《英国公司法》第 98 条规定，当公众公司已经通过被再登记为私人有限公司的特殊决议时，持有总额不低于公司已发行股本或任何类别公司已发行股本（不予考虑被公司作为库藏股而持有的任何股份）之名义价值 5% 的持有人（如果公司不是股份有限的，不低于其成员的 5%）以及不低于 50 名公司成员，可以向法院

① 参见长沙市中级人民法院（2018）湘 01 民终 1944 号民事判决书。
② 参见台湾地区“最高法院”68 年台上字第 603 号判决。
③ 参见台湾地区“最高法院”96 年台上字 1525 号判决。
④ 参见宁波市中级人民法院（2012）甬仑商外初字第 250 号民事判决书。
⑤ 参见石家庄市鹿泉区人民法院（2019）冀 0110 民初 197 号民事判决书。
⑥ 参见北京市大兴区人民法院（2017）京 0115 民初 6970 号民事裁定书。
⑦ 参见深圳市罗湖区人民法院（2018）粤 0303 民初 22461 号民事判决书。
⑧ 参见北京市第二中级人民法院（2009）二中民终字第 22302 号民事判决书。
⑨ 参见泸州市江阳区人民法院（2018）川 0502 民初 1371 号民事判决书。

提出撤销决议的申请，但同意或表决赞成决议的人除外。[①] 其二，《英国公司法》第 721 条规定，当私人公司通过特殊决议，批准为了赎回或购买任何其自己股份而从资本中缴付时，任何公司成员（除同意或表决赞成决议的人外）以及任何公司债权人都可以向法院申请撤销决议。[②] 根据英国司法，对于存在瑕疵的股东会决议，股东可向法院提起决议无效之诉，但起诉常被驳回。如果股东认为自身权益受到损害，可通过不公平损害的规定获得救济，而非直接提起决议无效之诉。[③]

美国法强调有损害才能有救济，因此关涉决议效力的诉讼请求一般不是仅针对决议本身，而是基于具体决议实施的行为，但不排除在特定情形下股东可以申请法院颁发禁止令来阻止决议的实施。但由于公司秘书机制，决议本身存在明显程序瑕疵的情形很少。[④]

在大陆法系国家，《德国股份公司法》规定提起股东会决议无效诉讼的适格原告和股东会决议撤销诉讼的适格原告一致，包括股东、董事会、董事和监事。根据《日本公司法》第 828 条第 2 款第 1 项的规定，股东会决议撤销诉讼的适格原告原则上为股东、董事、清算人、执行官和监事。此外，根据该法第 831 条第 1 款的规定，基于股东会决议被解任的董事、监事、清算人以及基于后任者选任决议而丧失董事、监事、清算人资格的人均具有原告资格。对于股东会决议无效和不存在诉讼，只要对诉讼存有正当利益者均可提起。[⑤]《韩国公司法》规定股东会决议撤销诉讼的适格原告是股东、董事或监事，但未明确规定股东会决议无效和不成立诉讼的适格原告，一般认为具有诉的利益者均可提起。对于股东会决议瑕疵诉讼的被告，上述国家规定股东会决议无效、撤销和不成立（不存在）诉讼的被告均为公司。

---

① 参见《英国 2006 年公司法》，葛伟军译，法律出版社 2012 年版，第 59 页。

② 参见《英国 2006 年公司法》，葛伟军译，法律出版社 2012 年版，第 443 页。

③ 参见林少伟:《英国现代公司法》，中国法制出版社 2015 年版，第 123 页。

④ 参见杜万华主编:《最高人民法院公司法解释（四）理解与适用》，人民法院出版社 2017 年版，第 39—40 页。

⑤ 参见 [日] 近藤光男:《最新日本公司法（第 7 版）》，梁爽译，法律出版社 2016 年版，第 206 页。

（二）股东会决议瑕疵诉讼适格当事人现状评析

从国内外股东会决议瑕疵诉讼适格当事人的现状来看，可以得出以下几点。

第一，有关股东会决议瑕疵诉讼适格当事人的立法逐步走向完善。首先，条文数量逐渐增多。从条文数量上来看，我国从最初的仅有《公司法》第22条一个条文发展到现有的《公司法》第22条以及《公司法解释（四）》第1条、第2条、第3条共4个条文。由于股东会决议瑕疵诉讼类型的增加，域外国家如德国和日本对股东会决议瑕疵诉讼适格当事人的立法也随之完善。其次，有关适格当事人的分类更加完善。从股东会决议瑕疵诉讼适格当事人分类上看，我国《公司法解释（四）》弃却《公司法》对股东会决议瑕疵效力"二分法"的立法模式而改用"三分法"，也使得股东会决议瑕疵诉讼包括了股东会决议无效、撤销和不成立诉讼三种类型，并对三种类型股东会决议瑕疵诉讼的适格当事人进行了规定。日本如今也在"三分法"的基础上对股东会决议瑕疵诉讼适格当事人进行规定。最后，股东会决议瑕疵诉讼的原告范围更加明确。对于股东会决议无效和不成立诉讼，《公司法解释（四）》第1条相对明确地界定了适格原告范围。对于股东会决议撤销诉讼，明确了在起诉时具有公司股东资格者才能作为适格原告。

第二，有关股东会决议瑕疵诉讼适格当事人的立法仍有众多不足。从域外主要大陆法系国家立法来看，如日本、韩国对股东会决议无效和不成立诉讼并未明确具体的适格原告，仅规定具有诉的利益者均可提起，此举虽然有利于扩大股东会决议瑕疵诉讼的救济范围，却不利于建立统一的司法标准。此外，对于股东会决议撤销之诉，域外国家规定了较为宽泛的适格原告主体，此种规定也为滥诉埋下了隐患。

立法并不能事无巨细，德日立法也并非完全适合我国国情，虽然并不能通过与域外国家的立法对比想当然地认为我国立法技术落后，但仍不能忽视我国目前立法的不完备之处。总体来看，我国有关股东会决议瑕疵诉讼适格当事人规定的立法并不完备，在《公司法解释（四）》制定过程中对适格当事人的范围也多有争议。对于股东会决议无效和不成立诉讼的适格原告是否仅包括股东、董事和监事还是包括其他主体，学术界也有不同观点。见解不一的原因在于对《公司法解释（四）》第1条中“公司股东、董事、监事等”中“等”字的理解，有观点认为此“等”字并无特别含义，也有观点认为“等”字为立法的兜底条款，在特定情形下可以包括公司高级管理人员、公司员工、债权人等其他利害关系人。

对于《公司法解释（四）》第1条，最高人民法院倾向于“等”字包含了股东会决议的直接利害关系人。但又认为公司高级管理人员、职工和债权人一般情况下只和公司存在劳动合同或债权债务合同，因而适用合同法等相关制度就可以实现救济。公司股东会决议为公司内部团体行为，从此角度分析也应当将公司与高级管理人员、职工和债权人之间的合同争议排除在外。① 既然最高人民法院倾向于认为此处的“等”字包括上述直接利害关系人，同时又基于其他理由将这些主体排除在适格原告范围之外在逻辑上存在矛盾，也从侧面反映了此问题的复杂性。《公司法解释（四）》在很大程度上弥补了《公司法》对股东会决议瑕疵诉讼适格当事人规定的缺失，但对个别问题的妥协和回避也并非长久之计。

第三，从司法实践中可以看出，我国对于单纯的作为独立董事或监事提起股东会决议瑕疵诉讼的案件并不多见。这也在一定程度上说明了我国立法中股东会决议无效和不成立诉讼适格原告包括公司董事和监事的情形实际上和公司股东存有主体上的重合性。在两者分离的情况下，独立董事和监事基于职务的特殊性少有对股东会决议效力进行干涉的情形。域外国家和地区也存在此种现象。

第四，我国司法实践中法官在某些情形下根据《公司法解释（四）》中对股东会决议瑕疵诉讼适格被告和第三人的规定，并不认为公司应为唯一的被告，即在公司作为被告的情形下可以将其他利害关系人作为共同被告，比如担保人。在张 × 荣、刘 × 霞等与石家庄 × × 商贸有限公司等公司决议效力确

① 参见杜万华主编：《最高人民法院〈公司法司法解释（四）〉理解与适用》，人民法院出版社2017年版，第28页。

认纠纷一案[①]中，对于原告将公司和担保人作为共同被告的情形，法院予以许可，并未因原告未将公司作为唯一被告驳回起诉。对于因股东会决议效力产生的合同纠纷，该法院认为由于其在当事人适格等方面和股东会决议瑕疵诉讼存在不同，因而驳回该诉讼请求。法院驳回诉讼请求的情形也反映出，将股东会决议瑕疵诉讼和由此产生的合同纠纷在一个诉讼中进行处理面临困境。但法院允许原告将合同纠纷的责任人作为股东会决议瑕疵诉讼的被告之一，却又驳回原告与此相关的诉讼请求，在逻辑上似乎存在矛盾之处。

二、股东会决议瑕疵诉讼适格当事人确定的困境

基于前文的梳理，股东会决议瑕疵诉讼在适格当事人确定方面面临以下困境。

第一，在适格原告范围方面面临的困境。首先，对于股东会决议撤销诉讼，我国面临能否像域外国家一样将股东之外的董事和监事等主体作为适格原告的考量。我国立法采取的适格原告分类立法的模式，其理由是否充分？对于股东会决议无效和不成立诉讼，面临除股东、董事和监事之外是否还具有其他适格原告的困境。此外，具有起诉资格的董事和监事是否仅限于现任董事和监事，在股东会决议作出后卸任的董事和监事是否具有原告资格？我国立法并未对此进行如此细致的回答，也导致了理论和司法实践中的争议。

第二，股东在特定情形下能否作为适格原告的困境。首先，面临应如何确定股东身份的困境。在股东会决议瑕疵诉讼适格原告审查的最初，需要对股东、董事或监事的资格作出认定。对董事或监事的认定相对简洁，只要通过聘任证书外观即可作出认定。但是，对股东资格的认定却较为复杂。对股东资格的认定有出资要件说、外观要件说和出资与外观形式共同具备说等，股东出资证明、股东名册和工商登记三者之间也有可能存在不一致的情形。其次，还面临股东作为原告是否有持股数量的限制、无表决权股份的股东是否可作为适格

① 参见石家庄市鹿泉区人民法院（2019）冀 0110 民初 197 号民事判决书。

原告、决议时和起诉时是否均需具备股东资格、股东可否以公司对其他股东召集程序等瑕疵为由提起股东会决议撤销诉讼、出席股东会但未对决议提出异议的股东是否具有原告资格等一系列问题。对于前述问题，司法实践和学术界并无确切定论。

第三，确定股东会决议瑕疵诉讼适格被告的困境。从各国立法和司法实践来看，对于股东会决议瑕疵诉讼的被告似乎达成了一致，然而事实并非如此。首先，从司法实践来看，我国各地法院虽然认为公司应当作为被告，但并未将公司作为唯一的被告，也导致了法律适用的混乱。其次，学术界也未平息关于何者为股东会决议瑕疵诉讼适格被告的争议。公司正当被告说、公司非正当被告说、公司第一被告说、公司第二被告说、法人判决名义当事人说、固有共同诉讼说、片面类似必要共同诉讼说等学说争论不休。无论公司是否应当作为被告或作为唯一的被告，正反两方均具有一定的道理且难以说服对方。司法实践的混乱和学术界观点的纷争也导致在确定股东会决议瑕疵诉讼适格被告方面面临众多困境。

第三节　股东会决议瑕疵诉讼适格当事人的理论争议

对于股东会决议瑕疵诉讼的适格原告，各国立法规定不同，范围有宽有窄。由于公司股权本身认定和诉讼的复杂性，对于股东会决议瑕疵诉讼适格原告的确定在特定情形下仍存有不少争议。对于股东会决议瑕疵诉讼的被告，大陆法系主要国家和地区通过立法的方式将公司作为唯一的被告。但是，将公司作为股东会决议瑕疵诉讼的被告在某些情形下仍存在对利害关系人权利保护不周的可能性。基于此，本节在对相关争议进行整理的基础上提出自己的观点。

一、股东会决议瑕疵诉讼适格原告的争议

不同国家对股东会决议瑕疵诉讼原告资格的规定略有不同，对此前文已经

有所归纳。然而，对于股东会决议瑕疵诉讼适格原告的认定并非如此简明，看似明确的立法并不能解决诉讼中面临的复杂情形，不同国家的司法实践和学术界通说也存在差异。虽然股东作为股东会决议瑕疵诉讼的适格原告是各国立法的共同之处，但对于股东以外主体原告资格的认定以及是否需要对股东范围予以限制等并未形成定论。对此，接下来主要对股东会决议瑕疵诉讼适格原告确定有关的情形和争议进行梳理。

（一）股东会决议瑕疵诉讼适格原告范围的界定

对于股东会决议撤销诉讼原告资格的认定，存有利害关系人主义和单纯股东主义两种立法。德国和日本采用利害关系人模式，因而其股东会决议撤销诉讼适格主体不仅包括股东，还包括董事、监事等主体。我国采用单纯股东主义，仅股东可提起股东会决议撤销诉讼。我国学术界对是否需要借鉴域外，对股东会决议撤销诉讼适格原告采用利害关系人主义模式存有不同见解，认为董事、监事等应当作为适格原告的观点主要基于以下几点考量。第一，股东会决议撤销诉讼关涉股东利益，董事会和监事会作为公司执行和监督机关具有相关公司法上的职责，作为原告享有诉权，并对其认为不当的股东会决议提起诉讼是履行职责的表现。第二，若股东会决议涉及董事和监事的任免与报酬问题，其与股东会决议的效力具有直接利害关系，将其排除在适格原告之外却要受判决的约束有不妥之处。第三，若据以执行的股东会决议具有瑕疵，董事和监事有可能承担执行后的损害赔偿责任。第四，董事和监事直接参与公司的日常经营管理，和股东尤其是上市公司的众多小股东相比更容易发现和纠正股东会决议的瑕疵。第五，根据《民事诉讼法》第 122 条的规定，与案件具有利害关系的公民、法人和其他组织可作为适格原告，因而应当认可对股东会决议具有利害关系的董事和监事提起股东会决议撤销诉讼的原告资格。

上述观点基于利害关系人的视角对董事和监事的适格原告地位进行辩护，虽有一定的道理，但我国采单纯股东主义也有诸多考量。首先，股东会决议撤销诉讼的事由多为程序性事项，和股东会决议无效诉讼相比瑕疵程度较轻。

虽然立法许可了对瑕疵程度较轻的股东会决议提起撤销的诉请，但也设置了特殊的起诉期限和裁量驳回制度，对于股东会决议撤销诉讼适格原告进行限定也体现了此种倾向，目的在于尽可能地维持瑕疵程度较轻的股东会决议的效力，平衡司法救济和公司法律关系的稳定两者之间的利益。其次，《民事诉讼法》为普通法，《公司法》为特别法。虽然《公司法》对股东会决议撤销诉讼适格原告的规定与《民事诉讼法》规定的利害关系人主义不符，但基于特别法优于一般法的原则，应优先适用《公司法》的规定。最后，若股东会决议涉及董事和监事，可依据《劳动合同法》等向公司主张权利，而不是以股东会决议撤销诉讼的方式介入公司内部治理。虽然我国司法实践中还并未出现因董事和监事不享有股东会决议撤销诉讼的诉权而损害公司利益的情形，但我们并不认为可将其作为单纯股东主义立法模式下合理性的论证依据。此外，若董事和监事因不能介入公司内部治理而不应享有提起股东会决议撤销诉讼的诉权，那为何其可以提起股东会决议无效和不成立诉讼？因此，此种解释也有牵强之处。无论是德日的利害关系人主义还是我国的单纯股东主义，均具有合理性，只是立法者更倾向于某种利益考量而已。对此，我们赞同我国现有立法模式，在利害关系人利益保护和公司正常经营之间的利益博弈中选择向后者倾斜。

对于董事和监事的范围，仍有进一步讨论和限定的必要。根据《公司法解释（四）》第1条的规定，将现任董监事作为股东会决议无效和不成立诉讼的适格原告并无异议，但当作出股东会决议之时的董监事在起诉前已经卸任或下任董监事未上任前的适格原告应作何种认定？可以肯定的是，当作出股东会决议之时的董监事在起诉前已经卸任的，不再具有适格原告的资格。对于前任董监事已经卸任但下任董监事尚未就任的情形，亦认为已经卸任的董监事不再具有适格原告的资格。总结来说就是，对董监事是否具有提起股东会决议无效和不成立诉讼的原告资格进行判断的关键在于其是否在任，无论何种原因引起的卸任均导致原告资格的丧失。经股东会决议被解任的董监事，同样由于不再具有任职资格而丧失原告资格，不论选举的下一任董监事是否上任。对于此种情形，被解任的董监事可作为第三人辅助原告进行诉讼。

（二）作为原告的股东资格的认定

股东若想提起股东会决议瑕疵诉讼，应提交工商登记、股东名册等用以证明其股东身份。当股东名册和工商登记出现不一致时，考虑到对善意第三人利益的保护，应以工商登记为准。我国目前对公司出资采取认缴制，对于未出资或瑕疵出资者，只要能够证明股东身份即可作为适格原告，出资义务的履行与否并不能成为剥夺其诉权的借口。未办理过户手续但能确定股东资格的也应当具有原告资格。我国立法并未明确隐名股东的身份，学术界也颇有争议。虽然隐名股东的出现除了规避法律之外还存有合法规避的情形①，但此处采纳形式说的观点，隐名股东不具有形式意义上的股东身份，不能提起股东会决议瑕疵诉讼。

有观点认为，股东资格存有争议时，起诉人应当先提出确认股东资格诉讼，待确定股东资格后再以此作为提起股东会决议瑕疵诉讼的基础。②当事人适格是案件起诉后法院需要审查的对象，对股东资格的审查是当事人适格审查的前提。虽然存在大量的纠纷以股东资格的确认为前提，司法实践中确认股东资格诉讼也在广泛运用，但股东会决议瑕疵诉讼本就已经相对复杂。为了尽可能地避免股东会决议瑕疵诉讼之外再提起确认股东资格诉讼造成诉讼的拖延，可将两个诉讼进行合并审理。

（三）股东作为原告是否有持股数量的限制

对于股东会决议瑕疵诉讼适格原告是否作持股数量方面的限制，主要考虑的因素是避免将公司拖入诉累。德国作为股东会决议瑕疵诉讼制度的起源及典范，也深受这一制度被滥用的困扰。职业讼客经常在股东会召开前购进微量股份，并通过人为挑衅制造决议瑕疵进而提起诉讼。为了抑制诉讼的膨胀和滥用，德国立法者采用的措施之一便是对股东持股份额规定下限。但不可否认，

---

① 参见朱锦清：《公司法学（上）》，清华大学出版社 2017 年版，第 331 页。

② 参见李志刚：《公司股东会撤销决议之诉的当事人：规范、法理与实践》，《法学家》2018 年第 4 期。

德国无论是采用原告股东持股数量还是持股时间这些客观指标，都不能作为当前诉讼滥用的直接证据。①

我国学者对于是否应对原告股东作出持股数量的限制，进而使法院对未达到持股数量的股东的起诉不予实质审查，而是直接以原告不适格为由驳回起诉也存有争议。有观点认为若仅具有股东资格便可以提起股东会决议瑕疵诉讼，则公司法上的股东会决议瑕疵诉讼的起诉条件会较一般民事诉讼更为宽松，不需要对原告是否具有利害关系进行审查。公司法赋予股东超出个人利益之上宽泛的诉的利益的依据的正当性与合理性值得深思。②并且，我国司法实践中也已经出现上市公司微量持股股东通过股东会决议瑕疵诉讼迫使上市公司股权配置改革方案搁浅的案例。③也有观点认为股东行使撤销权应具有一定持股比例的限制，如2%—5%，此外还可以辅之以一定的持股期限。④

若将持股比例作为股东具有股东会决议瑕疵诉讼适格原告资格的条件之一，则需要解决以下问题：首先，若设定一定的持股比例或持股面值限制，具体的标准该如何进行设定。对上市公司和非上市公司尤其是小型公司的持股比例和持股面值作统一规定还是进行区分？若统一，则可能出现标准设定带来不合理现象。若不统一，因公司类型的不同便设定不同的适格原告标准是值得深思的，公司法相关立法也并未出现类似的制度先例。无论采取何种标准，在具体的持股比例或持股面值确定上又是一必须面对的难题。其次，剥夺小股东的诉权是否恰当。公司控股股东排挤小股东的事例屡见不鲜，公司法上的诉讼机制很多也是为了对小股东维权提供保障，制约公司多数决可能带来的“暴政”。持股比例或持股面额的多少仅能在较大程度上表明利益受影响的大小，而不是利益的有无。最后，赋予所有股东以提起股东会决议瑕疵诉讼的诉权是否会对公司决议和正常运营造成严重的不良影响。诉权滥用并非仅在公司诉讼中存

---

① 参见丁勇：《德国公司决议瑕疵诉讼滥用问题研究及启示》，《比较法研究》2013年第4期。

② 参见丁勇：《股东大会决议撤销诉讼功能反思》，《法学》2013年第7期。

③ 参见丁勇：《股东大会决议撤销诉讼功能反思》，《法学》2013年第7期。

④ 参见王彦明：《股东大会决议的无效与撤销——基于德国股份法的研究》，《当代法学》2005年第4期。

在，在普通民事案件中也无法禁止。然而，理论和实务界对诉权滥用的认定也并非清晰明了。股东在诉讼过程中也会考虑到其诉讼成本和诉讼收益问题，在得不偿失的情况下理性的小股东并不会提起相关诉讼。诚然，我国公司法和公司诉讼不如德国发达，在德国出现的针对股东会决议等滥诉行为在我国并未充分显现。对此，现阶段我们赞同最高人民法院的观点，对股东的持股比例或持股面值不作限定，只要是公司股东均可提起股东会决议撤销诉讼。对于有可能导致的滥诉，可通过其他限制性条款进行缓解。

（四）无表决权股份的股东是否可作为适格原告

公司中存在一种特殊的股东，即无表决权的股东。日本通说认为无表决权股东不具有提起股东会决议撤销诉讼的原告资格。也有学者持不同见解，认为股东会决议瑕疵诉讼诉权的有无并不以表决权的享有为基础，其属于社员权的内容而非表决权的内容。[①] 从学者的不同观点中可以看出，立论的基础在于股东会决议瑕疵诉讼的诉权是基于表决权还是股东社员权而产生。最高人民法院倾向于认为股东会决议瑕疵诉讼的诉权是一项独立和法定的股东确立，此权利并不依附于表决权。[②] 对此，无表决权股东并不享有股东会决议瑕疵诉讼适格原告身份，即便是其列席了股东会决议会议。即使股东会决议内容违反法律或者程序严重违法，股东会决议对无表决权股东的利益也可能产生影响，但其最初选择作为无表决权股东加入公司的同时即意味着对某些权利的让渡。

公司股东间还存在一项特殊的制度，即表决权信托制度。表决权信托制度使股东的受益权与表决权暂时相分离，可用于取得或维持对公司的控制权、排除异议股东对公司的干扰、作为债权人对公司提供资金的条件等目的。此制度在美国相当盛行，因通常被认为与公司民主相悖，故在早期不被承认，但现

---

① 参见张凝:《日本股东大会制度的立法、理论与实践》，法律出版社 2009 年版，第 283—284 页。

② 参见杜万华主编:《最高人民法院公司法司法解释（四）理解与适用》，人民法院出版社 2017 年版，第 60 页。

代法律较为普遍地承认此制度的合法性。[①] 在表决权信托制度下，受托人能否作为适格原告是值得深思的。在民事诉讼中，一般认为诉讼信托人属于任意的诉讼担当，可以作为原告提起诉讼，裁判结果由被担当人承担。对于表决权信托，受托人为实体法上的表决权担当人，此种实体法上的授信能否当然地具有诉讼法上任意诉讼担当人的资格？

我国《公司法》对表决权信托制度并未进行明文规定，已将表决权进行委托的股东对公司股东会决议实际上未进行表决，在此种意义上和无表决权的股东其实并无太大差别。若以本身是否具有表决权为考量标准，无表决权股东和进行了表决权信托的股东存有不同，后者应具有表决权；若以是否实际行使表决权为标准，则两者均不应作为适格原告。在民事实体法中，存在众多的委托行为，最为常见的是合同代理行为，但在一般情形下代理人并无独立提起诉讼的资格。特殊情形下，破产管理人、遗嘱执行人可作为原告提起诉讼，但须基于法律的特殊规定。诉讼法上的法定诉讼担当和实体法上的委托存否并不存在必然的联系，任意的诉讼担当目前并未得到我国立法的认可。因此，在我国《公司法》和《民事诉讼法》对表决权信托人提起诉讼未作明确规定的现状下，不赋予其提起股东会决议瑕疵诉讼的资格。

（五）决议时和起诉时是否均需具备股东资格

根据《公司法》和《公司法解释（四）》，股东、董事和监事等可提起股东会决议无效和不成立诉讼，但并未明确上述主体在起诉时是否需要具备股东资格。因此，对于股东会决议无效和不成立诉讼的适格原告，存在两种解释。一种解释是原告在股东会决议表决和起诉时均应具有股东、董事或监事的资格，另一种解释是原告仅在起诉时具有股东、董事或监事的资格。除此之外，对于起诉时已经不再具有股东、董事或监事资格的主体，《公司法解释（四）》第 1 条虽然未进行明确规定，但也未明确排除。基于《民事诉讼法》第 122 条的一般规定，具有利害关系者可作为原告。国外立法和判例一般仅认可在公司通过

① 参见施天涛：《公司法论（第 4 版）》，法律出版社 2018 年版，第 350 页。

剥夺股东或解除董事、监事职务的决议时，原股东、董事或监事才可提起相关股东会决议瑕疵诉讼。我国最高人民法院认为在司法实践中法院可根据诉的利益和《民事诉讼法》的相关规定决定是否受理。[①] 可以看出，最高人民法院的此种见解并未为司法实践提供明确的指引，反而为标准不明确导致实务操作的混乱埋下了隐患。

《公司法解释（四)》第 2 条明确规定提起股东会决议撤销诉讼的股东在起诉时应具有公司股东资格，却并未明确其在进行股东会决议表决时是否也应当具有股东资格。立法明确了原告在起诉时须为股东，但股权尤其是上市公司的股权流动性较强，对于表决时具有股东资格，但在起诉时已经将股份转让于他人之人是否可提起股东会决议撤销诉讼？学术界和实务界一般认为原股东已不具备股东资格。但也有观点认为，让与股东可能在股权转让后才知悉股东会决议可撤销的情形，因而也应当将其纳入适格原告的范畴。[②]

对于作出股东会决议时不具有股东资格，起诉时具有股东资格者能否作为原告提起股东会决议撤销诉讼有不同观点。日本学者认为提起股东会决议撤销诉讼的适格股东并非参与了决议表决，但从起诉到判决确定须持续具有股东身份。[③] 韩国学者也认为只要起诉时具有股东资格，即可作为股东会决议撤销诉讼的适格原告，并不要求在决议作出时也具有股东资格。[④] 我国有学者认为，若让与股东具有撤销权，其撤销权同时转移于受让人，继受股东可作为适格原告提起撤销诉讼。[⑤] 也有学者认为应根据股权的来源进行不同的认定，股东会决议作出后原始取得股东资格者一般不具有撤销权，除非决议瑕疵影响到其利益。[⑥] 虽然学术界对此问题的讨论以股东会决议撤销诉讼展开，并未涉及其他

① 参见杜万华主编:《最高人民法院公司法司法解释（四）理解与适用》，人民法院出版社 2017 年版，第 30 页。

② 参见李志刚:《公司股东会撤销决议之诉的当事人：规范、法理与实践》，《法学家》2018 年第 4 期。

③ 参见 [日] 末永敏和:《现代日本公司法》，金洪玉译，人民法院出版社 2000 年版，第 128 页。

④ 参见 [韩] 李哲松:《韩国公司法》，吴日焕译，中国政法大学出版社 2000 年版，第 417 页。

⑤ 参见杨建华:《问题研析民事诉讼法（二）》，（台北）三民书局 2010 年版，第 831 页。

⑥ 参见钱玉林:《论可撤销的股东大会决议》，《法学》2006 年第 11 期。

诉讼类型，但仍可类推适用于股东会决议无效和不成立诉讼。

可以看出，对于起诉时已不具备股东资格的前股东，最高人民法院在股东会决议瑕疵诉讼股东适格的认定上对不同的诉讼类型采用了不同的标准。对于股东会决议无效和不成立诉讼，最高人民法院允许各级法院在司法实践中根据案件具体情形进行考量，也意味着在某些情形下前股东存在作为股东会决议无效和不成立诉讼适格原告的可能。但对于股东会决议撤销诉讼，最高人民法院又认为因转让股份或其他原因失去股东资格者，与公司决议认定已无利益牵涉。若公司所作的决议对前股东利益造成损害，可通过其他方式寻求救济。并且，最高人民法院认为受让股东已经获得股权，具有提起股东会决议撤销诉讼的原告资格，受让股东可通过行使诉权实现持股股东的权利救济。[①] 股东会决议无效涉及违反法律、行政法规等较为严重的情形，股东会决议不成立也是涉及决议存在严重瑕疵的情形。但决议的瑕疵严重程度并不能为最高人民法院的上述见解提供充分依据。此外，前股东可通过其他途径予以救济并不能也不应该仅在股东会决议撤销诉讼适格原告的认定上成为立法不予保护的借口。对于决议时不具有股东资格但起诉时具有股东资格者，基于股东主义的外观，只要起诉时具有股东资格者均可作为适格原告提起股东会决议瑕疵诉讼。

（六）股东可否以公司对其他股东召集程序存在瑕疵为由提起股东会决议撤销诉讼

在股东会决议召开过程中，有可能出现公司对某些股东通知延误等情形，使股东会决议具备了法定的可撤销事由，该股东可就此提出股东会决议撤销诉讼。存在争议的是其他股东可否基于此瑕疵事由提起股东会决议撤销诉讼。一般来讲，除非法律明确规定，第三人一般不得对他人之间的法律关系提起诉讼。但公司决议行为与普通法律行为相比具有特殊性，股东会决议团体法的属性使对此问题有了进一步思考的空间。

---

① 参见杜万华主编：《最高人民法院公司法司法解释（四）理解与适用》，人民法院出版社 2017 年版，第 57—58 页。

对于此问题，日本有肯定说和否定说两种态度，但实践中的判例和学界通说均为肯定说。肯定说认为股东投票的走向和发言的内容有可能影响决议的结果，且公司法对于公司违反召集程序召开股东会的制裁手段有限，因而有必要利用股东会决议撤销诉讼这一严格制裁的方式使公司遵守法律。由于股东会决议撤销诉讼的本质是促使公司进行合法经营，即便股东会决议的瑕疵不影响特定股东的利益，其也可提起股东会决议撤销诉讼。否定说认为股东会决议撤销诉讼是保护股东个人利益的诉讼，因此仅利益受到损害的股东本人可以提起。[①] 可以看出，日本肯定说和否定说的立足点在于股东权是共益权还是自益权的争议，对此问题的看法直接影响了其对适格原告范围的态度。

虽然我国最高人民法院认为股东权为共益权，具有通过公司内部成员的司法救济维护公司正当内部治理的功能，但考虑到和股东会决议无效等制度相比，股东会决议可撤销更多的是使受到不公平对待方得到救济。若该特定股东未提出异议，意味着其认可了该股东会决议代表的团体意志。若允许其他股东就此提出股东会决议撤销诉讼则违背了制度的本意，也不利于公司的正常运营。[②] 对于股东可否以公司对其他股东召集程序瑕疵为由提起股东会决议撤销诉讼的问题，学术上关于股东权为自益权或共益权的属性定性或许并不那么重要，司法实践中法院更多的是综合股东个人权益和公司经营稳定的考量在两者之间作出取舍。本书认为，股东不得以公司对其他股东召集程序瑕疵为由提起股东会决议撤销诉讼。

（七）出席股东会但未对决议提出异议的股东是否具有原告资格

在股东会决议适格原告的众多讨论中，还存在对出席股东会但未对决议提出异议的股东是否具有提起股东会决议撤销诉讼诉权的问题。从国外立法来看，德国立法对股东作为股东会决议撤销诉讼的原告资格作了限制，出席股东会的股东仅在当场对股东会决议提出异议并被记录在案的情况下才享有撤

① 参见张凝：《日本股东大会制度的立法、理论与实践》，法律出版社 2009 年版，第 285 页。

② 参见杜万华主编：《最高人民法院公司法司法解释（四）理解与适用》，人民法院出版社 2017 年版，第 117—118 页。

销权。但未出席股东会、不被允许参加会议或未获得通知的股东不在被限制之列，并且对于股东会决议无效和不成立诉讼，域外立法并未作类似的限制。德国之所以对股东会决议撤销诉讼原告的股东资格作此限制，一方面是因为其立法规定了广泛的股东会决议撤销诉讼适格原告范围，除股东之外的董事和监事等也可提起此诉讼，因而在对具体资格的认定上采用了相对紧缩的立法模式。另一方面，从禁反言的角度考量，股东出席股东会并投赞成票或弃权意味着对股东会决议并不反对，事后再以提起诉讼的方式请求法院撤销该决议有违诚信。即便股东当时并未发现股东会决议存有撤销事由，这也不应成为其违背诚信的充分借口。股东作为公司的出资人和所有人，对于公司经营本身便承担了市场风险，正如公民不得以不知法为借口行违法之事一样，股东对股东会决议的瑕疵也应承担因自身了解不周产生的风险。

正如前文所述，只要是股东便可提起股东会决议瑕疵诉讼的宽松标准，有可能导致小股东或诉讼“掮客”以起诉的方式阻碍公司正常重大经营方案的进行，并以此为筹码向公司索取不正当利益，对出席股东会但未对决议提出异议的股东作不得提起股东会决议撤销诉讼的限制便是缓解此问题的路径之一。但是考虑到违法的法律行为自始无效，在对股东会决议无效是否当然无效而无需提起诉讼学术界依旧存有争议的现实下，以及股东会决议不成立诉讼事由具有严重瑕疵的表征下，我们更赞同德国立法仅对股东会决议撤销诉讼的股东资格作此严格限制，主张借鉴德国立法在我国后续公司法及其司法解释修改中作此规定。

二、股东会决议瑕疵诉讼适格被告的争议

一般认为，股东会决议事项可分为三类：（1）股东会决议事项未涉及特定人利害关系，所作决议仅为公司内部事务。（2）股东会决议事项涉及公司内部特定人的利害关系。如对于公司董事、监事的选举。（3）股东会决议事项涉及公司外部特定人的利害关系。如公司合并时作成的合并决议，涉及合并相对人。从决议事项可以看出，公司股东会决议往往涉及多方利益，兼具公益性和

私益性，因而对于股东会决议瑕疵诉讼的适格被告，除通说将公司作为被告之外，又有众多不同的观点。虽然国内外学者对股东会决议瑕疵诉讼适格被告的争论以股东会决议撤销诉讼为中心，但因本章对三种诉讼进行综合讨论，故不作详细区分。

（一）公司正当被告说

公司正当被告说是学术界的通说，也为各国立法所采用。将公司作为被告体现了对公司团体法性质和股东会决议程序特性的尊重。股东会决议由董事会等公司内部机关根据法律规定负责召集，由股东参与表决。董事会等作为公司内部机关，召集股东召开股东会并对相关决议进行表决系履行公司内部的相关职责，将其作为被告实则是将决议过程中的召集主体作为诉讼的被告，忽视了应从决议本身和决议的整体确定适格的权利义务承受者。股东会决议是股东行使共益权的一种方式，在性质上属于团体法律行为，虽然其行为在表决过程中体现了股东的意思自治，但最终形成的结果又不同于一般的法律行为，而是在多数决基础上形成的团体意思。此时股东的个人意思被团体意思所吸收，因而仅将股东会决议的表决者作为股东会决议瑕疵诉讼的被告也不足以反映决议作为公司整体意思的本质。①

将公司作为股东会决议瑕疵诉讼的被告除了团体法视野下的考量，还基于诉讼法上的权衡。首先，股东会决议是公司内部的意思决定，公司外在的组织对此决议具有处分权，将公司作为被告体现了对其处分权的尊重和方便其行使此项权利。其次，公司作为股东会决议表决事项法律关系的主体，股东会决议效力存否对公司的正常运营具有重大的利害关系，将公司作为股东会决议瑕疵诉讼的被告有助于公司维护其切身利益。最后，若将公司排除在股东会决议瑕疵诉讼当事人之外致使其无法参与诉讼，将难以对股东会决议效力判决及于公司提供理论上的合理依据。此外，虽然股东会决议瑕疵诉讼的判决结果有可能

① 参见杜万华主编:《最高人民法院公司法司法解释（四）理解与适用》，人民法院出版社 2017 年版，第 87 页。

牵涉众多利害关系人，但并非所有的利害关系人均须成为诉讼当事人。其他利害关系人可以通过诉讼参加的方式维护其合法权利。若将所有利害关系人均与公司一起作为共同被告，则有可能陷入难以确定被告范围的困境，加重原告的负担。①

韩国学者李哲松亦认为应当将公司作为股东会决议瑕疵诉讼的被告。由于公司诉讼的诉的对象是公司法律关系，判决效力当然地及于该公司。将公司作为被告也可以对与公司相关的利害关系人均产生法律上的效果。②既判力理论涉及以公司为中心的所有法律关系，将公司以外的主体作为被告会产生公司法律关系转为他人之间诉讼的问题。对此，我国学者谢文哲持相同见解。③日本学者岩原绅作认为将公司作为被告无不当之处，此时董事长作为公司代表人利用公司的资金和资料应诉，由于董事长的应诉会受到公司董事妥善管理注意义务、忠实义务和其他公司内部规则的制约，可以期待其能够诚实诉讼。④

（二）公司非正当被告说

日本学者谷口安平教授认为公司并非适格的被告。首先，从外部看虽然股东会决议是公司的意思决定，但在公司内部，股东会决议为股东团体的意思决定，形式上的公司并不能对股东会决议作出变更或者撤销等行为，此种权利仅能由股东行使。其次，公司法人制度是为了处理外部关系进行的技术性设计，对于公司内部关系的争端，公司法人并非纠纷主体，也难认为其具有独立存在的意义。公司在股东会决议作出过程中并未发挥实质性的作用，股东会决议的作成系股东意思的集合，公司并无处分权，对股东会决议效力争执也无利害关系。最后，对于股东会决议的效力争执，存有正反两方。从进行充分攻击防御

---

① 参见陈鹏光：《股东会决议争讼事件之确认利益、被告适格及判决对世效——着重于探讨其相关审判实务应如何依循修正民事诉讼法之意旨处理及今后残留之课题》，民事诉讼法研究基金会：《民事诉讼法之研讨（十六）》，（台北）三民书局2009年版，第32页。

② 参见［韩］李哲松：《韩国公司法》，吴日焕译，中国政法大学出版社2000年版，第84页。

③ 参见谢文哲：《公司法上的纠纷之特殊诉讼机制研究》，法律出版社2009年版，第115页。

④ 岩原紳作：「株主総会決議を争う訴訟の構造（九）」、『法学協会雑誌』第97巻第8号、1087頁。

的角度，将公司作为唯一的被告并不能确保充分保障反对方的利益。[①]

股东会决议判决具有对世效力，若将公司排除在当事人之外，此判决将不能拘束公司。谷口安平教授对此提出了批判，认为此种观点本身并无坚实的依据。对于认为公司具有维护股东会决议效力的自由，公司作为被告的判决效力也可以扩张至其他人，将公司之外的人作为被告并无诉的利益的观点，谷口安平教授认为此种结论以公司的意思决定为前提，但此前提本身存在谬误。正如前文所述，股东会决议为公司内部意思决定，并非公司的意思决定。用公司作为被告来否定公司以外的人作为被告的合理性实际上是以问答问。[②]

在对公司作为适格被告进行批判之后，谷口安平教授认为本应将原告之外的股东作为被告，但此种做法并不现实。可以设想一下，人数众多的上市公司，其可能有成千上万个股东，难以均作为被告参与诉讼。可行的方案是选出能够使股东会决议瑕疵诉讼判决效力扩张至公司和利害关系人的正当化的被告。谷口安平教授基于股东会决议的提案人为公司董事长，进而认为将公司董事长作为被告具有正当性。董事长作为公司董事，对公司负有公司法上规定的忠实义务，将其作为被告判决仍可拘束所有关系人，此时应将公司置于承受判决效力的第三人的地位。即便是将公司作为被告，因现实进行诉讼的人依旧是董事长，因而将董事长作为被告与公司作为被告在实践中并无太大差别。若争讼的股东会决议涉及选任董事的情形，将被选任的董事和董事长作为被告亦具有合理性。张卫平教授赞同谷口安平教授的相关分析，但两者结论并不相同。张卫平教授认为应当将全体股东作为被告，当公司人数众多时可通过选举代表人的方式进行诉讼。[③]

谷口安平教授将所有问题放置在当事人适格领域进行讨论的做法受到了学者本田靖规的批判，其认为当事人适格与否取决于当事人与诉讼请求的关系，

---

① 参见杜万华主编:《最高人民法院公司法司法解释（四）理解与适用》，人民法院出版社 2017 年版，第 87—88 页。

② 参见 [日] 谷口安平:《程序的正义与诉讼（增补本）》，王亚新、刘荣军译，中国政法大学出版社 2002 年版，第 278—279 页。

③ 参见张卫平:《民事诉讼：关键词展开》，中国人民大学出版社 2005 年版，第 117—118 页。

从公司内部法律关系性质看，公司本身应当具有原理上的被告适格，对于受判决效力扩张第三人的程序保障问题应通过诉讼参加或传唤等其他途径解决。由于股东会决议对公司而言具有行为准则的性质，在对该决议进行争执的股东会决议瑕疵诉讼中，公司也应当具有第一层次利害关系人的地位。但仅依据股东会决议为公司的意思决定进而当然确定其为适格当事人，并认为判决具有对世效力的观点过于跳跃。①

（三）公司第一被告说

福永有利关于股东会决议瑕疵诉讼适格被告的观点受到了谷口安平的影响。他认为，在对股东会决议进行争执的诉讼中，原告本应以除其之外的全体股东为被告提起诉讼，由于此种做法并不现实，因此应当由能够代表全体股东意思的公司作为被告。公司作为一个调整股东意见的机构而存在，公司代表股东的一般利害关系，当股东会决议存在超越普通股东地位且对他人具有特别重大利害关系时，应当承认该人具有独立于公司的被告适格。此种观点即为公司第一被告说，即对于一般性的股东会决议瑕疵诉讼应当首先考虑将公司作为被告，涉及特别人员重大利害关系时以其作为被告。在将公司作为被告这一层次上，谷口安平教授和福永有利教授的观点并无太大差异，不同之处在于此时的诉讼费用和律师报酬。

但是，对于公司规模不大的情形，福永有利又认为，在此种股东人数不多的情形下，原告可以返回当事人的原始状态，将全体股东作为被告进行诉讼，此时无须将公司列为被告。② 他还认为将公司作为被告的通说观点实际上采用了拟制性的说明，从而使将公司作为适格被告的做法易于获得理解，并尽量减少其弊端，但在股东直接与董事发生对决的诉讼中应回到谷口安平公司非正当被告说的立场。

---

① 参见［日］高桥宏志：《民事诉讼法：制度与理论的深层分析》，林剑锋译，法律出版社 2003 年版，第 269 页。

② 福永有利：「法人内部紛争の当事人適格」、铃木忠一·三ケ月章：『実務民事訴訟法講座第 1 巻（新版）』、日本評論社、1981、333—338 頁。

从福永有利的观点可以看出，其论述的逻辑和标准并不统一。他一方面根据利害关系程度对应将公司或利害关系人作为被告进行论述，另一方面又根据公司规模大小和股东人数作为确立何者为股东会决议瑕疵诉讼适格被告的依据。但是，对利害关系程度和公司规模大小的确定具有主观性，在实践过程中其实难以有统一划定的标准。由于福永有利说和新堂幸司主张的固有必要共同诉讼说有诸多相似之处，也有学者将其观点归入固有必要共同诉讼说的范畴。[①]

（四）公司第二被告说

日本学者中岛弘雅将股东会决议瑕疵诉讼原告之外的股东分为与原告对立的股东和对纠纷不抱积极态度的股东两类，并且认为在公司内部纠纷中代表前者的对立派和代表后者的公司均具有被告适格。对于因选任董事而提起的股东会决议瑕疵诉讼，与原告对立的股东的利益可由被选任的董事代表，但若未让对股东会决议持中立或不关心态度的股东代表作为当事人却将判决效力及于这些股东则有不恰当之处。因而，基于对这些股东利益的保护，应当将公司作为被告。

虽然中岛弘雅和福永有利的观点十分相似，但两者的根本差别在于前者将代表对立派的被选任董事作为第一层次的被告，将公司作为第二层次的被告。但是，对于公司内部纠纷中适格被告的问题，中岛弘雅的观点具有摇摆性，并未从一而终，这也在一定程度上反映了问题的复杂和困难程度。中岛弘雅教授最初认为，应当将与原告存在对立关系的自称代表人之人作为第一层次的被告，公司作为第二层次的被告。[②]但之后他认为公司应当作为此种诉讼的被告，此时自称为代表人之人未必具有被告适格，只有当其具有亲自实施诉讼的意思

---

① 参见陈鹏光：《股东会决议争讼事件之确认利益、被告适格及判决对世效——着重于探讨其相关审判实务应如何依循修正民事诉讼法之意旨处理及今后残留之课题》，民事诉讼法研究基金会：《民事诉讼法之研讨（十六）》，（台北）三民书局 2009 年版，第 33 页。

② 中島弘雅：「法人の内部紛争における被告適格について（五）」、『判例タイムズ』第 36 巻第 554 号、32—37 頁。

时才可将其作为被告，若无此意思则应放弃被告的地位或通过公司进行诉讼担当。就此观之，自称代表人之人单独并不具有当事人适格，公司与自称代表人之人并非构成固有必要共同诉讼，而是形成片面类似必要共同诉讼。[①] 对于片面类似必要共同诉讼说，后文有进一步的讨论。

（五）法人判决名义当事人说

日本学者山本克己将公司作为名义上的当事人，其观点主要包括以下三个方面。第一，公司是股东会决议效果的归属主体，因而必须成为判决名义承受人，作为必要的被告参加诉讼。此种做法是为了使原告在起诉时不在选择被告方面产生困惑，使诉讼能够合法成立而作出的理论选择。第二，当诉讼成立后，公司的作用终结，此时公司将不再作为当事人来实施具体的诉讼活动。此时，具体的诉讼活动应当由对该股东会决议效力纠纷具有具体性利益的公司股东进行实施，股东可以进行共同诉讼参加，也可以进行共同诉讼的辅助参加。并且，在诉讼中许可希望维持股东会决议之人加入被告方，允许反对股东会决议之人加入原告方实施诉讼。此时公司的法定代表人并非作为诉讼代表人，而是作为共同被告或共同诉讼的辅助参加人实施诉讼。第三，考虑到某些股东会决议内容的特殊性，被选任的董事也可作为与公司并列的被告参与诉讼。

在山本克己的设想下，为了保障利益相关者参与诉讼的机会，原告应当对相关人员进行诉讼告知。若不进行诉讼告知则构成不适法诉讼，此时法院若作出判决，此判决的效力不及于该第三人。在山本克己看来，公司在股东会决议瑕疵诉讼中仅发挥着决议效力归属对象的作用。山本克己将公司作为承受判决的名义当事人却不实施诉讼的观点和传统观点相比具有很大的新意，但仍存在逻辑上的不恰当之处。山本克己还将避免原告在选择被告上的困惑作为其观点的立论基础，但其对原告须对利害关系人进行诉讼告知的设计不仅增加了原告

---

① 参见［日］高桥宏志：《民事诉讼法：制度与理论的深层分析》，林剑锋译，法律出版社 2003 年版，第 268 页。

的负担，而且破坏了其立论的基础，因为在此种情形下原告又面临应当对何人进行诉讼告知的困惑。

（六）固有必要共同诉讼说

新堂幸司认为，对于股东会决议瑕疵诉讼中要求撤销选任董事决议或要求确认决议无效的情形，应将该董事和公司作为共同被告，此时只有该董事和公司共同成为被告时诉讼才具有当事人适格。他还认为股东会决议撤销诉讼是变动他人权利关系的形成之诉，股东会决议无效诉讼是产生与变动程度和形成之诉具有相当程度重大影响的确认之诉，因而原则上应当将权利关系主体作为共同被告。[①] 此种观点类似于《日本人事诉讼法》第 12 条第 2 项的规定，根据该规定，在身份关系以外的人提起的人事诉讼中，除特别规定外，该身份关系的当事人双方均为被告。因上述主体与诉讼具有高度的利害关系，其当事人地位的欠缺不利于诉讼的充分进行。若部分当事人实施诉讼的裁判结果对缺席者产生拘束力，实质上侵害了其接受裁判的权利。

总体上看，高桥宏志对新堂幸司的观点持赞同态度。一方面，可以认为公司在公司内部纠纷中具有被告适格。另一方面，当公司中存在超越其所代表的一般股东的特别利害关系人时，也应当认可这些人的被告适格。应当将其与公司作为共同被告，此时诉讼为固有的必要共同诉讼。在解任董事和关于董事选任的股东会决议瑕疵诉讼中，该董事也具有被告地位，和公司共同作为被告。此时，为了使必要共同诉讼的理论更有说服力，高桥宏志也从公司利益代表者的角度对解任董事长的股东会决议瑕疵诉讼被告适格进行论证。若被选任的董事已经被解职，新选任的董事长一般处于中立的立场，此时未必能对诉讼具有充分的热情。若以被解职的董事长作为被告，能够期待其进行充分的攻击防御。虽然此时被解任的董事长能否代表公司和当事人适格问题并不相关，但将其和公司一起作为共同被告是可行的。[②]

① 参见 [日] 新堂幸司:《新民事诉讼法》，林剑锋译，法律出版社 2008 年版，第 541 页。
② 参见 [日] 高桥宏志:《民事诉讼法：制度与理论的深层分析》，林剑锋译，法律出版社 2003 年版，第 270 页。

固有必要共同诉讼说受到了岩原绅作的批判。若采用固有必要共同诉讼的观点，享有将股东会决议作为先决问题的权利人就应当成为固有必要共同诉讼人。若如此固有必要共同诉讼人的范围则变得过大，此时原告的负担也显得过重。反对者认为可通过法院依职权或当事人申请的方式，让权利受到侵害的当事人作为第三人参加诉讼。当该第三人因不归责于己的事由无法进行诉讼参加时，应承认其提出再审的权利。① 对此，高桥宏志认为应对诉讼参加制度和传唤制度的灵活运用进行充分的探讨，固有共同诉讼说的观点不至于对原告课以过重的负担，采此做法并无大碍。②

（七）片面类似必要共同诉讼说

在股东会决议瑕疵诉讼适格被告的各种观点中，还有一种与众不同的观点，即片面类似必要共同诉讼说。片面类似必要共同诉讼说者认为股东会决议瑕疵诉讼中利害关系人并不构成独立的适格当事人，而是与公司一起作为被告并构成类似必要共同诉讼，持此观点者如日本高地茂世教授。其理论主要包括以下内容：第一，社团的构成以公司法人为媒介，公司法人通过具体的构成机关进行意思决定和执行具体事务。公司机能的正常运作即可保证构成人员的利益，因而公司可作为被告。第二，公司具有被告适格并不妨碍具体利害关系人可作为被告，但该利害关系人无须强制应诉，其与公司之间并非固有类似必要共同诉讼关系，而是片面类似必要共同诉讼关系。公司可单独被诉，利害关系人不可单独被诉，两者共同被诉时法院裁判必须合一确定。③ 可见，我国司法实践体现了片面类似必要共同诉讼说的观点。

正如前文所述，中岛弘雅教授虽然最初坚持公司第二被告说，但在研究的过程中曾发生动摇，并倾向于片面类似必要共同诉讼说的观点。和公司第一被

① 岩原紳作：「株主総会決議を争う訴訟の構造（九）」、『法学協会雑誌』第97巻第8号、1092頁。

② 参见［日］高桥宏志：《民事诉讼法：制度与理论的深层分析》，林剑锋译，法律出版社2003年版，第270—271页。

③ 高地茂世：「法人の内部紛争をめぐる訴訟における当事者適格」、『法律論叢』第56巻第5号、164—167頁。

告说与公司第二被告说的观点相比，片面类似必要共同诉讼说并不承认除公司以外的其他主体的独立诉讼主体地位，但也并未认为其他利害关系人仅能作为第三人进行辅助参加，而是在两者之间进行妥协，赋予其和公司一起作为被告的资格。只是，此种见解相较于传统学理，是对共同诉讼分类的一种创新，仅依据公司诉讼的特殊性便进行此种创新是否合理是值得思考的。此外，此种观点在具体诉讼中与公司第一被告说的区别或许不那么明显。当公司仅为被告时，两者并无区别；当利害关系人加入诉讼时均为共同被告。因此诉讼实践中与其他学说结果的雷同使得此观点在理论上的独立性也大打折扣。综合考量之下，我们赞同现行立法将公司作为被告的规定。

从以上关于股东会决议瑕疵诉讼适格当事人的争议可以看出，对于股东会决议瑕疵诉讼的原告，学者的争议集中于对股东资格的确定。对股东会决议瑕疵诉讼原告资格的确定，实际上更多的是从实体法的角度对何者为股东以及何种情形下股东可提起相关诉讼进行讨论。对于股东会决议瑕疵诉讼的被告，学者的争议集中于何者能够作为适格的被告，在诉讼过程中进行充分防御的基础上，使判决合理的扩张至第三人。因而，对股东会决议瑕疵诉讼适格当事人的讨论实际上包含了对股东会决议瑕疵诉讼既判力主观范围的思考。上述理论的探讨也反映出公司内部诉讼争议和当事人列置的复杂性。股东会决议瑕疵诉讼涉及主体众多、利益交错，股东会决议瑕疵诉讼主体的诉讼地位确定须从公司法和民事诉讼法的双重视角进行透视。

第四节 股东会决议瑕疵诉讼适格当事人确定困境的成因

股东会决议瑕疵诉讼适格当事人确定的困境由多种原因导致，既有诉讼法基础理论的深奥晦涩，也有实体法上公司法人制度的复杂性。可见股东会决议瑕疵诉讼适格当事人确定的复杂性包括但不限于诉的利益的模糊性、当事人适格诉讼要件和权利保护要件的争议、股权性质的复杂性、股东会决议问题的复杂性等原因。

一、诉的利益的模糊性

诉的利益是根据具体请求的内容是否具有本案判决的必要性和实效性而创设的一个要件。若存在此种必要性和实效性，则该请求就具有要求获得法院本案判决的利益，此种利益即诉的利益。诉的利益概念的产生与确认之诉类型的出现有着紧密的关联，从理论上讲，确认之诉的确认对象具有无限性，某人可对任何人提起确认之诉。为了排除无意义的诉讼，须对确认之诉的诉的利益进行规定。确认之诉中诉的利益要件的确立相应影响到了对给付之诉和形成之诉诉的利益的考量，并逐步形成了一般意义上的诉的利益概念。[①]学术界通说认为诉的利益和当事人适格分别构成诉讼客体和主体，两者存在交叉和关联，是一个问题的两个方面。[②]和当事人适格一样，对于诉的利益的审查并非如其他诉讼要件一样如此简单明了。有关诉的利益的判断涉及各方诉讼主体的利害关系，确认当事人是否具有诉的利益往往也需要考虑到具体的实体法律关系，并对解决纠纷的必要性和实效性作出判断。因而，和当事人适格一样，将其归属于纯粹的诉讼要件实际上存有一定的争议。

诉的利益不仅包含各种诉讼中共通的诉的利益，还包括给付之诉、确认之诉和形成之诉中各自特殊的诉的利益。对于各种诉讼中共通的诉的利益，主要包括起诉不被禁止、无不起诉的合意以及无仲裁协议等事项。但也有学者对此存有疑问，既然上述事项可以通过立法的方式进行充分说明，也无必要借助诉的利益这一概念。对于给付之诉，学术界一般根据履行义务时间的不同将其分为现在给付之诉和将来给付之诉，并对两种给付之诉的诉的利益进行分别讨论。在现在给付之诉中，原告向被告提出给付请求即具有诉的利益。在将来

---

① 参见田平安主编：《民事诉讼法·基础理论篇》，厦门大学出版社 2009 年版，第 95 页。

② 参见张卫平：《诉的利益：内涵、功能与制度设计》，《法学评论》2017 年第 4 期。

给付之诉中，对于可以提起给付之诉的案件，若原告仅提起确认之诉，一般认为此种情形下原告并不具有诉的利益。在确认之诉中，原告在其法律权利或法律地位处于不安定状态时才可以提起，原告诉的提起对纠纷的解决有效且合适时，法律才对原告具有确认之诉的诉的利益予以认可。形成之诉源于实体法的特别规定，因而对形成之诉诉的利益的判断须审查原告是否是在具有法律明文规定的情形下对现存法律关系提起的诉讼。①

通过检索相关裁判文书可以发现，我国法院在司法实践中经常将诉的利益作为当事人适格项下的概念，以无诉的利益为由认定当事人不适格。但以诉的利益为标准对当事人是否适格作出判断存在一定的模糊性。有学者认为，法律关系主体通常就是适格的当事人，当然具有诉的利益。但是，在两种情形下需要法院判断主体之间是否具有诉的利益：（1）法律关系主体作为原告将法律关系以外的第三人作为被告的情形。此时原告就其作为主体的法律关系提起诉讼，但被告并非法律关系的相对方，而是第三人。如在农村土地承包纠纷案件中，承包方可基于发包方的原因将第三人作为被告。②（2）第三人作为原告对他人之间的法律关系提起诉讼。如根据《最高人民法院关于适用〈中华人民共和国民事诉讼法〉的解释》（法释〔2022〕11号）（以下简称《民诉法解释》）第61条的规定，对于经调解委员会调解达成的协议，在一方当事人不履行的情况下，另一方当事人应以对方当事人为被告提起诉讼。③

对于股东会决议无效诉讼，根据《德国股份公司法》，在法律明确列举的适格原告之外，其他有确认利益者也可依民事诉讼法的相关规定提起普通的确

---

① 参见杨军：《诉的利益研究》，北京交通大学出版社2014年版，第99—111页。

② 《最高人民法院关于审理涉及农村土地承包纠纷案件适用法律问题的解释》第6条规定："因发包方违法收回、调整承包地，或者因发包方收回承包方弃耕、撂荒的承包地产生的纠纷，按照下列情形，分别处理：（一）发包方未将承包地另行发包，承包方请求返还承包地的，应予支持；（二）发包方已将承包地另行发包给第三人，承包方以发包方和第三人为共同被告，请求确认其所签订的承包合同无效、返还承包地并赔偿损失的，应予支持。但属于承包方弃耕、撂荒情形的，对其赔偿损失的诉讼请求，不予支持。前款第（二）项所称的第三人，请求受益方补偿其在承包地上的合理投入的，应予支持。"

③ 参见曹云吉：《立案登记制下"当事人"的程序构造》，《法制与社会发展》2017年第5期。

认之诉，此种诉讼仅在判决效力方面与股东会决议无效诉讼存有差异。此种诉讼的提起是否合法以及对当事人适格的判断实际上需要法官依诉的利益进行衡量。此外，日本在股东会决议无效诉讼和不存在诉讼中也作了类似规定。台湾地区对股东会决议绝对无效和裁判无效存有争议，即便是对于违反法令的股东会决议，应经法院裁判后才能被确定为无效，但"公司法"并未规定股东会决议瑕疵诉讼的适格当事人。对此，在诉讼中依旧需要法官根据诉的利益进行判断。只不过虽然立法对此权利进行了肯定，但实际上很难满足诉的利益的要求。①

此外，在股东会决议瑕疵诉讼中还存在一些特殊的情形。例如对于违法选任公司董事的股东会决议，即便在诉讼系属中被选任的董事因期限届满而退任，也存在原告是否存在诉的利益的考量。有观点认为虽然公司通过新的股东会决议已经选任了新的董事，法院撤销原有股东会决议似乎已无意义。即使追究无董事资格之人在任期间侵权行为产生的责任，也无须撤销选任决议。即董事选任的股东会决议瑕疵和追究董事在任期间的责任是两个不同的问题。也有观点认为股东会决议瑕疵诉讼旨在保护公司诉讼的合法性，只要存在不合法之处，即存在撤销股东会决议的诉的利益，此类诉讼就具有一般性的预防效果。介于两者之间的观点认为虽然提起股东会决议瑕疵诉讼并不是追究董事责任的必要要件，但在举证方面撤销选任董事的股东会决议是一个对原告有利的证据。从诉讼经济的角度考量，当原被告关于股东会决议的攻击防御到达一定阶段时，以不具备诉的利益为由驳回起诉不符合双方当事人的合理期待。但若双方的攻击防御未进展到相应的阶段，法院可驳回起诉，此种观点被认为是根据程序的进展情况考虑诉的利益。② 此外，对于诉讼系属中的股东会决议，被告公司的股东会又作出了具有同一内容的再决议，此时也存在对第一个决议是否还具有诉的利益的考量。

因而，对股东会决议瑕疵诉讼诉的利益的判定，因面对复杂的诉讼情形须

① 参见曹志勋：《论我国法上确认之诉的认定》，《法学》2018 年第 11 期。

② 参见［日］高桥宏志：《民事诉讼法：制度与理论的深层分析》，林剑锋译，法律出版社 2003 年版，第 321—323 页。

考量多种因素，并非如理论设想那般明确简单。诉的利益本身的模糊性增加了股东会决议瑕疵诉讼适格当事人审查和确定的难度。从举证的有理性和程序进展的角度对诉的利益的有无进行界定本身就存在较大的主观性，使诉的利益有无的判断更加具有不确定性，也使股东会决议瑕疵诉讼适格当事人的确定更加复杂化。

二、当事人适格诉讼要件和权利保护要件的争议

对于适格当事人的认定，主要基于以下原则：(1) 当事人为诉讼权利或法律关系主体时，除特殊情形外当事人适格。(2) 虽然并非权利或法律关系主体，但就该诉讼权利或法律关系有管理处分权者，当事人适格。(3) 在确认之诉中，主张权利、法律关系或其他事项存否有不明确者，对于争执其主张者提起诉讼，即为当事人适格。(4) 在形成之诉中，原告适格依法律规定；被告适格若不能依据法律规定确定，则依法理确定。[①]

然而，如前文所述，当事人适格究竟是诉讼要件还是权利保护要件，学术界一直存有争议。和诉的利益一样，当事人适格要件的审查并非如管辖、当事人能力等诉讼要件如此简要，而是贯穿于诉讼的始终。在诉讼开始阶段，法院须对案件进行审查，以确定当事人是否适格。在诉讼进行过程中，有可能发现诉讼当事人自始不适格，也有可能因诉讼阶段实体法律关系变更导致当事人不适格。因而当事人适格问题亦与本案判决密切相关，也具有权利保护要件的属性。

德国学者认为当事人适格是根据实体法作出的判断，只有当原被告均适格时法院才能作出某个有利于原告的实体裁判。若原告或被告不适格，法院应当以诉无理由而驳回，当事人适格是诉无理由的众多原因之一。因而，德国学者将当事人适格作为权利保护要件而非诉讼要件。[②] 日本学者一般认为当事人适

① 参见姚瑞光：《民事诉讼法论》，中国政法大学出版社 2011 年版，第 64—66 页。
② 参见 [德] 奥特马 · 尧厄尼希：《民事诉讼法（第 27 版）》，周翠译，法律出版社 2003 年版，第 105 页。

格为诉讼要件。日本现采用复式平行诉讼的模式，对诉讼要件的审理与本案要件同时进行。与先行审查诉讼要件，再行审查本案审理要件的单层阶段诉讼相比，复式平行诉讼模式使得对于当事人适格是属于诉讼要件还是本案判决要件的争议变得不再那么激烈。在单层诉讼阶段模式下，欠缺诉讼要件而开始的本案审理程序无效，所作判决也无效，因判决无效和诉讼要件具有直接的联系，所以诉讼要件受到相当的重视。在复式平行诉讼模式下，诉讼要件的审理逐步与本案审理同时进行，诉讼的二阶段构造逐步消失。虽然在诉讼要件欠缺的情形下不应进行本案的审理，但对是否欠缺诉讼要件产生疑问，也不必停止本案的审理以集中审理诉讼要件。[①] 因而，或许在复式平行诉讼模式下对当事人适格究竟是诉讼要件还是本案判决要件的讨论变得没那么重要。

台湾地区学者一般认为当事人适格为权利保护要件。也有个别学者认为当事人适格为诉讼要件，法院依职权调查此事项，对于当事人适格有欠缺者法院以诉讼判决驳回原告起诉，无须进行本案辩论和判决。对于当事人不适格作出的本案判决即便已为确定判决，但对适格当事人并无影响。即便判决为形成判决，对适格当事人和一般第三人也无形成力。[②] 但台湾地区实务认为当事人适格并非诉讼要件，而是权利保护要件；当事人不适格的诉讼为无理由诉讼，以判决的方式驳回。

“将当事人适格作为诉讼要件还是权利保护要件实际上直接决定了民事诉讼的主体保护范围、诉讼资源的利用以及诉讼效果。”[③] 若将当事人适格作为诉讼要件，法院在对案件进行实质审查前须先行依职权对当事人适格进行审查。此种审查有利于排除不必要的诉讼，谨慎分配司法资源，但不予受理或驳回起诉的处理方式不阻止当事人再行起诉。此外，我国立法并未明确诉讼要件审查的形式，审查过程中能否适用言词原则以及当事人的参与程度等事项。若将当

---

① 参见［日］高桥宏志：《重点讲义民事诉讼法》，张卫平、许可译，法律出版社 2007 年版，第 3—4 页。

② 参见姚瑞光：《民事诉讼法论》，中国政法大学出版社 2011 年版，第 67 页。

③ 宋春龙：《非正当当事人处理方式研究——兼论我国非正当当事人处理制度之建构》，《大连理工大学学报（社会科学版）》2017 年第 4 期。

事人适格作为权利保护要件，则降低了案件进入实质审理的门槛，扩大了民事诉讼主体的保护范围，有利于在一定程度上缓解“起诉难”的问题。但实体审理意味着更为繁琐的诉讼程序，对作为权利保护要件的当事人适格案件进行实质审理，对于当事人不适格的案件驳回诉讼请求并不能从根本上解决纠纷。此种情形下判决仅对不适格当事人发生既判力，并防止其再次进行诉讼。

学术界一般认为我国采取起诉阶段起诉要件和诉讼要件双重审查模式，由于我国未设置单独的诉讼要件审查阶段，立案登记制也未剥离立案庭的审查功能，因而反推原告适格具有起诉要件和诉讼要件的双重属性。对于被告适格，我国《民事诉讼法》第122条规定原告起诉应有“明确的被告”，但此表述并未涉及实体法的规定，因而可以推断被告适格为权利保护要件。因此，有学者认为我国对原告和被告适格要件属性采用了区别对待的标准。在起诉阶段仅能识别不适格原告，在实体审理阶段对两者均可进行识别。以诉的合法性判断原告适格提高了公民行使诉权的条件，以诉的合理性判断被告适格使其失去了对诉的合法性的异议，增加了被拉入诉讼的可能性，在一定程度上有违反当事人平等原则之嫌。①

总体上看，我国民事诉讼案件起诉条件和本案要件在外观上泾渭分明，对起诉条件的审查先于本案审理，审查方式也与口头辩论审查的方式有别。因此，我国此种将诉讼要件独立审理的模式与罗马法上的单层阶段诉讼十分相似。② 单层审理模式下对当事人适格审查的争议体现在股东会决议瑕疵诉讼这一特殊的诉讼之中，增加了确定股东会决议瑕疵诉讼适格当事人的困难。

三、股权性质的复杂性

“股东权或者股东权益简称股权，泛指公司给予股东的各种权益或者所有的权利，具体是指股东基于股东资格而享有的从公司获取经济利益并参与公

① 参见宋春龙：《非正当当事人处理方式研究——兼论我国非正当当事人处理制度之建构》，《大连理工大学学报》（社会科学版）2017年第4期。

② 参见段文波：《起诉条件前置审理论》，《法学研究》2016年第6期。

司管理的权利。”[①] 对于股东权的性质，有不同的理论学说，主要有股权所有权说、股权债权说、股权社员权说和股权独立民事权利说，上述学说在承认公司所有权的基础上对股权的性质作出了不同的解释。我国旧《公司法》第 3 条采双重所有权说，现行《公司法》则采独立民事权利说。[②] 有学者认为我国理论界对股权性质的争论显得空乏，原因在于此争论对所有权、社员权等术语的理解存在语言和法系上的差异，关于股权争论的实质在于对股权内部结构的理解。对股权的讨论应当以“人”及股东为中心，股权作为一种独立的权利，无必要归为既存的某种权利之中。[③]

股东权是自益权还是共益权？自益权和共益权是公司法依据股权行使的目的和内容对股权所作的分类。“凡股东以自己的利益为目的而行使的权利是自益权。凡股东以自己利益并兼以公司利益为目的而行使的权利是共益权。自益权与共益权相辅相成，共同构成了股东所享有的完整股权。”[④] 由此可以看出，学者对自益权和共益权的区分并非分明，在共益权中仍以股东自身利益为主，因而导致股东自益权和共益权的界限并非绝对。有学者认为自益权源于剩余索取权，包括股东为了从公司获取财产利益而享有的一系列权利；和自益权主要是指财产权不同，共益权不包含直接的财产内容，而是泛指股东参与公司经营管理的一系列权利。[⑤] 常见的自益权如股利分配请求权和其他分配请求权、股票的认购、转让交付请求权等，常见的共益权如表决权、提案权以及提起公司诉讼的各项诉权等。

对股东权是自益权还是共益权的理解，会影响股东会决议瑕疵诉讼尤其是撤销诉讼的功能定位，进而影响股东会决议撤销诉讼的适格原告范围，如持股东权是自益权的观点认为撤销权是一种自益性权利，仅利益被侵犯者才可行使该撤销权，提起股东会决议撤销诉讼。对于股东会决议中侵犯其他股东权利的

---

① 钱卫清：《公司诉讼：公司司法救济方式新论》，人民法院出版社 2004 年版，第 63—64 页。

② 参见石少侠主编：《公司法学》，中国政法大学出版社 2012 年版，第 143—145 页。

③ 参见周游：《股权性质之争：误区释疑与价值重述》，《经贸法律评论》2019 年第 2 期。

④ 赵旭东主编：《商法学（第 3 版）》，高等教育出版社 2015 年版，第 147 页。

⑤ 参见侯东德：《股东权的产生逻辑：一个契约理论的考察》，《改革与战略》2008 年第 12 期。

情形，其他股东不得提起股东会决议撤销诉讼。但是应该看到，将股东权作为自益权的观点和公司法的惯例与制度相冲突[①]，有违公司法的团体法属性。从学者对股东权的定义和分类来看，股东权实际上包含了自益权和共益权两个方面，将股东权理解为自益权或共益权均具有片面性。在股东会决议撤销诉讼中对股东权性质作出非此即彼的理解，进而为界定适格原告提供合理依据的做法看似具有说服力，实际上违背了股东权性质的本意。但是，两者兼具的理解却难以为适格当事人的确定提供明确的指引。

四、股东会决议问题的复杂性

经济学上一般认为团体生产问题源于生产活动，要求两个人、更多的人或全体共同投资和努力协调，随着代理关系理论在某些理论问题研究解释上的乏力，团体生产的方法逐步被学者广泛作为研究公司法的方法。在公司内部并不是以契约而是以类似行政命令的方式进行运作，此种运作模式减少了单个契约的谈判和履行成本，在公司融资和风险分散方面颇具功效。[②]团体生产模式下公司董事会的存在不是为了保护股东的利益，而是为了保护公司团体所有成员和相关企业的投资。公司的团体成员不仅包括股东，还包括经理、普通员工和债权人等。团体生产模式对传统以股东利益至上的股东中心模式形成了挑战，虽然股东利益在公司中具有至上的地位，但这并不表示公司其他利益相关人不应受到保护。

股东会在股份平等原则下对资本多数决予以认可，虽然资本多数决采用的是民主主义的原理，但股东的平等是以股份为基础的股份平等，股东持股数量的差异导致了对公司支配力的差异。当股东中出现持股数量过半的股东时，其他股东的表决权有名无实，股东会决议制度并未成为法律预期的民主制度，反

① 参见赖华子、胡东平:《股东会议决议撤销诉讼的功能定位》,《南昌大学学报》(人文社会科学版)2013 年第 6 期。

② 参见蒋学跃:《法人制度法理研究》，法律出版社 2007 年版，第 81 页。

而有可能朝着大股东控制的独裁体制转化，诉讼争议也由此而生。[①] 根据法律的规定，公司作为团体整体与外部主体发生争议时依照民事诉讼法规定的程序进行，民事诉讼法以个人法为基础构建其具体的规则。从团体法的视角看，股东会决议包含了团体、团体内部机关和团体成员三个层次的主体之间的法律关系和法律争议，此种多层次的主体结构使简单套用自然人为基础的民事诉讼制度来确定股东会决议瑕疵诉讼适格的当事人面临诸多困境。

从股东会决议瑕疵诉讼的原告层面看，若股东提起诉讼，首先要确定股东资格。然而，股东资格的确定并非像一般民事主体的确定那般简单，既可能存在股东名册和工商登记不一致的情形，也可能出现显名股东和隐名股东的问题，也使得仅股东资格的确定便可提起单独的确认之诉。虽然立法规定了股东会决议瑕疵诉讼的原告范围，但不可否认对此种范围的规定仍有不周延之处。例如，对于股东会决议撤销诉讼，立法仅规定了股东这一适格原告，将董事和监事等主体明确排除在外。然而，董事和监事的众多利益均和股东会决议相关，立法的价值取舍并不能抹杀股东会决议牵扯利益的复杂性。

从股东会决议瑕疵诉讼的被告层面看，虽然公司集中了其内部的所有法律关系，将其作为被告不仅是理论界通说而且得到了立法的认可，但依旧存在理论和实务上的问题。究其原因，主要还在于公司的团体属性，此种属性使作为团体成员的股东、作为团体内部机关的股东会和作为团体的公司的三个层次的主体争议交织，实体法律关系和诉讼法律关系均变得扑朔迷离。股东提起股东会决议瑕疵诉讼的直接原因并非其与公司有争议，而是对股东会决议的内容或程序不满，此种不满的直接原因是股东之间的矛盾。因而有观点认为股东会决议瑕疵诉讼形式上是股东与公司的争议，实质上是股东之间的争议，因此应当将与原告有争议的股东作为股东会决议瑕疵诉讼的被告。

学者李志刚较为详细地阐释了此观点的理由。首先，在民事诉讼中与原告利益直接相对的人为被告，股东会决议中的争议在实质上是股东之间的争议。

---

① 参见李志刚:《公司股东大会决议问题研究——团体法的视角》，中国法制出版社 2012 年版，第 1—2 页。

其次，若将公司作为被告，诉讼费用应该由公司承担，少数股东的不法行为由公司承担败诉后果并使团体成员利益受损并不公正。即便是就诉讼费用可再向作出违法决议的股东提起损害赔偿诉讼，也会对原告造成两次讼累，徒增金钱和精力耗费。最后，无论股东会决议瑕疵诉讼判决结果如何，均无需公司采取特定的行为或履行特定的义务。此外，实际代表公司参与诉讼的多是控股股东的代言人，以公司作为被告仍会导致公司的意见被个别股东挟持。[①] 但由于股东会决议瑕疵诉讼的判决针对公司，公司仍有参加诉讼的必要，此问题可通过公司作为无独立请求权的第三人予以解决。有学者同样认为股东会决议瑕疵诉讼要解决的是股东之间的争议，但在诉讼过程中却不合理地变成了股东与公司法定代表人之间的争议，因而应当以原告提起诉讼的理由来确定适格被告。[②] 更有学者提出"针对股东会决议瑕疵诉讼不适用原被告制度，而应建立一种申请人和关系人制度的新的诉讼制度"[③]。虽然此种制度设计的合理性以及是否违背民事诉讼基础理论的整体架构值得深思，但它毕竟直观地反映出股东会决议瑕疵诉讼适格当事人确定的复杂性。

第五节 股东会决议瑕疵诉讼适格当事人制度的完善

对于国内外股东会决议瑕疵诉讼适格问题研究终将回归我国的立法和司法实践。由于各国具体规定和司法实践不同，本节对股东会决议瑕疵诉讼适格当事人的完善以我国为落脚点。在适格当事人层面，我们基本赞同现行立法，只是认为在立法的基础上应当对适格当事人的范围作进一步细化；当事人适格应为诉讼要件，法院在此基础上进行要件的审查和裁判。

---

① 参见李志刚:《公司股东大会决议问题研究——团体法的视角》，中国法制出版社 2012 年版，第 227—229 页。

② 参见石纪虎:《关于股东大会决议效力的探讨》,《政治与法律》2009 年第 5 期。

③ 吕风祥:《新〈公司法〉下股东大会决议的若干法律问题》,《理论与改革》2006 年第 4 期。

一、股东会决议瑕疵诉讼适格当事人的范围

通过上文对于股东会决议瑕疵诉讼适格当事人制度的论述，可知难有完美的理论对股东会决议瑕疵诉讼适格当事人作出界定。基于前文暂不成熟的观点，我们对我国股东会决议瑕疵诉讼适格当事人范围进行了总结（见表 2–1）。

表 2–1　我国股东会决议瑕疵诉讼适格当事人范围

<table>
<tr><th>诉讼类型</th><th colspan="2">适格原告</th><th>适格被告</th></tr>
<tr><td>股东会决议无效诉讼</td><td rowspan="3">股东

具体而言：
1. 以显名股东为限，以工商登记为准
2. 对股东的持股比例或持股面值不作限定
3. 无表决权股东并不享有适格原告身份
4. 不包括表决权信托人
5. 起诉时具有股东资格者即可
6. 股东不得以公司对其他股东召集程序等瑕疵为由提起股东会决议撤销诉讼
7. 出席股东会但未对决议提出异议的股东仅在股东会决议撤销诉讼中不具有原告资格</td><td rowspan="2">董事和
监事（在任）</td><td rowspan="3">公司</td></tr>
<tr><td>股东会决议不成立诉讼</td></tr>
<tr><td>股东会决议撤销诉讼</td><td></td></tr>
</table>

需要特别指出的是，虽然前文认为在股东意思表示存在瑕疵和伪造股东签名时，若未对决议通过比例造成影响，则作出的股东会决议有效，但特殊情形例外。在伪造股东签名的情况下通过的股东会决议，此时无论除去伪造签名是否达到法定的通过比例，以及该股东是否因该股东会决议而失去股东资格，均不影响该股东提起股东会决议瑕疵诉讼。

二、股东会决议瑕疵诉讼适格当事人的审查

虽然对于当事人适格属于诉讼要件还是权利保护要件存有争议，但我国通说观点认为当事人适格属于诉讼要件。此处采通说观点，在肯定当事人适格为

诉讼要件的前提下，对股东会决议瑕疵诉讼适格当事人的审查也遵循一般诉讼要件的审查原则。对此，法院应当依职权进行调查，但并不完全排除当事人的积极作用。在司法实践中，一般也是由当事人提供相关的证据资料，法院在当事人提供证据资料的基础上进行职权审查。当对当事人适格与否存在疑惑时，法院向当事人释明并督促其提出主张并提供基础资料进行证明即可。

学术界通说认为，当事人适格要件调查的基准时是事实审口头辩论终结前。在我国，若当事人未提起上诉，则是一审言词辩论终结前；若当事人提起上诉，则是二审言词辩论终结前。对当事人不适格时的处理，包括起诉时当事人不适格的处理和诉讼过程中当事人不适格的处理。在起诉时，若受理案件的法院认为欠缺当事人适格要件，则裁定不予受理。在立案受理后，若庭审法官认为当事人不适格，则裁定驳回起诉。若原告将公司、股东或其他主体作为共同被告，法官应当向当事人进行释明，告知原告将公司作为唯一被告，可将其他主体作为第三人。若原告对此不予理睬，实践中法官将公司、股东或其他主体作为共同被告并对案件作出实体判决的做法则并不可取，此时应当裁定驳回起诉。此举既符合《公司法解释（四）》的规定，也可以避免原告制造其他管辖权“连接点”，规避公司住所地人民法院的管辖。对于诉讼要件的审查，我国有学者认为应改变我国目前单一平行的诉讼构造，采用大陆法系国家复式平行的诉讼构造，进而认为应后置对当事人适格等要件的审查，改由业务庭对此进行审查。[①] 基于此种理论设计，若不符合当事人适格等要件的，法院应当判决驳回起诉。由于我国立法和司法实践暂时未作相应调整，故在本书中不作进一步讨论。

在我国现行审理模式下，上诉法官对当事人适格的处理具体包括如下情形：当一审法院认为当事人适格但因不具备实体要件，驳回原告诉讼请求时，若原告提起上诉，又具体分为以下情形：（1）二审法院认为原判决正确，应当维持原判；（2）二审法院认为不具备当事人适格要件，则应撤销原判，裁定驳

① 参见段文波：《我国民事管辖审查程序的反思与修正》，《中国法学》2019 年第 4 期；段文波：《起诉条件前置审理论》，《法学研究》2016 年第 6 期。

回起诉；（3）二审法院认为当事人适格且诉有理由，则应改判支持原告诉讼请求。当一审法院认为具备当事人适格要件并全部支持原告诉讼请求时，若被告提起上诉，又具体分为以下情形：（1）二审法院认为原判决正确，应当维持原判；（2）二审法院认为不具备当事人适格要件，则应撤销原判，裁定驳回起诉；（3）二审法院认为当事人适格但诉无理由，则应改判驳回原告诉讼请求。当然，由于股东会决议瑕疵诉讼诉讼标的的特殊性，不存在一审法院部分支持原告诉讼请求的情形，因而不在此处讨论。但在合并之诉中有可能出现一审法院部分支持原告诉讼请求的情形，此时的处理涉及禁止不利益变更原则的适用，具体内容在后文中有详细论述。

在股东会决议瑕疵诉讼中，存在原告股东在诉讼系属中将股权转移给案外第三人的情形，由此产生对当事人恒定和诉讼承继问题的讨论。对于在诉讼过程中转移争议的民事权利义务的，大陆法系国家对当事人诉讼主体资格和诉讼地位是否受其影响的规定并不一致。德国是当事人恒定主义的代表，而日本在此制度上并未效仿德国，而是采诉讼承继主义。当事人恒定主义要求在诉讼过程中即便当事人将诉讼标的转移于第三人，其当事人的地位并不因此丧失，受让人仅可参加诉讼，但仍受判决效力所及。诉讼过程中当事人将诉讼标的转移给第三人，此时若转让人被受让人取代其诉讼地位并丧失当事人资格，受让人进而进行诉讼、承担相应权利义务的诉讼模式即为特定诉讼继受。[①] 对于特定诉讼继受问题，我国相关学者从比较法的角度进行了细致的论述。《民诉法解释》第249、250条在借鉴德日立法的基础上，最终确立了“以当事人恒定主义为主，以诉讼承继主义为辅”的立法模式，将我国理论界对此问题的关注点转为如何在我国现有立法模式之下建构特定诉讼继受的逻辑框架。

在股东会决议瑕疵诉讼中，若原告在诉讼系属中将股权这一实体权利转让给案外第三人，虽然案件诉讼标的是具体股东会决议无效、撤销或不成立，但股东权的享有和诉讼标的密切相关，因而此种情形下对于当事人适格和诉讼地位的考量也属于特定诉讼继受的问题。和一般财产型诉讼不同，公司股东受

① 参见刘敏：《论民事诉讼中当事人恒定原则的适用》，《法商研究》2016年第5期。

公司章程的约束，若受让人取得了股权，则应受公司章程和决议的约束。因而股东会决议瑕疵诉讼中对于受让股东诉讼资格和诉讼地位的认定也变得更为复杂。在民事实体法律关系中，对物权转移效力问题的讨论避不开善意取得制度，故对民事诉讼中诉讼继受的讨论也有采善意取得说的观点，除此之外也有诉讼系属善意说。①

综上，在诉讼过程中，若适格原告资格发生变更的，如股东应当根据《民诉法解释》第249、250条的规定处理。原股东会决议瑕疵诉讼适格股东的原告资格并不因此受到影响，若受让人替代原当事人的，法院裁定变更当事人，变更后的当事人受原当事人已经完成的诉讼行为效力的拘束。同理，即使原告为公司董事或监事，在诉讼过程中卸任也并不影响其原告资格。

① 参见杜睿哲:《论诉讼继受》,《西北师大学报》(社会科学版)2005年第1期。

· 第三章 ·

股东会决议瑕疵诉讼的诉讼标的

关于股东会决议瑕疵诉讼的诉讼标的，存在诉讼标的三元论、一元论和相对论的争论。诉讼标的三元论基于诉讼形态的不同分别确定不同的诉讼标的，认为股东会决议无效诉讼的诉讼标的是请求法院宣告决议无效，股东会决议撤销诉讼的诉讼标的是请求法院撤销决议，股东会决议不成立诉讼的诉讼标的是请求法院确定决议不成立。诉讼标的三元论面临三种诉讼事由有时难以区分、重复诉讼的困境。诉讼标的一元论仅以股东会决议的时间和内容特定诉讼标的，认为股东会决议瑕疵诉讼的诉讼标的是请求法院否定特定决议的效力。诉讼标的一元论虽然可以有效地避免重复诉讼和矛盾裁判，但存在模糊不同股东会决议瑕疵诉讼界限以及既判力客观范围过于扩张的弊端。诉讼标的相对论基于当事人程序选择权，认为应当由当事人确定诉讼标的的范围，实则使诉讼标的的确定丧失了统一的标准。相比之下，诉讼标的三元论更为适用，在此基础上通过诉的客观合并制度抑制其弊端。

第一节　问题的提出

诉讼标的理论是诉讼中绕不开的话题，诉讼标的理论的选择与适用直接关系到诉之合并、诉之追加和变更、重复诉讼和既判力客观范围等问题。[①] 我国司法实践中以旧实体法说为主，旧实体法说以实体权利或法律关系作为诉讼标的的识别标准，不仅方便了当事人攻击和防御，而且便于法官裁判，既判力的客观范围也十分明确地以法官裁判的诉讼标的为限。[②] 此外，旧诉讼标的理论也与我国民事诉讼案由制度具有高度的契合性。[③] 按照旧实体法说的观点，一个法律构成要件就是一个请求权。法官根据实体法上的请求权规范认定诉讼法律关系，并根据实体法上的法律构成要件展开要件事实的审判，此种审判模式清晰明确，在规范出发型诉讼模式之下具有广泛的适用空间。

然而，请求权竞合问题暴露出旧诉讼标的理论的短板。基于旧诉讼标的理论的逻辑思路，不同的实体法律关系产生不同的请求权，每一个请求权构成独立的诉讼标的，即使数个请求权的给付目的相同。[④] 在典型的物之返还诉讼中，原被告可以基于所有权、不当得利、占有权等不同的实体法上的请求权针对同一给付目的再行提起诉讼，却不构成重复诉讼。为了解决请求权竞合问题，诉讼法学者提出了其他诉讼标的理论学说，但其他诉讼标的理论自身也存在缺陷，从而导致诉讼标的理论在内部不断地精细化，却始终围绕诉讼标的的范围界定和识别基准问题停留在原地，出现了理论的“内卷化”。[⑤]

诉讼标的理论本身的难以理解和复杂性增加了对股东会决议瑕疵诉讼诉讼标的理论进行研究和讨论的难度。学术界对股东会决议瑕疵诉讼的诉讼标的存在较大争议，具体有诉讼标的三元论、诉讼标的一元论和诉讼标的相对论三种学说。诉讼标的三元论认为应当区分股东会决议无效、撤销和不成立三种不

---

① 诉讼标的理论分为旧实体法说、诉讼法说和新实体法说。诉讼法说又进一步分为一分肢说和二分肢说。不同的诉讼标的理论之下诉讼标的的定义存在差别。我国司法实践以旧实体法说为主，根据旧实体法说理论，诉讼标的是指当事人争议的实体法律关系。

② 参见李龙:《民事诉讼标的理论研究》，法律出版社 2003 年版，第 40—41 页。

③ 有关民事案由和诉讼标的关系的详细论述参见宋旺兴:《民事案由制度研究》，法律出版社 2014 年版，第 97—111 页。

④ 参见陈荣宗:《民事程序法与诉讼标的理论》，台湾大学法学图书编辑委员会，1984 年，第 336 页。

⑤ 参见吴英姿:《诉讼标的理论“内卷化”批判》,《中国法学》2011 年第 2 期。

同情形，情形不同，诉讼标的也不同。诉讼标的一元论认为股东会决议瑕疵诉讼的效力为统一的诉讼标的。诉讼标的相对论认为原告既可以将股东会决议的无效、撤销和不成立作为诉讼标的，也可以将整个股东会决议的效力作为诉讼标的。学者对三种有关股东会决议瑕疵诉讼的诉讼标的理论进行了较为深入的研究，但三种学说均有难以自圆其说之处，不过从现有理论争议来看，主要集中在选择了一种诉讼标的理论之后如何解决重复起诉、既判力客观范围、第三人程序保障以及如何区分三种股东会决议瑕疵诉讼的边界等方面。在司法实践中，我国不同地方法院观点并不统一，有的体现了诉讼标的三元论的观点[①]，有的体现了诉讼标的一元论的观点[②]。

上述三种有关股东会决议瑕疵诉讼的诉讼标的理论和实践争议，实际上涉及两个层面的问题。第一个层面是关于股东会决议瑕疵诉讼有几个诉讼标的的问题。股东会决议瑕疵诉讼并非只是一种诉讼，而是根据瑕疵分类的不同包括多个具体的诉讼种类，但同一股东会决议可具备多个诉讼的不同瑕疵事由。由于不同的诉讼种类均指向具有多个瑕疵的同一股东会决议，因此有学者认为股东会决议瑕疵诉讼仅具有一个诉讼标的，不同的具体诉讼种类在诉讼标的上具有同一性。[③] 多数学者认为，既然立法规定了不同的股东会决议瑕疵诉讼，且

---

① 例如，在马 × 勇、蒋 × 美与南京 ×× 光学仪器有限公司公司决议纠纷再审一案中，江苏省高级人民法院认为无效和不成立诉讼属于不同的诉讼，间接否认了诉讼标的一元论的观点，承认了三种股东会决议瑕疵诉讼的区别。具体内容参见江苏省高级人民法院（2017）苏民再 124 号民事判决书。

② 如徐州市中级人民法院认为，在尹 × 苹以徐州 ×× 工程机械有限公司一案中“已经发生法律效力的本院（2014）徐商终字第 0715 号民事判决书，已认定徐州 ×× 工程机械有限公司于 2008 年 12 月 21 日作出的股东会决议在程序上和内容上均不违反公司法的相关规定，合法有效，尹 × 苹请求确认该股东会决议无效的诉讼请求已被驳回。现尹 × 苹基于与前诉相同的事实和理由，虽然仅列徐州 ×× 工程机械有限公司为被告，提出‘依法确认徐州 ×× 工程机械有限公司于 2008 年 12 月 21 日作出的股东会决议不成立’的诉讼请求，但是本次起诉与判决已经生效的前诉的当事人、诉讼标的实质上相同，且本次提出的诉讼请求实质上否定前诉裁判结果，构成重复起诉”。具体内容参见徐州市中级人民法院（2017）苏 03 民终 8397 号民事裁定书。

③ 参见雷万来：《公司股东会议决议诉讼之诉讼标的》，民事诉讼法研究基金会：《民事诉讼法之研讨（十五）》，（台北）三民书局 2008 年版，第 126—129 页。

起诉事由等规定并不相同，应该有多个诉讼标的理论。不过从现有资料可以看出，学者的讨论主要集中在第一个层面。对于第二个层面的问题，即便学者在第一个层面问题上的观点有所不同，却更加倾向于将不同的起诉事由视为攻击防御方法，仅有个别学者认为不同的瑕疵事由构成不同的诉讼标的。① 当然，上述三种诉讼标的理论均有优缺点，我们也无力在现有股东会决议瑕疵诉讼诉讼标的理论的基础上创设新的理论，仅是在我国现有立法对股东会决议瑕疵诉讼种类规定的基础上，在现有理论框架内探讨如何在选择适合我国的股东会决议瑕疵诉讼诉讼标的理论的同时克服其不周延性。

第二节　股东会决议瑕疵诉讼的诉讼标的理论

诉讼标的三元论认为应当区分股东会决议无效、撤销和不成立三种不同情形，情形不同诉讼标的也不同。诉讼标的一元论认为，股东会决议瑕疵诉讼的效力为统一的诉讼标的。诉讼标的相对论认为原告既可以将股东会决议的无效、撤销和不成立作为诉讼标的，也可以将整个股东会决议的效力作为诉讼标的。本节旨在对三种股东会决议瑕疵诉讼诉讼标的理论内容进行梳理，为后文其适用中面临的困境做铺垫。

一、股东会决议瑕疵诉讼诉讼标的三元论

诉讼类型的划分与实体法上对权利类型的划分具有对应性。实体法根据权利的作用将其划分为请求权、支配权、抗辩权和形成权。② 与之相对应，诉讼法将诉讼分为给付之诉、确认之诉和形成之诉三种类型。对股东会决议瑕疵诉讼诉讼标的三元论的讨论建立在不同诉讼类型划分的基础之上。诉讼标的三元

① 参见杨建华:《问题研析民事诉讼法（二）》,（台北）三民书局 2010 年版，第 972 页；丁勇:《组织法的诉讼构造：公司决议纠纷诉讼规则重构》,《中国法学》2019 年第 5 期。

② 参见郭明瑞、房绍坤主编:《民法（第 4 版）》，高等教育出版社 2017 年版，第 28 页。

论认为股东会决议无效、撤销和不成立诉讼具有不同的诉讼标的，分别构成独立的诉讼。

（一）股东会决议无效诉讼的诉讼标的

对于股东会无效是否需要通过诉讼的方式进行确认存在争议。无效法律行为应自始无效、绝对无效，一般无须通过独立诉讼的方式确认无效。股东向公司主张此决议无效即可使股东会决议丧失效力，并非以提起股东会决议无效诉讼为必要。如在日本司法判例中股东会决议无效可以作为先决问题进行主张。① 理论上对股东会决议无效诉讼存在的解释是，因股东会决议效力的有无是法律关系变动的要件事实，对其效力的判断具有认定法律关系有无的价值，因而将其作为独立的诉讼类型。②

通说认为股东会决议无效诉讼为确认之诉，诉讼标的为决议无效。对股东会决议无效诉讼为确认之诉的定性，向来存在争议。传统观点认为确认之诉的对象为法律关系，因股东会决议无效诉讼确认的是股东会决议这一事实，因此不符合确认之诉的范围。但在特定情形之下确认之诉扩展到事实，如确认文书真伪之诉。台湾地区最新修改的“民事诉讼法”第 247 条将确认之诉的对象扩展到事实关系，为股东会决议无效诉讼作为确认之诉提供了法律依据。《日本公司法》第 830 条明确将股东会决议无效诉讼规定为确认之诉，认为股东会决议无效诉讼为形成之诉的观点主要是从判决效力扩张的视角，反向将其解释为形成之诉。此外也有将上述两种观点折中的见解。③

对股东会决议无效诉讼的讨论，基本路线是在立法对此诉讼形态进行规定的基础上，明确其为何种形态的诉讼。形成之诉说主要从对世效力的角度进行论证，确认之诉说主要从其具有的确认之诉的性质进行论证。当然，此种论证

---

① 参见 [日] 新堂幸司:《新民事诉讼法》，林剑锋译，法律出版社 2008 年版，第 152 页。

② 参见雷万来:《公司股东会议决议诉讼之诉讼标的》，民事诉讼法研究基金会:《民事诉讼法之研讨（十五）》，（台北）三民书局 2008 年版，第 131 页。

③ 谷口安平:「株主総会の決議を争う訴訟の訴訟物」、小山昇 · 中野貞一郎 · 松蒲馨等:『演習民事訴訟法』、青林書院、1987、273 頁。

的前提是确认之诉本身范围的扩张，不仅限于法律关系，还扩展到事实。在此基础之上，股东会决议无效诉讼的诉讼标的为确认股东会决议无效这一事实。

（二）股东会决议撤销诉讼的诉讼标的

股东会决议撤销诉讼基本上是基于股东会的召集程序、表决方式等违反法律或公司章程而设立的救济方式。公司法对股东会召集及决定方式的严格规定在于确保股东会正常运作的同时维护股东的利益。在诉讼标的三元论之下，有观点认为股东会决议撤销的具体事由分别构成独立的诉讼标的。如台湾学者杨建华基于台湾地区公司法将召集程序和决议方法违反法令或章程的规定作为股东会决议可撤销的事由，进而认为召集程序违法与决议方法违法是不同的诉讼标的。基于股东会决议撤销诉讼为形成之诉，按照形成之诉诉讼标的的观点，其在新、旧诉讼标的理论下的范围不同。传统诉讼标的理论认为形成之诉的诉讼标的为原告据以请求法院直接以判决形成某法律上效果的权利，其所形成的法律关系本身并非诉讼标的。原告形成某法律上效果的权利必有其原因事实，同一主体的形成权因发生的原因事实不同，若该事实均能独立形成法律上的效果，虽然仅具有同一目的但仍为数个形成权，有数个诉讼标的。如离婚诉讼原告主张数个法定离婚原因，虽然仅削减一婚姻关系，但在传统诉讼标的理论下仍为竞合合并。新诉讼标的理论认为形成之诉的诉讼标的不应受实体法上形成权概念的限制，应构成诉讼法上独自的概念。由于台湾地区实务上仍采用传统诉讼标的理论，召集程序或决议方法违反法令或章程为撤销股东会决议瑕疵诉讼的原因事实，两者基于不同原因事实产生的撤销权应为不同的形成权，在诉讼法上应为不同的诉讼标的。①

也有观点认为，请求撤销的法律地位才是独立的诉讼标的。② 将决议撤销的具体事由作为诉讼标的在一定程度上体现了旧实体法说将不同的实体法上的请求权作为独立的诉讼标的的理念。将请求撤销的法律地位作为独立的诉讼标

---

① 参见杨建华：《问题研析民事诉讼法（二）》，（台北）三民书局 2010 年版，第 970—971 页。

② 参见雷万来：《公司股东会议决议诉讼之诉讼标的》，民事诉讼法研究基金会：《民事诉讼法之研讨（十五）》，（台北）三民书局 2008 年版，第 122 页。

的在一定程度上体现了日本诉讼标的理论中诉讼法说将诉讼法上的地位作为诉讼标的的理念。对此，不同的撤销事由仅构成攻击防御方法的不同，并不能成为独立的诉讼标的。

需要说明的是，新、旧诉讼标的立场的不同并未直接导致股东会决议撤销诉讼诉讼标的的不同。通常意义上来说，旧诉讼标的理论认为形成之诉的诉讼标的为原告据以请求法院直接以判决形成某法律上效果的权利，其所形成的法律关系本身并非诉讼标的。原告形成某法律上效果的权利必有其原因事实，同一主体的形成权因发生的原因事实不同，若该事实均能独立形成法律上的效果，虽然仅具有同一目的，但仍为数个形成权，有数个诉讼标的。新诉讼标的理论认为形成之诉的诉讼标的不应受实体法上形成权概念的限制，应构成诉讼法上独立的概念。但在日本，即使坚持旧诉讼标的理论的学者也有将抽象的决议瑕疵解释为诉讼标的的见解，新诉讼标的理论的坚持者中也持主张召集程序瑕疵和决议方法瑕疵构成不同的诉讼标的的观点。[①]

（三）股东会决议不成立诉讼的诉讼标的

之所以将股东会决议不成立诉讼作为独立的诉讼类型在于此诉讼一般作为原告主张其他权利的前提事实。如股东可主张转让股东股权的股东会决议不成立，对公司擅自转让股东股权的行为要求其作出赔偿。为了防止法院在不同的诉讼中可能对股东会决议是否存在作出矛盾的认定，因而通过单独诉讼的方式进行确认，恰当地解决纷争并防止司法资源的浪费。除了决议本身不成立之外，有关股东会决议不成立诉讼的事由和股东会决议撤销诉讼的事由有时难以区分。股东会决议不成立诉讼扩大判决效果和防止滥诉的方式与股东会决议无效诉讼相同。

对于股东会决议不成立的诉讼标的，德国和台湾地区并无论述，原因在于其并无股东会决议不成立诉讼这一诉讼形态。从前文对股东会决议无效和撤销

---

① 佐藤鉄男：「株主総会の決議を争う訴訟の訴訟物」、青田善充·伊藤真：『民事訴訟法の争点(第3版)』、有斐閣、1998、148－149頁。

诉讼诉讼标的争论的梳理来看，按照学术界的通说，一般应当认为请求确认股东会决议不成立的法律地位是诉讼标的，对于不成立的具体事由仅是不同的攻击防御方法，均是为了达成股东会决议不成立这一法律效果。

从对三种股东会决议瑕疵诉讼诉讼标的的论述可以看出，诉讼标的三元论以三种股东会决议瑕疵诉讼的独立存在为前提，在确定其独立存在具有必要性的基础上再讨论各自的诉讼标的问题。具体的事由能否构成诉讼标的的问题不仅在股东会决议瑕疵诉讼中存在，在婚姻诉讼或再审之诉等诉讼形态中也同样存有争议。此种争论固然存在对诉讼标的本身的争论，也体现了具体的诉讼形态中的价值取舍。换句话说，即便学术界认为不同的事由并不能构成独立的诉讼标的，仅能作为不同的攻击防御方法，但若立法明文规定不同的起诉事由构成独立的诉讼标的，学术界也只能对此进行强烈的批判，仍不能撼动随之而来的司法实践。

我们的观点与通说保持一致，认为在股东会决议瑕疵诉讼中请求确认股东会决议无效、可撤销和不成立才是三种诉讼的诉讼标的。一方面，从诉讼稳定性角度考量，若将不同的起诉事由作为独立的诉讼标的，则意味着不同事由的变更导致诉的变更。更为严重的是，在一种起诉事由诉无理由时，原告仍可基于不同的事由提起新的诉讼且不构成重复诉讼。另一方面，从股东会决议瑕疵诉讼特殊性考量，不同起诉事由构成独立诉讼标的潜伏着出现大量诉讼的危机，在无别诉禁止规定的情形下，不同原告或同一原告在法院基于一种事由作出实体裁判后，可基于其他事由再行提起诉讼，使股东会决议的效力难以获得确定，并且容易引发矛盾判决。[①]

① 当然，对于离婚诉讼，我国《民事诉讼法》第 127 条第 7 款规定：在没有新事实新理由的情况下，法院对此不得受理。此时可以理解为我国立法认为不同的事由构成不同的诉讼标的。但经过六个月的期间，又允许当事人再行起诉，进而打乱了诉讼标的体系，使得仅仅经过一定的期限后，即便是后诉与前诉属于同一诉讼标的，仍可提起新的诉讼而不受前诉既判力遮断。对此，我们认为只能将其看作一种特殊的立法规定，或许立法者在制定此实体法规则时并未考量诉讼法上的诉讼标的理论和其他诉讼理论逻辑上的一贯性，而是从婚姻诉讼的特殊性出发制定了此规则。因此，在此规则的基础上试图通过诉讼标的理论给出一个合理的阐释只不过是学者的美好期待。至少，现有的诉讼标的理论均无法对此给出一个圆满的解释。

二、股东会决议瑕疵诉讼诉讼标的一元论

诉讼标的一元论认为，诉讼标的应该是特定决议的效力。诉讼标的一元论并未否认现行立法对于股东会决议瑕疵诉讼的分类，适格原告可基于具体的事由提起股东会决议无效或撤销等某一种股东会决议瑕疵诉讼。无效、撤销和不存在不具有诉讼标的的资格，仅为攻击防御方法，与此相关的争论是攻击方法能否作为判决理由被采纳。[①] 根据诉讼标的一元论的观点，无论是股东会决议无效诉讼还是股东会决议撤销或不成立诉讼，原告提起诉讼的目的均是通过请求法院以判决的方式否定该股东会决议的效力。诉讼标的一元论认为就特定公司股东会决议的内容，宣告否认该特定决议的内容为诉讼标的的内容，原告仅以股东会决议的时间和内容特定诉讼标的。

诉讼标的一元论内部出现了进一步的分化，一种是将三种诉讼全部理解为形成之诉的一元论。该观点认为考虑到尊重外观和现有状态以及团体法律关系划一的要求，决议无效诉讼实质上属于形成之诉，不能通过诉讼以外的方法主张决议无效，类推适用的决议不成立之诉也同样是形成之诉。[②] 另一种是将三种诉讼全部理解为确认之诉的一元论。该观点认为形成之诉实际上是确认之诉的一种特殊情形，股东会决议撤销诉讼应属于确认之诉，应当将股东会决议无效、撤销和不成立诉讼作一元化的处理，此时也不存在对股东会决议无效诉讼是形成之诉还是确认之诉的争论。[③] 还有一种观点认为确认之诉和形成之诉并非绝对的概念，仅为一种手段性概念。股东会决议瑕疵诉讼既不是形成之诉也不是确认之诉，而是处于确认之诉与形成之诉之间的包含确认与形成在内的复合形态。[④]

---

① 小山昇:『訴訟物の研究』、信山社、1994、202頁。

② 西原寛一「株主総会決議不存在確認の訴の特質」、『法学教室』第3号、1962、57－61頁。

③ 参见陈桂明、李仕春:《形成之诉独立存在吗：对诉讼类型传统理论的质疑》,《法学家》2007年第4期。

④ 霜島甲一:「総会決議の取消·無効を主張する訴訟の訴訟物」、鈴木忠一·三ケ月章:『実務民事訴訟講座5』、日本評論社、1970、3－28頁。

诉讼标的一元论的提出主要基于三种股东会决议瑕疵诉讼界限不明和一次性解决纠纷的需要。我国在《公司法解释（四）》制定过程中对股东会决议瑕疵问题的规定进行了多次调整。最初条文根据《公司法》的规定对决议无效和可撤销的情形作了明确规定，将未召开股东会但形成决议、表决不符合规定等情形纳入决议无效的范畴，之后又将上述情形作为决议不存在或未形成有效决议的事由，后来又将决议不存在与未形成有效决议进行区分，最后将不存在与未形成有效决议合并为决议不成立。根据条文的演变可以看出，《公司法解释（四）》对决议瑕疵的分类总体上经历了从“二分法”到“三分法”到“四分法”再到“三分法”的过程。①

立法过程的反复也反映了对不同种类股东会决议瑕疵诉讼进行区分存在一定的难度和争议。股东会决议撤销诉讼和股东会决议不成立诉讼均存在程序瑕疵事由，但一般认为严重的瑕疵事由导致股东会决议不成立，而较为轻微的瑕疵事由导致股东会决议可撤销。如已经卸任的董事长召集股东会作成的决议应提起股东会决议撤销诉讼还是股东会决议不成立诉讼？对于股东会散会之后滞留会场的股东作出的修改公司章程的决议，是应该提起股东会决议无效诉讼还是股东会决议不成立诉讼？我国股东会决议撤销诉讼起诉事由不仅包括程序性事项，还包含决议内容违反公司章程这一事由，因而与股东会决议无效诉讼中违反法律、行政法规存在重合的可能性。因此，三种股东会决议瑕疵诉讼本身存在难以区分的状况。虽然学术研究和立法可进行理论上的区分，但实践中各种复杂的情形难以如立法者所愿。若原告必须从中择一起诉，则有可能因选择不当而败诉。因此，三种股东会决议瑕疵诉讼诉讼界限不明成为一元论的理论依据之一。

股东会决议瑕疵诉讼诉讼标的一元论的出现也顺应了一次性解决纠纷的需要。诉讼上的纠纷不仅应当被解决，也应当被一次性地解决。纠纷的一次性解决在民事诉讼中是实现“案结事了”的重要内容。纠纷的一次性解决减少了当

---

① 参见杜万华主编:《最高人民法院〈公司法司法解释（四）〉理解与适用》，人民法院出版社 2017 年版，第 144 页。

事人的讼累，节约了司法资源。纠纷的一次性解决也有助于避免相互矛盾的判决，进而维护司法的权威。纠纷未能一次性解决的原因众多，既有当事人诉讼能力不足的原因，也存在当事人对诉讼制度恶意利用的情形。[①] 司法介入公司自治可以弥补公司自治本身的局限性，但司法介入应当克制，一次性解决纠纷有助于降低司法对公司自治干预的频率。

在诉讼标的三元论之下，如果原告基于A瑕疵起诉主张股东会决议可撤销，在法院驳回其诉讼请求之后原告如果再以同样的瑕疵提起股东会决议不成立诉讼应如何处理？因为诉讼标的不同，原告此举并未构成重复诉讼，在法无明文禁止的情况下应予许可。虽然我国《公司法》规定股东会决议撤销诉讼应在决议作出之日起六十日内提出，但对股东会决议无效和不成立诉讼并未规定期限，即原告可以在诉讼时效期间内提起。在此种情况下，若原告基于同一事由先后分别提起股东会决议无效、撤销和不成立诉讼，由于后诉无法被前诉的既判力所遮断，只能导致被告不断地应诉。诉讼标的三元论一旦被股东利用，将十分不利于公司决策和经营的稳定。

此外，若秉持诉讼标的三元论的观点，如果原告首先基于A事由提起股东会决议撤销诉讼，之后再主张B事由提起股东会决议不成立诉讼，此时构成诉的变更或追加。此时因主张事由导致诉的变更或追加对原告有苛刻之嫌，并且也会造成诉讼的拖延。因此，采用诉讼标的一元论可以避免原告因诉讼形式选择不当而败诉，并且原告主张的瑕疵事由均为攻击防御方法，追加事由并不导致诉的变更或追加，法官仅需对股东会决议效力进行认定。

三、股东会决议瑕疵诉讼诉讼标的相对论

诉讼标的相对论最初由台湾学者邱联恭提出，但并非台湾地区所独有，德日早有“相对的诉讼标的理论”，但未形成通说，也未被实务界采纳。[②] 根据

---

① 参见北京市第一中级人民法院课题组：《关于建立民事审判“纠纷一次性解决机制”的调研报告》，《法律适用》2013年第1期。

② 参见李木贵：《民事诉讼法（上）》，（台北）元照出版有限公司2007年版，第4—128页。

台湾地区新“民事诉讼法”第428条、436条之23的规定，对于小额诉讼程序，原告在起诉时仅表明请求原因事实即可，此规定被认为是台湾地区采用诉讼标的相对论的法律依据。诉讼标的相对论认为，基于民事诉讼中的处分主义原则，原告具有特定诉讼标的的权利与责任。为平衡原告的实体利益和程序利益，使原告的权利不因诉讼程序遭受额外的耗损，诉讼标的具有选择性和相对性。原告不但可以选择以旧诉讼标的理论下实体法上的请求权作为诉讼标的，也可以选择以新诉讼标的理论下的给付地位作为诉讼标的，甚至可以选择以纷争事实本身作为诉讼标的。通过原告选定诉讼标的的方式，划定平衡原告实体利益和程序利益的审判对象范围，避免诉讼标的范围过小或过大给原告造成的不利益。①

诉讼标的相对论强调法官在诉讼中的阐明义务，台湾地区在2000年修订“民事诉讼法”时增设199条之1的规定，明文加重法官的阐明义务，不仅包括对当事人陈述的事实，而且应就法律上的观点进行阐明，以便原告斟酌其实体利益及程序利益而择定请求法院进行审判的范围及主张，并配合修正第244条及第255条的规定，一方面放宽允许诉之变更追加的范围，另一方面允许原告于起诉时仅先表明其请求的最低金额，嗣后再予以扩张。此等规定均旨在便于原告主张实体权利并保护其程序利益。② 在被告抗辩能否扩张诉讼标的方面，相对论内部存在分化。一种观点认为诉讼标的范围的决定必须兼顾被告的利益，法院实质审理的对象会随着被告提出防御事由及方法而变动，被告抗辩可以扩张诉讼标的。③ 另一种观点认为诉讼标的仅由原告确定。若诉讼标的的择定未征得被告同意或两方当事人合意，则诉讼权的行使难受保障，诉讼制度的使用将无端受阻，失去制度存立的依凭。④

基于诉讼标的相对论，在股东会决议瑕疵诉讼中，为赋予原告平衡兼顾实体、程序利益的机会，肯定原告将搜证不完备、举证困难的瑕疵原因事实排除

① 参见邱联恭:《司法之现代化与程序法》,(台北)三民书局2001年版，第213—217页。
② 参见黄国昌:《民事诉讼理论之新开展》，北京大学出版社2008年版，第341页。
③ 参见黄国昌:《民事诉讼理论之新开展》，北京大学出版社2008年版，第352页。
④ 参见许士宦:《新民事诉讼法》，北京大学出版社2013年版，第76页。

在法院审判对象之外。若A、B、C三个事由分别涉及三类诉讼的瑕疵，此时判定诉讼标的的范围也应贯彻尊重原告行使处分权、选择权的范围，可将决议的无效、撤销或不成立作为诉讼标的。如果原告将三个诉讼标的一起主张，可以用预备合并或选择合并的方式将诉讼合并。原告也可以选择将整个决议效力的否定作为诉讼标的，将A、B、C三个事由作为攻击防御方法。若原告采用决议无效、撤销或不成立作为诉讼标的，原来主张A、B的事由，在经过双方当事人的攻击防御或证据调查发现C事由的存在，此时可容许原告为诉之变更、追加而把C事由加进来，或者把诉讼标的扩大成对整个决议效力的否定。

第三节　股东会决议瑕疵诉讼诉讼标的理论的困境

诉讼标的三元论的缺陷在于无法通过传统的诉的分类及其效力对判决效力的扩张作出合理解释，无法通过理论自身解决可能面临的重复诉讼问题。诉讼标的一元论忽视了三种决议之诉在具体要件上的差异，且既判力遮断范围过于宽泛。诉讼标的相对论加重了法官的阐明义务，也导致诉讼标的和既判力客观范围确定上的困难。总体而言，三种股东会决议瑕疵诉讼的诉讼标的理论在具有某些优势的同时也面临无法克服的困境。本节将对其面临的困境进行详细论述。

一、股东会决议瑕疵诉讼诉讼标的三元论的困境

从诉讼界限的角度，虽然立法规定了股东会决议无效、撤销和不成立诉讼，但三者并非泾渭分明，原告在起诉时有时难以区分。根据法律的规定，无效诉讼为确认股东会决议不具有法律意义上的效力，股东会决议撤销诉讼为撤销已经存在但程序上有瑕疵的诉讼，股东会决议不成立诉讼为确认法律意义上不成立的诉讼。三种诉讼看似界限分明，但仍存在难以区分的现象。由此产生的后果是在诉讼标的三元论下，当事人有时难以选择正确的诉讼类型，也增加

了法官审理上的困难，致力于摆脱此种困境也是诉讼标的一元论得以立论的依据之一。

从法律效果上看，在诉讼标的三元论之下，通说认为股东会决议无效和不成立诉讼均为确认之诉，但股东会决议无效和不成立的后果均是不产生法律上的效果，两种不同的诉讼类型在判决导致的后续结果上有何区别是值得深思的。若股东会决议既存在无效事由也存在撤销事由，对于已经由法院宣告撤销的股东会决议，按照诉讼标的三元论的逻辑，适格原告可以再行提起股东会决议无效诉讼。虽然前后两个诉讼在性质上可以并存，但是否具有权利保护的必要性仍有待进一步论证。

诉讼标的三元论面临的最大问题是重复诉讼问题。撤销诉讼在理论上为形成之诉，且有较短的时效限制。即便是不同的适格原告分别针对同一股东会决议提起了撤销诉讼，法院也可以合并审理。若后诉未过时效，法院也可以基于形成判决的对世效力驳回后诉。通说认为股东会决议无效和不成立诉讼作为确认之诉，判决仅具有相对效力。对上述两种诉讼的确认判决特殊地赋予对世效力可以在很大程度上解决重复诉讼问题，但已经超出了仅根据诉讼标的理论调整的范畴，需要立法特别规定。

基于诉讼标的三元论，同一适格原告可以基于不同或相同的事由分别提起三种诉讼。对由此可能导致的重诉，可以通过诉的客观合并予以缓解。对此，台湾地区在司法实践中已有运用，从统计数据来看，在司法实践中原告主要通过预备合并和选择合并的方式提起相关诉讼。但是，应该清醒地认识到，诉的客观合并制度仅能在一定程度上克服诉讼标的三元论的弊端，并不能从根本上解决其面临的困境。此种困境从旧诉讼标的理论修正的角度就可以略窥一二，日本学者提出通过选择性合并来消解旧诉讼标的理论带来的重复诉讼问题，但此种修正仅是延缓了旧实体法说的衰退，使旧实体法说的体系更加合理，未能阻止其被其他诉讼标的理论取代通说地位的历史洪流。究其原因，立法并未强制原告进行诉的客观合并，若当事人执意不合并，依旧不能阻止同一当事人针对同一股东会决议提起诉讼标的不同的后诉。

当然，学术界对诉讼标的三元论的批判具有一定的合理性，这也是该理论面临的困境。但是，也应该看到以下几个方面：（1）从诉讼界限的角度，或许不同种类的股东会决议瑕疵诉讼之间的界限在有些情况下难以区分，但毕竟是少数。若真出现此种情形当事人通过法官释明及其律师代理制度也可以得到较为圆满的解决。立法对于不同种类诉讼的情形一般进行了较为清楚的规定，此种特殊情形不应该成为决定选择何种诉讼标的理论的关键因素。（2）从法律效果的角度，虽然股东会决议无效、撤销和不成立诉讼最终的结果均是对股东会决议效力的否认，但仍有细微的区别。因为在法院宣告股东会决议效力之前，其产生的实体法上的效果并不相同。法院对股东会决议撤销诉讼起诉时限的特殊规定也表现了立法上的区别对待。因此，不能以诉讼法上法律效果的相似掩盖实体法上最初效果的不同。（3）从减少重复诉讼的角度，虽然并不能完全消除此种情形的发生，但通过诉的客观合并确实可以起到一定的缓和作用。

二、股东会决议瑕疵诉讼诉讼标的一元论的困境

虽然诉讼标的一元论有利于一次性解决纠纷，但股东会决议无效、撤销和不成立诉讼在具体要件事实上并不相同。对于股东会决议撤销诉讼的起诉期间，中国大陆《公司法》第22条规定为六十日，台湾地区“公司法”第189条规定为三十日。对于股东会决议无效和不成立诉讼并无期间限制，应认为股东会决议无效和不成立诉讼受诉讼时效的规制，起诉期限为三年。因此，将不同诉讼时效的三种诉讼形态合而为一存在理论上的障碍，诉讼标的一元论对此难以自圆其说。

此外，若原告首先基于A事由提起股东会决议无效诉讼，六十日起诉期限届满后原告能否再基于B事由追加股东会决议撤销诉讼？或者是原告首先基于A事由提起股东会撤销诉讼，能否在六十日期限届满后再追加新的撤销事由？基于法律关系的安定性，诉讼标的一元论认为应当将所有的瑕疵事由一并提起。此举既可以避免证据资料因时间原因而散失，也有利于被告进行有效的攻击防御。但是，对于原告未在六十日内主张的撤销事由，因为诉讼已经提起，因而有观点认为作为客观存在的事由，应允许原告进行追加，一昧的禁止

对原告要求过于苛刻，并且会减损诉讼标的一元论下的救济目的。[①] 不过，有观点认为立法对股东会决议撤销诉讼起诉期间的限制实质在于限制当事人的主张，这种限制应当被理解为“随时提出主义”的例外，因而在撤销期间届满后就不能追加主张撤销事由。[②] 也有观点从裁量驳回制度的角度进行分析，认为公司立法对股东会决议撤销诉讼规定了裁量驳回制度[③]，或许是立法者不太希望股东通过撤销诉讼的方式干扰公司的正常营运，此种情形下期限经过后再追加未提起的撤销事由存在疑问。

根据诉讼标的一元论，若原告提起请求股东会决议无效诉讼，即使提出的是撤销决议的理由，法院也应予准许。若原告因此败诉，因决议效力获得确定，当事人不得就决议效力再行争执，即不得再提起股东会决议撤销或不成立诉讼。此种情形下，诉讼标的一元论实质上是对原告提出了较诉讼标的三元论更高的要求，原告必须在起诉时选择适合的诉讼类型和攻击防御方法，任何一项疏忽均有可能导致后诉被前诉遮断，失去救济的可能性。诉讼标的一元论并未解决三种股东会决议瑕疵诉讼之间事由界限不清的问题，只是单纯通过宽泛的诉讼标的认定标准来杜绝重诉的出现。

诉讼标的一元论以股东会决议瑕疵作为三种诉讼的基础原因事实，以请求法院否定该决议的效力作为共同的诉讼标的。诉讼标的一元论认为此种诉既不是形成之诉也不是确认之诉，而是一种特殊种类的诉，包含确认之诉和形成之诉在内的一种复合形态的诉讼类型。[④] 此种学说虽然可以一次性解决纠纷，解决诉讼标的三元论面临的既判力主客观范围不易界定的问题，但加重了往往作为弱势方的原告的责任。为了防止救济可能性的丧失，原告更有可能在诉讼中

---

① 中島弘雅:「株主総会決議無効確認訴訟における取消判決の許否: 最高裁昭和 54 年 11 月 16 日第二小法廷判決を機縁として」、『商学討究』第 33 巻第 4 号、1983、89 頁。

② 参见 [日] 高桥宏志:《民事诉讼法：制度与理论的深层分析》，林剑锋译，法律出版社 2003 年版，第 65 页。

③ 如《日本公司法典》第 831 条第 2 款，中国大陆《公司法解释（四）》第 4 条，台湾地区“公司法”第 189 条之 1。

④ 参见 [日] 高桥宏志:《民事诉讼法：制度与理论的深层分析》，林剑锋译，法律出版社 2003 年版，第 65—66 页。

合并提起三种诉讼，并不分界限的罗列出所有的事由交由法官进行区分和裁决。这种诉讼方式违背了规范出发型诉讼构造下以要件事实为中心的审判模式，此亦是诉讼标的一元论面临的困境。

诉讼标的一元论在当事人适格层面也遇到了困难。立法对于不同的股东会决议瑕疵诉讼规定了不同范围的适格原告，立法一般倾向于限制股东会决议撤销诉讼适格原告的范围，对股东会决议无效和不成立诉讼规定了较宽泛的适格原告。我国《公司法》第22条规定股东会决议撤销诉讼的适格原告是股东，而对于股东会决议无效和不成立诉讼公司股东、董事和监事均有权提起。因而将不同适格原告的诉讼进行诉讼标的的统一化存在理论上难以克服的障碍。

从以上诉讼标的一元论的观点可以看出，其致力于消除诉讼标的三元论面临的理论困境，但又遇到了新的难题。一方面，虽然具有三种股东会决议瑕疵诉讼，但均是针对同一股东会决议。诉讼标的一元论的出现的确可以有效防止重复诉讼。另一方面，立法规定的三种股东会决议瑕疵诉讼在适格原告和起诉事由等方面存有不同，采用诉讼标的一元论在一定程度上模糊了三种诉讼之间的界限并在既判力范围上过于扩张。因此，对于诉讼标的一元论和三元论面临的不同困境，有学者试图通过诉讼标的相对论予以解决。

三、股东会决议瑕疵诉讼诉讼标的相对论的困境

诉讼标的理论与实体法上的请求权具有密切的关系。诉讼法上的请求权最初与实体法上的请求权一体，随着诉讼的发展逐渐独立。[①] 无论是在我国实践中居于主导地位的旧实体法说还是新实体法说，均在实体法上的请求权基础之上构建了一个涉及当事人适格、诉讼标的、既判力、重复诉讼规制等的一以贯之的体系。诉讼标的相对论对诉讼标的的界定基于当事人程序利益的保障。此理论似乎认为对程序利益的保障超出了维持民事诉讼标的理论和相关理论的衔接与稳定性。诉讼标的相对论看似解决了新、旧诉讼标的理论的困境，实际上

① 参见段厚省:《民事诉讼标的论》，中国人民公安大学出版社2004年版，第191页。

兼具了新、旧诉讼标的理论的所有缺陷，使诉讼标的和既判力客观范围的界定更加混乱。

即使依据传统的诉讼标的学说，原告在起诉时也应当考虑选择何种诉讼标的对其较为有利，在这方面采诉讼标的相对论难以有更加优越之处。即使当事人采取了诉讼标的相对论，对当事人和法院来说判断诉讼标的均存在一定的难度。若原告仅在诉讼中表明法律上的依据，并未明确其是否以实体法上的请求权为诉讼标的，此时法官需要确定原告选择何种（具体或概括）诉讼标的，因而容易造成诉讼的拖延。如果原告选择实体法上的请求权作为诉讼标的，仍面临旧实体法说下请求权竞合的困扰。如果原告选择概括的受领地位作为诉讼标的，则产生法院判决如何反映实体法的困难。诉讼标的相对论并不能解决新旧实体法说面临的理论困境。[①]

在诉讼标的相对论下，原告在特定诉讼标的或者决定既判力客观范围上应当被赋予什么样的权限是值得深思的。若法官认为原告提出的法评价有误，对原告加以适度的阐明，此时原告是否有权限进行保留，在另外的诉讼中进行处理？若赋予原告如此强大的程序选择权，对被告的保护是否足够？应该如何兼顾纠纷的一次性解决理念？除非对现有的判决书制作方式作出革新，要求法院对诉讼标的加以改变，否则此理论的适用将可能发生法官阐明义务范围的困难。在案件作出裁判后，在判决后诉是否受前诉判决效力所及时，也会发生认定上的困难。[②]

证明困难是诉讼标的相对论重要的理论依据之一。若原告有证明困难的实体法上的权利而不能将其排除在外，则会耗费更多的精力、时间、费用去证明此权利，将招致程序上的不利益，侵害系争外财产权及自由权。[③]但是，证明困难是一个独立的、不论采何种诉讼标的理论均会面临的问题。根据辩论主义的要求，负有主张责任的当事人理应提供证据证明其主张，负有证明责任的一

① 参见吕太郎：《民事诉讼之基本理论（一）》，（台北）元照出版有限公司2009年版，第162页。
② 参见姜世明：《民事诉讼法基础论》，（台北）元照出版有限公司2012年版，第100页。
③ 参见邱联恭：《程序利益保护论》，（台北）三民书局2005年版，第47页。

方当事人也理应在要件事实真伪不明的情形下承担不利的风险。除非立法作出明确规定，否则在理论上难以允许原告单独将有证明困难的特定实体法上的请求权排除于诉讼标的范围之外，股东会决议瑕疵诉讼亦是如此。若因证明困难采取诉讼标的相对论，则会导致辩论主义以及证据制度名存实亡。

采用诉讼标的相对论还存在原告滥用诉讼程序、浪费诉讼资源的可能性，面临原告一方面将诉讼标的限定于某特定事由或实体法权利，另一方面在诉讼系属中就支持同一经济上目的请求的其他事由或实体法权利另行提起新诉的问题。根据诉讼标的相对论，前后诉并非同一诉讼标的，因而不构成重复起诉。虽然此时法院应尽量将前后提起的诉讼合并于同一诉讼程序中审理，但无法单纯从诉讼标的角度提供理论上的支撑。在股东会决议瑕疵诉讼中，由于公司内部利益关系复杂，更有可能出现原告基于诉讼标的相对论滥用诉讼程序的可能性。

由此可见，虽然诉讼标的三元论和一元论均有各自的缺陷，但至少具有统一的标准，诉讼标的相对论在基于当事人程序保障的基础上打破了常规。从诉讼标的理论的演进过程来看，诉讼标的相对论从未占据通说地位，并且学者对于诉讼标的相对论的讨论主要集中在婚姻诉讼中。即便在某些特殊的诉讼领域基于对当事人程序权的保障采用诉讼标的相对论，也不应将此理论应用于具有社会公益性的股东会决议瑕疵诉讼中。因此，应当在诉讼标的三元论和诉讼标的一元论中选择一个较为合适的，并通过与其他诉讼制度的配合与衔接尽其所能地克服其不足之处。

第四节　股东会决议瑕疵诉讼诉讼标的理论的出路

虽然前文论及股东会决议瑕疵诉讼诉讼标的三元论具有容易引发重复诉讼和矛盾判决的弊端，但诉讼标的一元论和相对论也并非尽善尽美。在综合考量各种因素的基础上，我们坚持股东会决议瑕疵诉讼诉讼标的三元论的定位。借鉴德国立法，对于诉讼标的三元论下可能出现的重复诉讼和矛盾判决，可以通过诉的客观合并的方式予以缓解，并确立另诉禁止规则，在此基础上辅之以完善的法官阐明和告知制度。

一、股东会决议瑕疵诉讼诉讼标的理论的定位

在诉讼标的三元论之下，股东会决议无效、撤销和不成立诉讼均有其存在的必要性。三种诉讼事由不同，要件不同，诉讼时效不同，后果也不同。《公司法》和《公司法解释（四）》对这三种诉讼类型进行了规定，从立法上承认了诉讼标的三元论。虽然诉讼标的一元论有利于一次性解决纠纷，但此理论无法调和三种诉讼类型之间的差异性。诉讼标的一元论意味着将分别作为形成之诉与作为确认之诉予以对待的两种诉讼类型的诉讼标的一元化，此种一元论与通说观点发生了冲突。并且，诉讼标的一元论广泛的既判力遮断范围对原告提出了过高的要求。诉讼标的相对论考虑到了原告的程序利益和证明困难的情形，赋予原告选择诉讼标的的权利。然而，浮动的诉讼标的理论使既判力客观范围具有不确定性，这在涉及公司经营稳定的股东会决议瑕疵诉讼中更加让人难以“容忍”。基于我国立法对股东会决议无效、撤销和不成立三种诉讼分别进行了规定，加之诉讼标的一元论、相对论的缺陷，我们赞同诉讼标的三元论。

《公司法》和相关司法解释制定过程中并未采用诉讼标的的概念，或许也未想到实体法上单纯的行为规范会给诉讼和裁判带来何等困难。最高人民法院倾向于认为针对公司同一次议提起的股东会决议无效、撤销及不成立诉讼的诉讼标的是同一的，因为对于同一个决议不应当同时存在无效、撤销和不成立的情形。[①] 对于最高人民法院的此种观点，应当从以下两个方面进行分析。第一，根据《公司法》和相关司法解释，无法得出我国对股东会决议瑕疵诉讼的诉讼标的采取了一元论和相对论。最高人民法院的上述观点并未否定诉讼标的三元

---

① 参见杜万华主编:《最高人民法院〈公司法司法解释（四）〉理解与适用》，人民法院出版社2017年版，第93页。

论。第二，若原告对公司的同一决议提起决议无效、撤销及不成立诉讼，此时应为诉的客观合并，虽然法院应当对股东会决议的效力作出统一的认定，但不应当认为此时的诉讼标的只有一个。

正如前文所述，诉讼标的三元论并非尽善尽美。诉讼标的三元论容易造成重复诉讼和矛盾判决，而且此种情形也可能存在于诉讼标的相对论中。对于诉讼标的三元论的缺陷，在诉讼法上可以通过诉之合并的方式予以克服，并辅之以完善的法官阐明和诉讼告知制度。股东会决议瑕疵诉讼的复杂性决定了单凭诉讼标的理论无法圆满地解决实践中面临的各种问题，诉讼标的理论作为民事诉讼制度中的一个概念功能有限，而且其功能的发挥也依赖于其他制度的有效配合，因而应当让诉讼标的理论走出“屠龙术”的困境。[①] 对于股东会决议瑕疵诉讼的效力，或许最佳的选择是通过立法进行强制性的规定，在这方面，《德国股份公司法》中的诉的客观合并制度具有诸多值得借鉴之处。[②]

二、股东会决议瑕疵诉讼中诉的客观合并制度设计

大陆法系国家学者基于不同的诉讼标的理论对诉的客观合并有不同的分类。旧实体法说学者一般将诉的客观合并分为单纯合并、预备合并、竞合合并和选择合并。诉讼法说学者一般将诉的客观合并分为单纯合并、预备合并。诉讼中的诉的客观合并包括诉讼标的的追加、反诉和中间确认之诉。应在坚持旧

---

① 参见吴英姿:《诉讼标的理论“内卷化”批判》,《中国法学》2011 年第 2 期。

② 诉的客观合并的研究有助于深化对诉讼标的的认识，在一定程度上缓解了旧诉讼标的理论下请求权竞合的理论困境。《民诉法解释》第 247 条对重复起诉标准的规定并不能从根本上解决司法实践中面临的重复诉讼问题。参见张卫平:《重复诉讼规制研究——兼论“一事不再理”》,《中国法学》2015 年第 2 期。诉的客观合并在诉讼中的广泛适用有助于增加一次性解决纠纷的可能性，从而减少重复诉讼的发生。在旧实体法说下，诉讼标的理论与民法上的实体请求权息息相关，因而对诉的客观合并的研究也有利于推动我国民事程序法与民事实体法研究的衔接，促使立法机关在民法典编纂的过程中兼顾与民事诉讼法的对接与统合。参见张卫平:《民法典与民事诉讼法的连接与统合——从民事诉讼法视角看民法典的编纂》,《法学研究》2016 年第 1 期。因此，应在坚持股东会决议瑕疵诉讼诉讼标的三元论的基础上对股东会决议瑕疵诉讼诉的客观合并制度进行设计。

诉讼标的理论的基础上，对诉的客观合并制度在股东会决议瑕疵诉讼中诉的应用进行讨论。但诉的客观合并并不能解决诉讼标的三元论下股东会决议瑕疵诉讼中面临的所有困境，除此之外，还应借鉴大陆法系国家人事诉讼中的别诉禁止制度。

（一）诉的客观合并的分类

1. 旧实体法说下的诉的客观合并

旧实体法说学者一般将诉的客观合并分为单纯合并、预备合并、竞合合并和选择合并。单纯合并指同一原告对于同一被告，以一诉状同列数宗诉讼，向法院请求为判决诉讼之合并。单纯合并包括无牵连的单纯合并和有牵连的单纯合并两种情形。有牵连的单纯合并包括法律上的相牵连和事实上的相牵连。如原告基于和被告之间的买卖契约合并提起给付买卖标的物以及请求给付违约金即为法律上的相牵连，原告基于订立买卖和承揽的合同请求被告给付买卖价金和承揽报酬即是事实上的相牵连。①

预备合并是指相同原告对相同被告主张两个以上理论上不能兼容的诉讼标的及诉的声明，在同一诉讼程序中合并起诉，并就各诉讼标的和诉之声明定有先后顺序，在先的诉（主位请求）无理由时就请求就后位的诉（预备性请求）进行判决，如果在先的诉有理由则不请求就后位的诉作出判决。② 对于预备合并中的主位请求和预备请求是否必须兼容，存在不同观点，德国通说和司法实务认为两者不必存在排斥关系，日本和台湾地区通说认为两者具有互斥关系。③ 对于不具有排斥关系的合并，台湾地区有学者将其称为类似的预备合并，以和其所坚持的诉讼标的和诉之声明不能兼容的预备合并相区分。④

---

① 参见陈计男：《民事诉讼法论（上）》，（台北）三民书局 2006 年版，第 235 页。

② 如原告请求法院交付买卖标的物，因被告进行契约已经解除的抗辩，因此原告预备请求被告依解除契约恢复原状的效果，返还原先交付的买卖价金。参见杨建华：《民事诉讼法要论》，郑杰夫增订，北京大学出版社 2013 年版，第 216—217 页。

③ 参见罗水平、熊洋：《论客观的预备合并之诉及对我国立法之借鉴》，《求索》2009 年第 9 期。

④ 参见杨建华：《重叠（竞合）诉之合并与选择合并（之一）》，民事诉讼法研究基金会：《民事诉讼法之研讨（三）》，（台北）三民书局 1988 年版，第 271 页。

竞合合并又称“重叠性合并”，即原告合并起诉主张数请求，以单一之声明达其数请求之同一目的之合并之诉[①]，对竞合合并之诉的讨论建立在旧诉讼标的理论的前提之下，如果采纳新诉讼标的理论以法律上的地位为诉讼标的的识别标准，则不存在竞合合并的问题。如德国学者认为旧诉讼标的理论下的请求权竞合为仅请求权基础的竞合，不发生请求权竞合问题，从而无竞合合并的诉讼类型。[②]也有个别学者认为竞合合并不同于重叠合并，在旧实体法说下将原始的诉的客观合并分为单纯合并、预备合并、重叠合并、竞合合并和选择合并五种类型。此处的重叠合并实际上和台湾地区学者所指的不真正预备合并有诸多相似之处。[③]

原告数个请求中的一个获得认可，将构成其他请求审判申请的解除条件，此种情形下提出的合并审判的申请就是选择合并。若法院对数个请求中的一个予以认可，则无需对剩余的请求进行裁判。选择性合并是旧诉讼标的理论支持者为处理请求权及形成权（形成原因）竞合所设，若采新诉讼标的理论只存在一个请求，各个竞合的请求权和形成权不过是请求的事由，因而无须认可此种选择性合并的形态。[④]也有学者认为，在实践中法院为了排斥原告的其他请求必须对全部的请求作出审理，因而不承认此种合并形态。[⑤]但台湾地区个别学者理解的选择合并与上述概念存在偏差。其认为选择性合并是指原告合并主张数宗给付不同的请求，要求法院命令被告履行其一即达到起诉的目的的合并，具体又包括同等选择合并和补充选择合并。同等选择合并是指原告主张数宗给付不同的请求，仅要求法院命令被告履行其中任何一宗请求即达到起诉目的的

① 对于竞合合并之诉的归类，有不同观点，中国学者一般认为其为重叠性合并之诉，但日本学者中村英郎将其归入预备性合并之诉的范畴，参见［日］中村英郎：《民事诉讼法讲义》，陈刚、林剑锋、郭美松译，法律出版社 2001 年版，第 125 页。

② 参见陈荣宗、林庆苗：《民事诉讼法（上）》，（台北）三民书局 2016 年版，第 348 页。

③ 参见许士宦：《民事诉讼法（上）》，（台北）新学林出版股份有限公司 2016 年版，第 399—406 页。

④ 参见［日］新堂幸司：《新民事诉讼法》，林剑锋译，法律出版社 2008 年版，第 522 页。

⑤ 参见［日］中村英郎：《民事诉讼法讲义》，陈刚、林剑锋、郭美松译，法律出版社 2001 年版，第 127 页。

合并。如原告基于同一买卖契约请求被告给付白米三千公斤或稻米五千公斤。补充选择合并是指原告请求被告履行某项请求（第一位请求），同时命被告不能或不欲履行第一位请求时，应履行补充请求的合并。如原告请求命令被告给付汽车一辆，如不能给付时按市价折付现金。①

2. 诉讼法说下的诉的客观合并

诉讼法说理论下也有诉的客观合并制度。日本诉讼法说学者基于纠纷一次性解决理念，认为诉讼标的并非观念性存在的实体法请求权，而是实体法认可的“一次性”给付地位②，诉的客观合并只包括单纯合并和预备合并两种形态。单纯合并的请求之间不得具有相互排斥关系，因单纯合并具有两个以上的诉讼标的的审判申请，法院应当按照诉讼标的的数量进行审判。对于预备合并，认为仅包括两个请求相互排斥的情形。如果法院认可主位请求，备位请求应被驳回，无须审判。当法院认可备位请求时，必须在判决主文中表明排斥主位请求的内容。对于代偿请求，该学者认为并非预备性合并，实际上是现在特定物返还的请求与将来金钱给付请求的单纯合并，其本质是前者履行不能时将后者作为强制执行的条件，考虑到诉之利益因而在诉讼程序中对两种诉讼标的均加以裁判。③

3. 诉讼中的诉的客观合并

诉讼中的诉的客观合并包括诉讼标的的追加、反诉和中间确认之诉。德国立法对后发性的诉的客观合并是否属于诉的变更存在争议，但通说将此合并划入诉的变更的范畴。④日本学者也多采诉的变更的概念，进一步认为诉的变更包含变更请求同一性和仅对请求范围（原告利益的主张范围）予以扩张和缩减。变更请求同一性又进一步划分为在原有请求基础上追加其他请求（追加性

① 参见吴明轩：《民事诉讼法》中册，（台北）三民书局 2016 年版，第 756 页。

② 参见［日］高桥宏志：《民事诉讼法：制度与理论的深层分析》，林剑锋译，法律出版社 2003 年版，第 25 页。

③ 参见［日］三月章：《日本民事诉讼法》，汪一凡译，（台北）五南图书出版公司 1997 年版，第 156—157 页。

④ 参见［德］汉斯 – 约阿希姆 · 穆泽拉克：《德国民事诉讼法基础教程》，周翠译，中国政法大学出版社 2005 年版，第 120 页。

变更）和提出新请求的审判申请以取代旧请求（交换性变更）两种情形，此处的追加性变更构成诉讼中的诉的客观合并，当事人的变更不包含在诉的变更之中。[①] 台湾地区学者对此存在不同观点，有学者沿用德日的概念，认为诉的变更包括追加的变更和交换的变更。此处的追加经常被称为诉之追加，此种追加有可能是单纯合并、选择合并或预备合并等。[②] 也有学者对诉的变更与追加进行区分，诉讼标的要素的追加才构成诉的客观合并。[③]

反诉是在诉讼系属中本诉的程序内，被告针对原告提起的诉，属于被告通过诉讼中的诉来进行的请求追加性合并。从合并审判的形态看，反诉可分为单纯反诉与预备性反诉。[④] 对于反诉，大陆法系国家并无太大争议，各国规定内容大致相同，且无强制反诉的规定。中间确认之诉是为诉讼中所涉及的诉讼标的之外的先决性法律关系而设，其对象是本应在判决理由中出现的对先决性法律关系的判断，原被告双方均可提起。先决性法律关系多出现在给付之诉中，如原告诉请被告交付合同标的物，判决理由中必然涉及对合同效力的判断。[⑤] 中间确认之诉产生于德国，源于对既判力客观范围 = 诉讼标的 = 判决主文坚守的缓和。中间确认之诉作为诉讼中的诉讼，也应作为诉讼中的诉的客观合并的一种类型。

4. 本书见解

我国现有立法缺少对诉的客观合并制度的专门规定。《民事诉讼法》第 143 条对合并审理作出了规定，实际上涵盖了诉讼标的的合并、诉讼请求的合并和当事人的合并多个层面，且并未对诉讼标的和诉讼请求的合并进行区分。[⑥] 此外，《民诉法解释》第 221 条和《最高人民法院关于在经济审判工作中严格执

---

① 参见 [日] 新堂幸司:《新民事诉讼法》，林剑锋译，法律出版社 2008 年版，第 525—526 页。

② 参见李木贵:《民事诉讼法（下）》，（台北）元照出版有限公司 2007 年版，第 8—19 页。

③ 参见陈荣宗，林庆苗:《民事诉讼法（上）》，（台北）三民书局 2016 年版，第 357—358 页；吴明轩:《民事诉讼法》中册，（台北）三民书局 2016 年版，第 830 页；杨建华:《民事诉讼法要论》，郑杰夫增订，北京大学出版社 2013 年版，第 219—220 页。

④ 参见 [日] 新堂幸司:《新民事诉讼法》，林剑锋译，法律出版社 2008 年版，第 534 页。

⑤ 参见丁宝同:《民事判决既判力研究》，法律出版社 2012 年版，第 140 页。

⑥ 参见袁琳:《基于"同一事实"的诉的客观合并》，《法学家》2018 年第 2 期。

行〈民事诉讼法〉的若干规定》（已废止）第2条侧重点均在于对诉的客观合并提供程序上的保障。预备合并在司法实践中虽有适用但仅为个案，并未得到普及。

立法上的不完善并不影响诉的客观合并在实践中的适用。首先，虽然我国学者对于诉的客观合并的认识和研究存有不同观点，但已引起学术界的关注，对于英美和大陆法系国家诉的客观合并制度的介绍为我国诉的客观合并制度提供了比较法方面的借鉴。其次，诉的客观合并的研究离不开对诉讼标的和请求权竞合问题的深入研究。对于诉讼标的理论，我国学者早有相关著述并对大陆法系国家诉讼标的理论和请求权竞合问题进行了较为细致的梳理[①]；对于请求权竞合问题，也有学者从诉的客观合并的角度寻求解决路径。[②]最后，虽然我国立法并未对诉的客观合并的类型进行专门的规定，但在司法实践中已有单纯合并和预备合并的适用。

和单一诉讼相比，在诉讼中进行诉的客观合并对当事人提出了较高的要求，因而需要法官和律师的协同。从法官角度看，虽然我国诉讼模式正由职权主义向当事人主义逐步转变，但法官在诉讼过程中仍具有广泛的指挥权。在诉讼过程中，法官释明权的行使在一定程度上增加了当事人进行诉的客观合并的可能性。法官的释明既包括向当事人进行辩论主义领域内的释明，促使当事人完善攻击防御方法和证据，也包括处分主义领域的释明，促使当事人进行诉的客观合并、追加或变更。[③]我国律师的数量和专业水平近年来也有大幅度提升，

① 参见段文波：《美国民事诉讼标的内涵的变迁——以诉讼方式的发展为主线》，《学海》2009年第2期；严仁群：《诉讼标的之本土路径》，《法学研究》2013年第3期；陈杭平：《“纠纷事件”：美国民事诉讼标的理论探析》，《法学论坛》2017年第6期；卢佩：《困境与突破：德国诉讼标的理论重述》，《法学论坛》2017年第6期；赵秀举：《论请求权竞合理论与诉讼标的理论的冲突与协调》，《交大法学》2018年第1期；曹志勋：《德国诉讼标的实体法说的发展——关于对请求权竞合的程序处理》，《交大法学》2018年第1期。

② 参见段文波：《请求权竞合论：以诉之选择性合并为归宿》，《现代法学》2010年第5期；李磊：《请求权竞合解决新论——以客观预备合并之诉为解决途径》，《烟台大学学报》（哲学社会科学版）2016年第4期。

③ 参见骆永家：《阐明权》，民事诉讼法研究基金会：《民事诉讼法之研讨（四）》，（台北）三民书局1993年版，第172页。

也为当事人在诉讼过程中尽可能地进行诉的客观合并提供了智慧支持。

正如前文所述，不同的诉讼标的理论之下对诉的客观合并有着不同的分类，在对我国诉的客观合并进行类型化之前应明确采用的诉讼标的理论。有学者认为和其他诉讼标的学说相比，旧实体法说虽然面临请求权竞合方面的缺陷，但依旧在实务上占据主要的位置。[①] 也有学者根据我国最高人民法院的判例，认为“事件说”是最优的诉讼标的路径，但基于我国不具备采用事件说和其他诉讼标的理论的条件，因而只能回到旧诉讼标的说，但应当通过法官释明尽量减少其负面效果。[②] 可见，我国总体上属于规范出发型的诉讼模式，英美法系国家属事实出发型诉讼模式，故而将同一交易或事件作为诉因。我国在未改变规范出发型诉讼模式之前抛弃现有的请求权制度采“事件说”不切实际。因此，我们将旧实体法说作为诉的客观合并制度的逻辑起点。此外，我们诉的客观合并和当事人合并虽然在普通共同诉讼和有独立请求权的第三人诉讼存在重合的现象，但此应归入当事人合并的范畴，诉的客观合并只涉及诉讼标的的合并，并不增加新的当事人，我们不赞同基于当事人的单复数对诉的客观合并进行分类的观点。这里以提起复数请求的时间为划分界限，将起诉时提起的诉的客观合并称为“原始性诉的客观合并”，将起诉后提起的诉的客观合并称为“后发性的诉的客观合并”。在原始性诉的客观合并和后发性诉的客观合并之下，基于旧诉讼标的理论又包括若干具体的诉的客观合并类型。在股东会决议瑕疵诉讼中，对于其诉的客观合并具体归属于哪一种类的合并，后文将进行详细讨论。

但是，通过诉的客观合并制度仍不能彻底解决股东会决议瑕疵诉讼诉讼标的三元论的缺陷，原因在于我国并无英美法系诉的强制合并制度，最终是否合并的决定权仍在原告手中。假定原告对股东会决议提起了股东会决议撤销诉讼，法院应当在原告声明的范围内作出裁判，此时同一原告仍可提起股东会决议无效和不成立诉讼，且法院应当受理，在诉讼标的三元论下不构成重复诉

① 参见陈杭平:《诉讼标的理论的新范式——“相对化”与我国民事审判实务》,《法学研究》2016 年第 4 期。

② 参见严仁群:《诉讼标的之本土路径》,《法学研究》2013 年第 3 期。

讼。虽然法官在诉讼中应进行充分的阐明，但原告主张何种法律关系、是否进行诉的变更和追加均由原告斟酌其实体及程序利益作出决定。[①] 对此，大陆法系国家人事诉讼中的别诉禁止制度值得借鉴。如基于《日本人事诉讼法》第 25 条第 1 项的规定，除因起诉不合法而被驳回起诉的判决，对于本案判决原告无论胜诉与否均不得就同一身份关系再行提起人事诉讼。理论上，此规定不是关于既判力及失权效的一般原则，而是追加性地规定其他诉讼标的失权。[②] 因此，对于股东会决议瑕疵诉讼也应作类似规定，对于原告本可依诉的客观合并、变更或追加主张的事实，不得在法院作出本案判决后再行提起独立的诉讼。

（二）股东会决议瑕疵诉讼中的诉的客观合并

前文在对股东会决议瑕疵诉讼诉讼标的问题面临的困境和出路进行讨论的过程中认为，我国对股东会决议瑕疵诉讼诉讼标的认定应以旧实体法说为基准，同时采用诉的客观合并制度缓和可能产生的重复诉讼问题。当然，对于人数众多的股东会决议瑕疵诉讼，为了一次性解决纠纷，可适用的诉之合并不仅限于客观方面的合并，还包括诉的主观合并和混合合并。

从诉讼标的单复数的角度可对上述合并作出较为合理的阐释。当诉讼标的为复数时，若同一原告对同一被告提起，则为诉的客观合并，但须注意的是此处同一原告或被告并非仅指原告或被告为单数这一特殊的情形，同一和单一概念不可混淆，单一即一个原告和被告，同一是指相同的原告和被告。当诉讼标的为单数时，无论当事人是否为单复数，均仅构成诉的主观合并。当诉讼标的为复数时，无论是单独的原告向复数的被告、复数的原告向单独的被告、复数的原告向复数的被告提起的诉的客观合并（包含诉的客观方面和主观方面的合并），此时均构成诉的混合合并。需要提及的是，由于股东会决议瑕疵诉讼的被告仅包括公司，只会出现复数的原告向单独的被告提起混合合并之诉这一种情形。由于前文对诉的客观合并的概念已有阐述，接下来将重点解读在股东会

---

① 参见陈荣宗、林庆苗:《民事诉讼法（中）》,（台北）三民书局 2014 年版，第 176 页。

② 参见［日］松本博之:《日本人事诉讼法》，郭美松译，厦门大学出版社 2012 年版，第 211 页。

决议瑕疵诉讼中单一原告对被告提起的诉讼过程中进行合并的诉是哪种类型的诉的客观合并。

诉的客观合并有不同的分类。我们认为，原告对股东会决议无效、撤销和不成立之间的合并为预备性合并。传统对预备合并的定义要求主位请求和备位请求互不相容且定有先后审理顺序。预备合并包含两种类型，一种是传统的诉讼标的不相容的预备合并，另一种是诉讼标的相容的区分先后顺序的预备合并。存在先后顺序的预备合并，又具体分为两种情形：一是对于两个声明和诉讼标的，原告排列先后顺序，第一位请求有理由则不审判第二位请求，第一位请求无理由则审判第二位请求。二是一个请求在其有理由时才被认可的其他诉的客观合并的情形。只有当第一位的请求被认为有理由时法院才对第二位请求进行审判，若法院认为第一位请求不成立则终结诉讼，审理第二位的请求已无必要。①

三种股东会决议瑕疵诉讼中，若同一原告对同一被告基于同一事由主张了两个以上的诉讼标的和诉的声明，一种情况是原告对同一起诉事由主张的股东会决议效力并不相容，即对于同一股东会决议瑕疵原告可先行主张其不成立，备位主张可撤销。此时原告要求法院对股东会决议的效力作出互不相容的判定。另一种情况是原告认为股东会决议存在多个瑕疵，既有程序方面的瑕疵也有内容方面的瑕疵，此时可先行主张股东会决议无效，备位主张股东会决议可撤销。即便是法院认为股东会决议既存在无效也存在撤销事由时，应当以无效瑕疵吸收撤销瑕疵，判定股东会决议无效。

我国有学者认为主张股东会决议撤销和股东会决议无效虽然是两个不同的诉讼请求，但因其诉讼目的均是请求法院宣告股东会决议不发生法律效力，因此可通过法院释明以重叠合并的方式提起诉讼。②虽然存在多个不同性质的瑕疵事由，但考虑到重叠合并（竞合合并）的诉之声明相同，因而不符合诉讼标的三元论下股东会决议瑕疵诉讼中原告分别请求法院判定股东会决议

---

① 参见[日]中村英郎：《民事诉讼法讲义》，陈刚、林剑锋、郭美松译，法律出版社2001年版，第126—127页。

② 参见王杏飞：《对我国民事诉判关系的再思考》，《中国法学》2019年第2期。

效力无效、撤销或不存在的理论逻辑，诉讼目的和法院裁判产生的效果并不能代替诉讼标的，故不应看成是重叠合并的情形。对于多个同一性质的瑕疵事由，应当是多个攻击防御方法，并不构成独立的诉讼标的。对于选择性合并，亦是同理。综上所述，无论上述哪种情形，股东会决议瑕疵诉讼中三种诉讼类型之间的诉的客观合并仅包括预备性合并这一情形。

诉的混合合并既包括诉的客观合并也包括诉的主观合并的情形。对于诉的混合合并，学术界论述较少。诉的混合合并在诉讼过程中相比于诉的客观和主观合并较少出现，而且法院在面对如此复杂的合并时往往更倾向于进行诉的分离，以便查清案件事实。由于诉的混合合并包括诉的客观合并的情形，因而此处作简要论述。[①] 在股东会决议瑕疵诉讼中，股东会决议无效、撤销和不成立为不同的诉讼标的，当其他适格原告加入诉讼，但对股东会决议效力有不同的主张时，既合并了当事人又合并了诉讼标的，此时构成诉的混合合并。但对股东会决议的效力，法院应当作出合一确定。由此，具有原告资格但与原告诉讼请求不同的主体参加诉讼的，相当于有独立请求权的第三人合并的情形。

此外，还存在其他类型的诉讼与股东会决议瑕疵诉讼的合并。较为常见的两种情形是确认股东资格诉讼与股东会决议瑕疵诉讼的合并以及股东会决议瑕疵诉讼与后续赔偿诉讼的合并。在第一种情形中，原告是否具有股东资格是其

---

① 股东会决议瑕疵诉讼中的混合合并虽然包含诉的客观合并和主观合并，但从诉的主观合并上看存在类似必要共同诉讼和普通共同诉讼的合并。当不同的原告基于相同或不同的事由提起不同种类的股东会决议瑕疵诉讼时，此时诉讼标的和当事人均为复数。若有两个以上的原告提起的股东会决议瑕疵诉讼种类相同，此时这些原告之间的诉的客观合并实际上构成类似必要共同诉讼的合并。不同的原告提起的不同种类的股东会决议瑕疵诉讼之间的合并则构成普通的共同诉讼之间的合并。例如，有三位股东认为同一股东会决议存在瑕疵，其中有两位股东提起了股东会决议撤销诉讼，理由分别是股东会决议召集程序违反法律和表决方式违反法律，另一位股东基于股东会决议内容违反法律提起了股东会决议无效诉讼。此时法院对三位股东提起的股东会决议瑕疵诉讼进行了合并审理，此时的合并包含两个层次的合并：提起股东会决议撤销诉讼的两位原告之间的合并，构成类似必要共同诉讼的合并；提起股东会决议撤销诉讼的两位原告和提起股东会决议无效诉讼原告之间的合并构成普通共同诉讼的合并。当然，提起股东会决议撤销诉讼的两位股东也可基于同一事由，此时的合并也属于类似必要共同诉讼的合并。亦即在同一诉讼标的下，攻击防御方法的不同或相同对合并类型的划分并不构成影响。

能否作为适格原告提起后续股东会决议瑕疵诉讼的前提。在确定原告具有股东资格后，法官再对股东会决议瑕疵诉讼进行审理。若原告不具有股东资格，则后诉不合法，法院无须对此进行审理。在第二种情形中，股东会决议效力的确定是原告后续能否主张赔偿的前提。当股东会决议效力存在瑕疵时，法院再行对后续赔偿案件进行审理。若股东会决议瑕疵诉讼被法院驳回，则不存在后续赔偿的审理问题。可以看出，上述诉的客观合并并非股东会决议瑕疵诉讼三种类型之间的合并，而是其他类型案件和股东会决议瑕疵诉讼案件之间的合并，有的是股东会决议瑕疵诉讼进行审理与否的前提，有的是股东会决议瑕疵诉讼案件裁判是否开始审理的前提。根据前文论述，将上述情形归入预备合并之诉的范畴。

（三）股东会决议瑕疵诉讼中合并之诉的程序完善

1. 合并之诉的提起

合并之诉的提起有两种方式，一种是在起诉时提起，另一种是在诉讼过程中提起。对于原始性的诉的客观合并，原告应在诉状中予以明确，如表明其主位请求和备位请求。对于后发性的诉的客观合并，原告既可以在审前如争点整理程序中提起，也可以在庭审过程中（法庭辩论终结前）提起。对于原始的诉的客观合并，立法并未规定相较于单个诉讼更为严格的起诉与受理条件，只是因为其客观方面的复数性导致其审查更为复杂，对法官提出了更高的业务要求。对于原始的诉的客观合并，首先应当由立案庭进行起诉条件的审查，将符合起诉条件的案件交由业务庭进行审理。①

对于诉的客观合并的提起，还涉及地域管辖和级别管辖的问题。《民诉法解释》第 39 条规定“人民法院对管辖异议审查已确定有管辖权的，不因当事人提起反诉、增加或者变更诉讼请求等改变管辖，但违反级别管辖、专属管辖规定的除外”。《民事诉讼法》及司法解释并未对合并管辖进行专门规定，但

① 普通诉讼的主观合并在我国司法实践中由于司法政策等进行了变相的拆分，但由于股东会决议瑕疵诉讼属于必要共同诉讼的范畴，当出现诉的主观合并的情形时法院应予以受理，不应进行“额外”的干预。

《民诉法解释》第39条的规定包含反诉的情形，由于将反诉作为后发性诉的客观合并的一种，因而立法对反诉的规定可类推适用到其他诉的客观合并类型中。

在原始性诉的客观合并案件中，原告向有管辖权的法院起诉，此时的起诉只要满足其中任意一个诉讼的管辖条件即可。但当欲合并的诉有专属管辖的情形，则该诉只能由具有专属权的法院管辖。当不同类型的股东会决议瑕疵诉讼合并时，由于被告均为公司，故并不存在地域管辖上的选择问题。当其他类型的案件和股东会决议瑕疵诉讼案件合并时，若存在专属管辖的情形，此时仍可进行诉的客观合并，只不过应由具有专属管辖权的法院进行管辖，这样方能做到既不违反专属管辖又能实现合并管辖。有学者认为此种变通的方式不应当具有普适性，仅适用于诉的强制合并的情形，其他情形应当排除对合并管辖的适用。① 由于在原始性诉的客观合并中并无强制合并的情形，我国也无英美法系国家的强制性反诉制度，所以对上述学者的观点持保留态度，进而认为即便是具有专属管辖的情形，原告向专属管辖法院提起合并之诉即可。在无专属管辖且双方当事人对案件协议管辖的，应当由协议选择的法院进行管辖，这样方能做到既不违反协议管辖又能实现合并管辖。诉讼过程中法院管辖受管辖权恒定原则的约束。

在诉的客观合并案件中同样面临级别管辖的问题。我国《民事诉讼法》对诉的客观合并是否会突破级别管辖以及诉讼标的额的计算并未作出明确规定。根据《民诉法解释》第39条，反诉和再审过程中增加的诉讼请求并不改变法院的级别管辖，因此后发性诉的客观合并案件由受理案件的法院恒定管辖。下文主要讨论原始性诉的客观合并的级别管辖问题。

综观大陆法系主要国家立法，合并管辖问题在民事诉讼立法中均有体现，如《德国民事诉讼法》第5条规定“以一诉主张多个请求时，合并计算价额；但本诉与反诉的标的，不合并计算”。②《法国新民事诉讼法典》第35条规定“原告

① 参见张晋红：《民事诉讼合并管辖立法研究》，《中国法学》2012年第2期。
② 参见《德国民事诉讼法》，丁启明译，厦门大学出版社2016年版，第2页。

基于相互无关联的不同事实，针对同一对方当事人提出多个诉讼请求并且汇聚于同一诉讼时，管辖权与审级管辖权价额，依每一项诉讼请求单独考虑时其性质与价值确定。在汇集的多项诉讼请求以相同事实为依据或者相互有关联时，管辖权与审级管辖权价额，依这些请求的总价值确定之”①。《日本民事诉讼法》第9条第1款规定：“一个诉讼中有数个请求时，诉讼标的的价额为数个诉讼请求中主张的利益价额总和。但是在各请求中主张的利益具有共通性时，不在此限”。②

上述大陆法系国家的规定具有相似之处，一般认为对原告提出的数个诉讼请求价额应合并计算，但当主张的利益共同时无此必要。在此基础上，对于原始性诉的客观合并中的单纯合并，请求价额应合并计算，无论合并之诉之间是否具有关联性。预备性合并因主张利益的共同性，请求价额应分别计算。对于合并计算请求价额时，据此确定级别管辖并无问题。分别计算请求价额时，应选择各诉中最高额来确定级别管辖法院。但可以肯定的是，在对股东会决议瑕疵诉讼不同类型的案件进行合并时，并不存在上述问题。在其他具有顺位关系的案件和股东会决议瑕疵诉讼案件进行原始性的合并时，由于股东会决议瑕疵诉讼本身并不涉及价额的计算，因此管辖法院的级别主要取决于另案中请求的价额。受管辖权恒定原则的影响，后发性的诉的客观合并亦不改变法院的级别管辖。③

2. 诉的追加与变更

我国将原告在起诉后提起新诉代替原有诉讼称为“诉的变更”，原告于起诉后提起新诉合并于原有诉讼称为“诉的追加”，此定义和大陆法系国家和地区学说稍有不同。大陆法系国家和地区学说中诉的变更有广义和狭义之分，广义上的诉的变更包括诉的追加和诉的变更，分别是指诉的追加的变更和诉的交换的变更。此处诉的变更仅指诉讼标的的变更，亦即狭义上的诉的变更。对

---

① 《法国新民事诉讼法典》，罗结珍译，中国法制出版社1999年版，第10页。

② 《日本民事诉讼法典》，曹云吉译，厦门大学出版社2017年版，第11页。

③ 当然，在司法实践中对于股东会决议瑕疵诉讼的管辖法院存有争议。在不涉及标的额时，各地法院做法不一。不仅存在级别管辖上的争议，还存在具体应该由哪个业务庭进行审理的争议。具体内容参见周翠：《公司决议诉讼的功能定位与程序机制》，《中外法学》2019年第3期。

于诉的追加，有观点认为会涉及当事人、诉讼标的和诉讼请求三个方面的追加。[①]但也有日本学者认为诉的追加（广义上的诉的变更的一种）应该将当事人变更排除在外，进而对当事人的变更和相同当事人之间申请事项的变更予以分别考察。[②]由此可见，诉的追加也是一种特殊的诉的客观合并，和原告以诉的客观合并的方式起诉不同之处在于其发生在诉讼的过程中。

与我国对诉的追加并未规定特殊的限制条件相比，大陆法系国家和地区对此具有一定的限制。为了防止诉的追加导致案件审理程序显著迟延，台湾地区原则上要求原告在诉状送达后不得进行诉的追加，但其“民事诉讼法”第255条对诉的追加设定了一定的例外条款。[③]《日本民事诉讼法》第143条以及相关判例对诉的追加也进行了一定的限制。[④]《德国民事诉讼法》第263条规定诉的追加性变更须经被告同意或法院认为有助于诉讼时才可以发生，立法从必须经被告同意放宽到法院同意，主要是考虑到时常出现被告恶意利用此种权利的情形。我国对诉的追加还限于和诉讼请求的追加相互“糅合”的立法状态，对诉的追加也并无大陆法系国家和地区的众多限制条款，更无须被告同意。兼顾防止诉讼的迟延和一次性解决纠纷理念，在诉的追加和变更上，我国可以借鉴大陆法系国家和地区的立法及其实践经验，在明确区分诉讼请求和诉讼标的的追加和变更的基础上，通过立法的方式对诉的追加和变更进行一定的限制。

---

① 参见姚瑞光：《民事诉讼法论》，中国政法大学出版社2011年版，第261页。

② 参见新堂幸司：《新民事诉讼法》，林剑锋译，法律出版社2008年版，第526—527页。

③ 台湾地区“民事诉讼法”第255条规定：“诉状送达后，原告不得将原诉变更或追加他诉。但有下列各款情形之一者，不在此限：一、被告同意者。二、请求之基础事实同一者。三、扩张或减缩应受判决事项之声明者。四、因情事变更而以他项声明代最初之声明者。五、该诉讼标的对于数人必须合一确定时，追加其原非当事人之人为当事人者。六、诉讼进行中，于某法律关系之成立与否有争执，而其裁判应以该法律关系为据，并求对于被告确定其法律关系之判决者。七、不甚碍被告之防御及诉讼之终结者。被告于诉之变更或追加无异议，而为本案之言词辩论者，视为同意变更或追加。”

④ 《日本民事诉讼法》第143条规定：“（一）原告在未变更请求基础的限度内，于口头辩论终结前，可以变更请求或请求原因。但因此导致诉讼显著迟延时，不在此限。（二）请求的变更应当以书面的形式作出。（三）前项书面应当送达于向对方。（四）裁判所认为请求或请求原因变更不当时，依申请或依职权，作出不允许变更的决定。”

由于股东会决议瑕疵诉讼的诉讼请求是要求法院判定股东会决议的效力，此时诉讼请求和诉讼标的具有一致性。此处讨论的追加主要是指诉的客观方面也即诉讼标的的追加。① 股东会决议瑕疵诉讼中诉的追加，应和普通诉讼一样，在法庭辩论终结前进行，同时基于股东会决议瑕疵诉讼的特殊性，法院对诉的追加的请求应当予以准许。虽然股东会决议瑕疵诉讼具有复杂性，原告对诉的追加也会导致诉讼程序的拖延，但此种诉讼判决具有对世效力，此时应着重考虑纠纷的一次性解决，只要原告在法定的时间提起诉的追加，法院就应当允许。

《民诉法解释》第 225 条、第 251 条和第 252 条分别对庭前会议、二审和再审程序中对当事人变更诉讼请求的审查处理进行了规定，但并未直接表明当事人在诉讼过程中可以变更法律关系。但是，《最高人民法院关于民事诉讼证据的若干规定》（法释〔2019〕19 号）第 53 条规定："诉讼过程中，当事人主张的法律关系性质或者民事行为效力与人民法院根据案件事实作出的认定不一致的，人民法院应当将法律关系性质或者民事行为效力作为焦点问题进行审理……存在前款情形，当事人根据法庭审理情况变更诉讼请求的，人民法院应当准许并可以根据案件的具体情况重新指定举证期限。" 此处将当事人主张的实体法律关系和诉讼请求进行了一定意义上的等同，即当事人主张的诉讼标的和诉讼请求在某种意义上的互换。换言之，此处允许当事人在法律关系之外变更诉讼请求，因而此条规定实际上是肯定了当事人进行诉的变更。但《民事诉讼法》和《民诉法解释》并未明确规定当事人在原主张的法律关系之外变更诉讼请求，这也是有观点认为我国并未规定诉的变更的理由。

虽然根据不同的法律可以对我国是否有真正意义上的诉的变更给出不同的理解，但我国实际上已经确定了诉的变更制度，不过需要对诉讼标的、实体法律关系和诉讼请求的概念和联系进行进一步的界定和厘清。在旧诉讼标的理论下，诉讼标的即为当事人争议的实体法律关系，诉讼请求可能是基于同一法律关系提出，也有可能基于不同的法律关系提出。因而，变更诉讼请求也有可能

① 在股东会决议瑕疵诉讼中，由于公司作为单一被告，因而并不存在原告追加被告的情形。对于其他有权提起股东会决议瑕疵诉讼的原告或者第三人，可以作为共同原告或第三人参与诉讼，此时并非真正意义上的当事人的追加。

导致诉讼标的的变更。在股东会决议瑕疵诉讼中，在法庭辩论终结前，原告可以向法院提出诉的变更的请求，也可以在法院的释明下进行诉的变更。由于股东会决议瑕疵诉讼的目的是请求法院对股东会决议的效力作出判定，因而诉的变更也意味着诉讼请求的变更，此时法院应当重新指定举证期限。

虽然诉的追加和变更均是当事人根据诉讼的态势和法官的心证更好地维护自身权益而采取的诉讼策略。在股东会决议具有程序和内容多方面瑕疵的情形下，我们更倾向于主张原告在股东会决议瑕疵诉讼过程中进行诉的追加而不是诉的变更。第一，无论选择哪种具体的股东会决议瑕疵诉讼形态均是要求法院对同一股东会决议的效力进行判断。第二，虽然当股东会决议兼具程序和内容瑕疵时，应当以内容瑕疵吸收程序瑕疵判定该决议无效，将所有可能的情形进行合并更有利于一次性地解决纠纷和维护当事人的合法权益，但对于原告而言可以尽可能地依据所有的瑕疵情形维护自身的合法权益，对于被告而言也避免了由于同一股东会决议效力争议频繁应诉。

3. 法院释明权的行使

释明权又称“阐明权”，是指“在诉讼过程中，法院为了明确争议的事实关系，就事实上及法律上的有关事项向当事人发问或促使当事人提出主张与证据的活动”[①]。台湾地区将释明权称为阐明义务，其语境下的“释明”特指疏明，针对的是对于程序性事项的证明问题。[②]我国学者对释明权问题进行了较为细致和深入讨论，例如有学者从民事诉讼模式转换的角度对释明权进行论述[③]，有学者在实证分析的基础上对释明的边界问题提出相应的观点[④]，也有学

---

① 熊跃敏:《民事诉讼中法院的释明：法理、规则与判例——以日本民事诉讼为中心的考察》，《比较法研究》2004 年第 6 期。

② 参见姜世明:《举证责任与证明度》，厦门大学出版社 2017 年版，第 160—205 页。

③ 参见江伟、刘敏:《论民事诉讼模式的转换与法官的释明权》，陈光中、江伟主编:《诉讼法论丛》，法律出版社 2001 年版，第 319—349 页；谢可训:《试论我国现行民事诉讼模式下的释明权》，陈光中、江伟主编:《诉讼法论丛》，法律出版社 2004 年版，第 363—383 页；翁晓斌、周翠:《辩论原则下的法官实质指挥诉讼与收集证据的义务》，《现代法学》2011 年第 4 期。

④ 参见熊跃敏:《民事诉讼中法院释明的实证分析——以释明范围为中心的考察》，《中国法学》2010 年第 5 期。

者在具体类型的诉讼案件中讨论法官释明问题。① 本书无意对释明权的众多争议问题进行解读和研究，而是在释明权通说内容的前提下对法官在股东会决议瑕疵诉讼中如何行使释明权进行阐述。

由于学术界普遍认为释明制度源于对辩论主义的矫正，因而孤立地对法官释明进行讨论略显苍白，加之我国并无西方国家建构释明制度的绝对辩论主义的基础，因而我国对法官释明的讨论应与辩论主义的建设同步进行。释明最初规定于德国公法诉权说盛行的时代，和当事人的诉权相对，其应属于法官诉讼指挥权的范畴。② 学术界之所以对释明的权利或义务属性争议不断，原因不仅在于对其性质的理解关涉对法官释明范围的界定，还关涉法官不当释明后的处置问题。根据学术界通说，法官释明包含辩论主义的释明和处分主义的释明。辩论主义的释明是在同一个诉讼标的范围内的释明，法院的释明会使当事人提出新的攻击防御方法和证据，但不会改变诉讼标的产生诉的变更。处分权主义领域的释明会改变诉讼标的，导致诉的变更。③ 也有不少学者根据诉讼阶段，将释明在立案、审前和庭审阶段的运用进行分别讨论。④ 但是，众多的论著难以对释明的边界有一个完整清晰和可衡量的具体标准。如何设定释明的具体边界并保持法官的中立及一次性解决纠纷需要进行复杂的价值衡量。

在股东会决议瑕疵诉讼中，由于案件本身涉及利害关系主体众多，加之坚持股东会决议瑕疵诉讼诉讼标的三元论并倡导原告进行诉的客观合并，因而释明权的适用在股东会决议瑕疵诉讼中更有讨论的必要性。在辩论主义领域，法官应当释明当事人对于支持其主张的证据和攻击防御方法。对当事人提出的瑕疵证据，法院应当通过释明的方式进行补正；对当事人疏忽未提出的证据，法

① 参见王杏飞:《论释明的具体化：兼评〈买卖合同解释〉第27条》,《中国法学》2014年第3期；任重:《释明变更诉讼请求的标准——兼论“证据规定”第35条第1款的规范目的》,《法学研究》2019年第4期。

② 参见蔡虹:《释明权：基础透视与制度构建》,《法学评论》2005年第1期。

③ 参见骆永家:《阐明权》，民事诉讼法研究基金会:《民事诉讼法之研讨（四）》,（台北）三民书局1993年版，第172页。

④ 参见杨钧、秦嫣:《论释明制度》,《法学》2003年第9期。

院应当释明促使其提出。[①] 由于股东会决议瑕疵诉讼诉讼标的的变更随之带来诉讼请求的变更，在处分主义领域，法官应当释明原告是否变更诉讼请求或进行诉的客观合并（增加诉讼请求）。对于法官在股东会决议瑕疵诉讼二审中释明原告变更或增加诉讼请求的，由于在股东会决议瑕疵诉讼中不适用调解程序，法院无须调解，因此不存在调解不成发回重审的考虑。由于二审中新的诉讼请求在很大程度上以一审的事实和证据为基础，并且股东会决议瑕疵诉讼三种类型的诉讼的“生活事实”均为股东会作出了存有争议的股东会决议这一事件，因此二审法院的直接审理并未损害当事人的审级利益。而且，在股东会决议瑕疵诉讼中应注重法院的职权探知，法官对处分主义的释明至少在股东会决议瑕疵诉讼中应当予以肯定。

对于法官不当的释明，正如学术界讨论的那样，其实并无救治的良药，在股东会决议瑕疵诉讼中依旧如此。无论是异议制度还是法官回避制度设计，抑或是上诉审撤销原判发回重审，依旧难以消除不当释明造成的损失，因而最好的解决方法只能是划定明确的释明边界并使法官自觉遵守。[②] 股东会决议瑕疵诉讼中法官释明的完善，取决于释明制度本身的完善。只是和其他诉讼形态相比，由于股东会决议瑕疵诉讼的公益性，应在法官释明是否恰当的判定上持更加宽容的态度。

德国公司法学者认为，股东会决议无效和撤销诉讼的目的均是消除股东会决议的效力，即使原告在形式上提起的是撤销诉讼，法院也必须审查决议中是否存在可能引起无效的原因，反之亦然。对适用股东会决议撤销诉讼还是无效诉讼的相关法律进行裁判，法院可自行决定。[③] 上述观点表明在股东会决议瑕疵诉讼中法院并不受当事人诉讼请求的限制，可以依职权对案件事实进行探知并作出裁判。在坚持规范出发型和要件事实审判的大陆法系国家，此种做法与

---

① 参见熊跃敏:《民事诉讼中法院释明的实证分析——以释明范围为中心的考察》,《中国法学》2010 年第 5 期。

② 参见任重:《我国民事诉讼释明边界问题研究》,《中国法学》2018 年第 6 期。

③ 参见［德］托马斯·莱塞尔、吕迪格·法伊尔:《德国资合公司法》，高旭军等译，法律出版社 2005 年版，第 278 页。

普通诉讼案件相异，不符合辩论主义的要求。或许此种做法是考虑到纠纷的一次性解决，而参照了人事诉讼的相关特点适用职权探知主义。但这里更倾向于认为此种规定和德国股东会决议瑕疵诉讼的分类和起诉事由密不可分。从《德国股份公司法》对于股东会决议瑕疵诉讼的规定可以看出，德国股东会决议无效诉讼和撤销诉讼之间的界限其实存在模糊性，均包括程序和内容上的瑕疵，这种模糊的立法规定极易导致原告在起诉时适用法律的错误，此时赋予法院依职权探知案件事实并作出合理的裁判也顺理成章。相比之下，我国《公司法》及其司法解释对股东会决议瑕疵诉讼的起诉事由进行了较为明确的规定，因此再效仿德国的理由并不充分。在此处，对股东会决议瑕疵诉讼一次性解决纠纷的追求不能突破对辩论主义的尊重，这也是坚持诉讼标的三元论的原因之一。因此，反对法院在原告主张之外主动审查无关事项，但可以在原告诉求明显不当的情形下释明其进行诉的客观合并或变更，若原告不作更改法院驳回其诉讼请求即可。

此外，本书第一章在论述股东会决议无效诉讼时提到德国和日本除了适格原告可提起股东会决议无效诉讼之外，其他主体还可以依据民事诉讼法的相关规定提起普通的确认之诉，亦有学者认为我国股东会决议诉讼也应包括普通的确认之诉。① 我们对此持反对观点，不建议我国立法采此做法并由法官进行相关释明。一方面，从一次性解决纠纷的角度，立法之所以对股东会决议无效诉讼的主体作出明确的限定，原因即是对股东会决议瑕疵诉讼提起的限制。通过限制诉的提起来尽可能地维护股东会决议的稳定性。若其他主体可以根据民事诉讼法的规定再行提起普通的确认之诉，就违背了立法对股东会决议无效诉讼进行特别规定的初衷，不利于纠纷的彻底解决。另一方面，从救济的必要性角度，若立法者认为其他主体具有救济的必要，应当将其列为股东会决议无效诉讼的原告，从而保障其诉权。虽然其他主体依据民事诉讼法提起普通的确认之诉是对其权利救济无奈的选择，但此处认为立法上未将其纳入适格原告的态度，说明在立法者看来其他主体的权利至少在目前无通过确认股东会决议无效

① 参见周翠：《公司决议诉讼的功能定位与程序机制》，《中外法学》2019 年第 3 期。

的方式进行救济的必要，因而也不存在此种情形下的合并之诉的提起。另外，从既判力的角度，法院针对普通的确认之诉所作判决仅具有相对效力，和股东会决议无效诉讼判决具有对世效力相异，可能导致基于不同法律依据提起的诉讼在不同的当事人之间产生不同的判决结果，由此导致股东会决议无效诉讼判决对世效力和普通确认之诉判决相对效力之间的冲突。虽然大陆法系国家允许某些矛盾判决的出现，但基于对客观真实的追求，我国司法实践和大众难以接受此种情形的出现。股东会决议不成立诉讼同理。

4. 合并之诉的审理和裁判

对于合并之诉的审理，法院应当对各个诉是否满足起诉条件进行审查，在诉合法的情况下对诉是否有理由作出实体上的裁判。根据我国最高人民法院的观点，基于《民诉法解释》第221条的规定，即使当事人未申请合并，法院根据案件的牵连程度等，也可在必要的情况下进行合并。[①] 参照《民诉法解释》第232条的规定，当事人提出合并的申请应限于法庭辩论终结前。对于不同形态的股东会决议瑕疵诉讼进行合并时，法院应当在适用同一诉讼程序的基础上合并辩论。由于合并之诉的最终目的是对股东会决议效力进行认定，因此法院也应合并案件的判决。为了防止原告恶意进行诉讼，法院也可以在被告公司提出请求的基础上根据《公司法》第22条第3款的规定，要求作为原告的股东提供一定的担保，对于符合《公司法解释（四）》第4条要求的股东会决议撤销诉讼，法院裁量驳回原告诉讼请求。法院对诉进行合并的初衷是便于查清案件事实和防止矛盾事实的认定以及裁判，若诉的客观合并无法达到上述目的，则应将诉进行分离以避免不必要的诉讼拖延。

需要特别说明的是，由于主张我国应当对于股东会决议撤销诉讼的审理作出特别规定，并在借鉴德国立法的基础上规定我国法院在六十日起诉期限届满前不得对案件进行审理，此时可以最大限度地使法院通过诉的客观合并的方式尽可能地一次性解决纠纷。但此举无法避免适格当事人在案件审理过程中提出

① 参见沈德咏主编：《最高人民法院〈民事诉讼法司法解释〉理解与适用（下）》，人民法院出版社2015年版，第576页。

新的撤销事由。由于撤销事由在案件中是作为攻击防御方法而存在，按照一般民事诉讼法原理当事人在诉讼过程中可自由提出主张和攻击防御方法，对此似乎不应对当事人在诉讼过程中提出已过起诉期间的撤销事由作出限制。

我们认为，在股东会决议无效或不成立诉讼中，虽然原告提起了相关诉讼，但若提起股东会决议撤销诉讼的期间已经经过，则在诉讼中不能再通过诉的客观合并的方式提起股东会决议撤销诉讼。在股东会决议撤销诉讼中，虽然作为攻击防御方法的撤销事由的数量并不妨碍股东会决议撤销诉讼本身的提起，但有可能会对案件审理结果产生影响，或许从发现案件真实角度可为在案件审理过程中提出已过起诉期间的股东会决议撤销事由提供理论上的支撑，但这里对此仍持否定态度。一方面，应当保持理论上的统一性，不能在股东会决议无效和不成立诉讼中因期间经过不得进行股东会决议撤销诉讼的合并，但在股东会决议撤销诉讼中可不受起诉期间的限制提起新的撤销事由，此时容易导致权利的不平等保护，也容易促使原告为了防止失权在诉讼一开始便提起明显无理由的股东会决议撤销诉讼，徒增讼累。另一方面，若在股东会决议撤销诉讼中作此特殊的例外容许，则容易导致原告的消极举证，在案件审理过程中随意提出已经过期的撤销事由，使本来无法单独起诉的撤销事由在已经进行的撤销诉讼中“合法化”。

基于对股东会决议瑕疵诉讼特殊性的考量，在诉讼过程中并不适用自认，因而当出现诉的客观合并的情形时也不适用自认，在其他共同诉讼中对于自认的讨论在股东会决议瑕疵诉讼中也失去了价值。在股东会决议瑕疵诉讼中，证据共通原则也应得到适用。证据共通原则是指“在民事诉讼中，受诉法院对某一证据进行调查的结果能够作为对立当事人之间以及共同诉讼人之间共通的证据资料予以利用”[①]。学术界普遍认为，在必要共同诉讼中，若一人提出的证据有利于全体则视为整体之提出，虽然我国立法对此无明文规定，但该原则实质上仍发挥效力。[②] 但在这里，证据共通原则在股东会决议瑕疵诉讼这一特殊类

---

① 占善刚:《民事诉讼中的证据共通原则研究》,《法学评论》2012 年第 5 期。

② 参见夏璇:《辩论主义语境下证据共通原则的适用》,《社会科学家》2015 年第 9 期。

型诉讼中的适用有些微妙。对于一个原告的程序性瑕疵事由可导致整个股东会决议效力的瑕疵，但并不能将此适用于其他股东。亦即本书第一章中所认为的，某一股东不得基于股东会决议对其他股东的程序性瑕疵提起诉讼，同理对于此方面的证据也不应当“共通”于全体进而视为全体之提出。只不过，由于股东会决议瑕疵诉讼的特殊性，即便是仅可适用于共同原告一方的有利证据，也会导致裁判结果有利于全体。

《民事诉讼法》第27条及《民诉法解释》第22条规定，股东会决议瑕疵诉讼应该由公司住所地法院管辖。若不同原告在同一法院起诉应当合并辩论。若不同的原告基于不同的事由向法院提起同种类的股东会决议瑕疵诉讼，法院应当合并审理。但我国立法中并未有进行合并审理的强制性规定，若法院并未进行合并审理且对于其中一个在先的诉讼先行作出了原告胜诉的裁判，则其他诉讼均无进行裁判的必要性，法院此时可驳回后诉。若不同的原告基于不同的事由向法院提起不同种类的股东会决议瑕疵诉讼，此时也应当合并审理。法院对其中一个股东会决议瑕疵诉讼作出裁判，并不影响法院对后诉股东会决议基于瑕疵事由的不同作出原告胜诉的其他种类的股东会决议瑕疵诉讼判决。

在股东会撤销诉讼中，若有多个股东作为共同原告，则能否撤销的事由可能基于股东个人有所差异。对于诉不合法的，法院应当驳回起诉，但并不影响其他股东的诉权，并且对诉无理由的判定也有可能因主体而异。因此，对于股东会决议撤销诉讼，在特殊情形下针对同一股东会决议是否可撤销，会出现胜诉判决和败诉判决同时存在的现象。由于形成判决具有形成力，此时出现不同的形成力相互冲突和协调的问题。因而有学者认为此时胜诉的形成判决应当具有对世效力，股东会决议应当被撤销，败诉的确定判决仅及于原告股东。[①] 由于股东会决议撤销诉讼为类似必要共同诉讼，法院应当合一作出判决，此时法院应当作出原告胜诉的判决，对于个别股东理由不予支持的情形，在判决理由中写明，此时法院作出的胜诉判决仍及于该股东。但在股东会决议无效和不成立诉讼中一般不会出现此种情形，因为股东会决议无效事由违反的是强行法规

① 参见杨建华:《问题研析民事诉讼法（二）》，（台北）三民书局2010年版，第836页。

定，不论具体的股东会决议是否和原告有关均可提起股东会决议无效诉讼，因此基于证据共通原则不会出现胜诉和败诉判决并存的情形。股东会决议不成立瑕疵事由是不涉及股东个人的重大瑕疵事由，因此也不存在股东会决议撤销事由可能出现因股东而异的情形，同样不会出现胜诉和败诉判决并存的情形。

对于预备合并之诉的裁判，法院有可能支持主位请求，此时原告胜诉，无须审判备位请求。若法院认为主位请求无理由但支持备位请求，此时原告亦胜诉。若法院认为主备位请求均不成立，则原告败诉。在股东会决议瑕疵诉讼中，若法院支持了主位请求便无须对备位请求进行审判。对于包括预备合并在内的诉的客观合并案件，真正的复杂之处在于二审阶段对禁止不利益变更原则的适用。禁止不利益变更原则要求上诉法院的裁判应以当事人不服申请的范围为限。虽然我国并未确立禁止不利益变更原则，但司法实践中法官基本遵循了此原则的要求，因此有必要在上诉审中通过规定"上诉法院撤销或变更判决的范围应限于不服申请的限度内"的方式明确此原则并予以适用。①

对于禁止不利益变更原则在预备合并之诉上诉审中的适用问题，日本和台湾地区学者有较为详细和复杂的讨论，大陆学者对此进行了较为细致的梳理。② 从争议的内容可以看出，分歧在于对法院仅依据主位请求便判决原告胜诉时对于预备请求的态度。一种理解是此时应视为预备请求撤诉，因为原告的备位请求并未获得法院的实质性审理。基于对当事人审级利益和处分权的尊重，二审法院不得直接对其进行审理。另一种理解是认为基于上诉不可分原则，视为一审法院对备位请求进行了审理。基于第二种观点，二审法院可对备位请求进行审理，此时并不违反当事人的审级利益。③

因此，根据上文对预备合并之诉一审裁判结果的分类，在二审程序中会出现以下可能。第一，当一审法院支持主位请求、被告提起上诉时（原告缺乏上

---

① 禁止不利益变更原则并非在任何情形下均适用。除了当双方当事人均上诉时排除该原则的适用，即便仅有一方当事人提起上诉，对于诉讼要件欠缺、程序违法、附随事项、形式上的形成之诉等具有较强公益性的事项，应排除禁止不利益变更原则的适用。

② 参见赵泽君、蒋丽华：《禁止不利益变更原则的反思与引入》，《西北民族大学学报》（哲学社会科学版）2019 年第 4 期。

③ 我们赞同此观点，认为二审法院可对备位请求进行审理。

诉利益），二审法院若认为上诉无理由，则驳回上诉维持原判。若二审法院认为主位请求无理由，可对备位请求进行审理。若法院认为备位请求无理由，则驳回上诉；认为备位请求有理由，则支持上诉人请求并进行改判。第二，当一审法院支持备位请求判决原告胜诉时，若仅被告提起上诉（此时原告一般不会提起上诉），二审法院若认为主位请求有理由时，应当改判支持原告主位请求。对于此种情形下是否改判的问题虽然学术界存有争议，但正如前文所述，争议的根本在于尊重当事人处分权和发现案件真实之间的利益取舍。由于无论是法院支持主位请求还是备位请求，被告均是败诉，并未造成实质上的不利益（赔偿数额上不会造成不利益）。第三，当一审法院既不支持原告主位请求也不支持原告备位请求进而判决原告败诉时，原告提起上诉，若二审法院认为主位请求有理由，则改判支持原告主位请求，若认为主位请求无理由备位请求有理由，则支持原告备位请求，若认为主备位请求均无理由，则驳回原告上诉维持原判。

对于上文中提及的与股东会决议相关的具有顺位关系的合并之诉，在二审中面临的禁止不利益变更原则的适用问题也应特别考量。由于合并之诉具有顺位关系，当前诉无理由时不存在对后诉的审理。因此，一审裁判分为三种情形：（1）前一顺位和后一顺位均有理由，原告完全胜诉。（2）前一顺位诉讼不合法或无理由，原告完全败诉。（3）前一顺位诉讼有理由，后一顺位诉讼不合法或无理由，原告部分败诉。由于合并之诉具有牵连关系，法院对此应当尽量一并审理一并裁判。前文已经述及，对于一审未进行审理的合并之诉，由于移审的效力，应视为一审法院进行了审理，此时二审法院对此合并之诉的直接审理并不被认为侵犯了当事人的审级利益。因此，下文对此合并之诉在二审中的审理和裁判问题以此观点为前提进行论述，在具体论述过程中不作再次说明。

在二审中，对于第一种情形，因原告胜诉仅被告具有上诉利益，此时法院对两诉讼进行审理后分为三种情形：（1）原判决正确，驳回上诉；（2）原判决对前一顺位诉讼裁判错误，此时无须对后诉进行审理，改判驳回原告诉讼请求。（3）原判决对后一顺位诉讼裁判错误，此时对一审判决部分改判，驳回原告后诉的诉讼请求。此时无论二审法院如何对案件进行审理和裁判，均不会违反禁止不利益变更原则。

对于第二种情形，原告完全败诉，因此仅原告具有上诉利益，此时法院对两诉讼进行审理后分为三种情形。（1）原判决正确，驳回上诉。（2）原判决对前一顺位诉讼裁判错误，前一顺位诉讼有理由，此时需要对后诉进行审理。二审法院认为后一顺位诉讼不合法或无理由，仅部分改判支持原告前一顺位诉讼请求。（3）原判决对前一顺位诉讼裁判错误，前一顺位诉讼有理由，二审法院认为后一顺位诉讼也有理由，则应全部改判支持原告诉讼请求。此时无论二审法院如何对案件进行审理和裁判，都不会违反禁止不利益变更原则。

对于第三种情形，因原告部分败诉，此时原被告均具有上诉利益。在仅有原告一方上诉时，分为三种情形：（1）原判决正确，驳回上诉。（2）原判决对前一顺位诉讼裁判错误，前一顺位诉讼应不合法或无理由，此时由于考虑到不应对原告造成上诉不利益，应当驳回原告上诉而非改判驳回原告诉讼请求。（3）原判决对后一顺位诉讼裁判错误，此时应对一审判决部分改判，支持原告全部诉讼请求。在仅有被告一方上诉时，分为三种情形：（1）原判决正确，驳回上诉。（2）原判决对前一顺位诉讼裁判错误，前一顺位诉讼应不合法或无理由，此时应当部分改判，驳回原告诉讼请求。（3）原判决对后一顺位诉讼裁判错误，此时由于考虑到不应对被告造成上诉不利益，应当驳回上诉而非改判支持原告关于后一顺位诉讼的诉讼请求。在原被告均上诉时，分为三种情形：（1）原判决正确，驳回上诉。（2）原判决对前一顺位诉讼裁判错误，前一顺位诉讼应不合法或无理由，应当部分改判，驳回原告诉讼请求。此时由于原被告均上诉，法院裁判无须考虑禁止不利益变更原则。（3）原判决对后一顺位诉讼裁判错误，此时应对一审判决部分改判，支持原告全部诉讼请求。此时由于原被告均上诉，法院裁判亦无须考虑禁止不利益变更原则。

从上文对禁止不利益变更原则适用的分析可以看出，禁止不利益变更原则的适用在一定程度上导致了程序正义和实体正义的冲突。在普通民事诉讼中，因判决具有相对效力，虽然适用了禁止不利益变更原则但较少牵涉第三人利益，因此矛盾并未凸显。但股东会决议瑕疵诉讼判决具有对世效力，而且牵涉案外第三人和公司内部工作人员及经济生活的稳定等众多利益，因此在适用禁止不利益变更原则时为了维护上诉人的期待利益而损害实体正义的情形更难以让公众接受，也更容易引起司法实践和判决效力方面的混乱。因此，在诉的客观合并中适用禁止不利益变更原则造成的不利影响，可通过法院的释明予以缓解，在双方当事人均提起上诉的情形下可排除禁止不利益变更原则的适用。但此种缓解仅适用于原被告双方均具有上诉利益可提起上诉的情形，当一审法院判决原告或被告全部胜诉的情形排除了一方当事人上诉的可能性时，此时仍不可避免地存在禁止不利益变更原则适用导致的程序正义和实体正义之间的冲突。

对于上述情形，应当从以下三个方面进行思考和应对。（1）禁止不利益变更原则是大陆法系国家普遍适用的一项原则，在我国司法实践中普遍得到承认和适用。股东会决议瑕疵诉讼虽然具有特殊性，但并非如人身关系案件中的非讼事项一样可以作为禁止不利益变更原则适用的例外。在立法尚未对此进行特别规定的前提下，不能仅因此诉讼形态的特殊性就排除禁止不利益变更原则的适用。（2）《民诉法解释》第 321 条将“社会公共利益”作为二审法院审理范围不受当事人上诉请求限制的例外，在“电梯劝阻抽烟案”中法院以此为依据作出了对原告比一审判决更为不利的认定。“国家利益、社会公共利益和他人合法权益”并不应该成为禁止不利益变更原则适用的例外，否则会使此原则在我国司法实践中难有适用的空间，成为虚置的原则性规定。从此角度进行考量，我们也不赞同以“国家利益、社会公共利益和他人合法权益”为由排除禁止不利益变更原则在股东会决议瑕疵诉讼中的适用。（3）由于禁止不利益变更原则的适用可能与《民事诉讼法》第 177 条第 2 款的规定发生冲突，对此法院也应当在诉讼过程中积极公开其心证，提高当事人对案件判决的接受度。若二审法院认为原判决认定基本事实不清，可发回重审，此时可有效避免适用禁止不利益变更原则导致实质上的不正义。（4）当适用禁止不利益变更原则无法避免导致实体正义受损时，符合条件的当事人或案外人可申请再审或提起第三人撤销之诉。虽然此种救济方式和二审根据案件事实直接改判相比纵然“迂回”，但却是在追求程序正义的基础上作出的理性牺牲。

正如前文所述，股东会决议瑕疵诉讼及其他相关诉讼的合并导致了禁止不利益变更原则的适用与案件实体真实之间的冲突。我们认为，在保持禁止不利益变更原则原有适用体系的基础上，可以从完善法官告知层面尽可能降低由此导致的不利影响，具体包括如下三个方面:（1）在一审宣判时，法官应向当事人告知提起上诉的权利，并重点指出在仅有一方当事人上诉时禁止不利益变更原则在诉的客观合并案件中的适用。由当事人选择是否通过上诉的方式来避免可能造成的不利益。（2）在二审审理过程中，法官应当及时向当事人公开心证及法官心证的具体理由，尤其涉及对禁止不利益变更原则的适用。（3）在二审判决宣判时，法官应当告知当事人针对裁判中对禁止不利益变更原则的适用，并告知当事人对裁判不服的可在符合法律规定的情形下申请再审。

·第四章·

股东会决议瑕疵诉讼判决的既判力

股东会决议瑕疵诉讼判决的既判力包括客观范围、主观范围和时间范围三个方面。股东会决议瑕疵诉讼判决的既判力客观范围应当以判决主文为限，不包括判决理由。股东会决议瑕疵诉讼判决在主观范围方面应具有对世效力，并应当注重对第三人的程序保障。在审前程序中，应通过公司公告和法院依职权通知制度使第三人知晓诉讼系属。在诉讼过程中应通过合议庭审判、合并审理、法院不受当事人自认约束、当事人不得撤诉和和解等制度设计保障第三人权益。在判决确定后，第三人可通过提起第三人撤销之诉的方式维护自己的合法权益。股东会决议瑕疵诉讼判决既判力在时间范围上以事实审言词辩论终结为基准时，不应进行限缩或扩张。对于股东会决议瑕疵诉讼中的“重复形成对象”问题，扩张既判力客观范围、确立中间确认之诉制度、适用争点效理论、采用诚实信用原则、扩大诉讼标的等理论均有不足。应通过立法的方式强制性规定对于原告胜诉判决，公司股东会不得再作出相同内容的决议，并辅之以相应的威慑措施。

第一节　问题的提出

既判力是指“确定判决对后诉的拘束力……这种效力相对于诉讼程序上的

形式确定力而言，称为实质确定力或只对后诉产生效力"[①]，包括主观、客观和时间范围三个方面。既判力的本质论和根据论较为宏观，且与本书研究并无直接关系，故不详述。大陆法系国家既判力理论源于罗马法上的“一案不二讼”及“既决案件”原则，前者消灭原告方当事人的诉权，后者使双方当事人不得再行起诉。大陆法系国家通说认为既判力的主观范围具有相对性，仅约束诉讼中的双方当事人，但特殊情形下也出现主观范围向诉讼担当人、继受人、标的物占有人扩张。既判力的客观范围以诉讼标的来确定诉讼审理和裁判对象，限于判决主文，即通常所说的既判力客观范围＝诉讼标的范围＝判决主文范围。既判力的时间范围理论将事实审言词辩论终结时作为基准时。但对既判力时间范围的确定也产生了新的观点，如根据实体性请求的可预料性或者根据当事人的提出责任对既判力时间范围稍作调整。[②] 英美法系国家虽然无既判力这一称呼，但其请求排除（既判事项）和争点排除（间接再诉禁止）理论构成了其判决对后诉过程中产生的约束效力和原则，此原则称为“先例判决原则”。[③] 本书对股东会决议瑕疵诉讼判决既判力问题的讨论以大陆法系国家的逻辑体系展开，对英美法系国家相关制度不作讨论。

既判力和溯及力并非同一概念。溯及力指的是法律对其生效前的事件和行为是否适用，既判力关注的是生效判决对后诉的效力。《民法总则》第 155 条规定“无效的或者被撤销的民事法律行为自始没有法律效力”。本书基于前文采取股东会决议为特殊法律行为的立场，认为被法院确定为无效或被撤销的股东会决议应自始没有法律效力。但《公司法解释（四）》第 6 条又规定，被法院确认为无效或撤销的公司决议与善意相对人形成的法律关系不受影响。可以看出，《民法总则》对法律行为的一般规定和《公司法解释（四）》对股东会决议判决的溯及力问题存有不一致的情形，因而有进行研究的必要。也有学者

① [日]中村英郎：《新民事诉讼法讲义》，陈刚、林剑锋、郭美松译，法律出版社 2001 年版，第 229 页。

② 参见丁宝同：《民事判决既判力研究》，法律出版社 2012 年版，第 235—237 页。

③ 参见[美]杰克·H. 弗兰德泰尔、玛丽·凯·凯恩、阿瑟·R. 米勒：《民事诉讼法》，夏登峻等译，中国政法大学出版社 2003 年版，第 611 页。

从股东会决议拘束力的角度对股东会决议瑕疵诉讼判决既判力的主观范围作出界定。①

在民事诉讼基础理论中，对于既判力问题的讨论和诉讼标的一样，是一个绕不开的话题。既判力客观范围可以检验诉讼标的理论的合理性，因而在讨论诉讼标的问题时离不开对既判力客观范围的兼顾。既判力问题本身是一个复杂的问题，随着相关理论研究的深入，学者对既判力问题的讨论也开始从宏大的理论格局向精细化方向发展，对具体诉讼形态既判力问题的讨论成为研究的切入点。一方面，在特定案件类型中，如在婚姻诉讼中，对婚姻效力的判决往往突破了传统诉讼形态理论对其既判力的认知。对此种“特例”寻求理论支持的同时还需保持民事诉讼基本理论框架的稳定性。基于民事诉讼理论牵一发而动全身的特性，突破常规的理论设计面临在其他理论上难以自圆其说的困境，也难以检验相关理论孰优孰劣，或许这也正是学者乐此不疲地进行相关研究的原因。另一方面，随着公司诉讼以及其他新型案件类型的增多，迫切需要理论界对此作出回应以完善立法和司法实践。法治建设的推进也迫切需要学者对此难有定论的问题作深入的研究，以期找出相对合理的应对之道。

我国股东会决议瑕疵诉讼判决的既判力问题和其他诉讼案件相比更为复杂。一方面，股东会决议瑕疵诉讼包含无效、撤销和不成立三种诉讼形态，三种诉讼形态在传统诉的分类上属于不同的诉讼种类，适用不同的既判力主观范围理论，但由于源于同一股东会决议瑕疵事件，又迫切需要划定统一的既判力主观范围。另一方面，股东会决议瑕疵诉讼判决中法官判断是否存有瑕疵的股东会决议本身具有“变动性”。在诉讼系属或诉讼结束后，公司可以就同一事项作出新的股东会决议，新的决议或许与原决议在内容、程序上存有不同进而纠正了原决议的瑕疵之处，也有可能作出和原决议完全相同的新决议。但无论属于何种情形，均面临诉讼中法院作出的裁判的既判力能否适用于后作出的股东会决议的问题。此种“重复形成对象”问题与既判力客观范围、既判力时间范围密切相关，但难以通过单一的既判力理论作出圆满的回答。

① 参见丁勇:《组织法的诉讼构造：公司决议纠纷诉讼规则重构》,《中国法学》2019年第5期。

鉴于股东会决议瑕疵诉讼判决既判力理论研究的必要性，本节试图以既判力的主观、客观和时间范围为主线，对股东会决议瑕疵诉讼判决的既判力理论进行分析。后文在论述过程中将会兼顾前文提及的当事人适格和诉讼标的理论，而不是孤立地看待相关问题。在既判力的客观范围方面，应以诉讼标的的范围即判决主文为准，在诉讼标的三元论基础上导致的既判力客观范围较窄，可通过前文所述的诉的客观合并予以缓解。在既判力的主观范围方面，股东会决议瑕疵诉讼三种诉讼形态的判决均具有对世效力，由此导致的第三人程序保障问题应通过其他诉讼制度予以协调和救济。在既判力的时间范围方面，法院判决仅拘束基准时之前的股东会决议，对于基准时之后的“重复形成对象”问题，最佳解决途径是通过立法直接予以规定。

第二节　股东会决议瑕疵诉讼判决既判力客观范围

由于三种类型的股东会决议瑕疵诉讼均基于同一瑕疵股东会决议，关于既判力客观范围是仅限于判决主文还是包括判决理由的争论依旧突出。本节在坚持股东会决议瑕疵诉讼判决既判力客观范围仅限于判决主文的基础上展开相关论述。

一、股东会决议瑕疵诉讼判决既判力客观范围的争议

“确定判决中裁判所的判断集中于被当事人请求审判的作为诉讼标的之权利关系。因此，既判力的范围应划定于诉讼标的，此被称为既判力的客观范围。”[①] 既判力的客观范围与诉讼标的理论密切相关，不同的诉讼标的理论导致不同的既判力客观范围，诉讼标的理论的不断完善和创新其实在一定程度上也包括对既判力客观范围是否合理的考虑。旧实体法说将当事人争议的实体法

① ［日］伊藤真:《新民事诉讼法（第四版补订版）》，曹云吉译，北京大学出版社 2019 年版，第 359 页。

律关系作为诉讼标的导致不同的实体法律关系构成不同的诉讼标的，进而导致既判力客观范围限于此实体法律关系，遮断范围较窄并容易导致重复诉讼。诉讼法说在力求克服旧实体法说的基础上产生，但将诉之声明作为诉讼标的，导致既判力遮断范围过宽，容易陷入当事人合法权利无法在后诉中获得救济的困境。有学者认为，新实体法说“既克服了旧实体法说请求权竞合时既判力客观范围过小的问题，同时又解决了诉讼法说既判力客观范围过大的问题，而且在整体思路上与旧实体法说是一样的……但比较现实的问题是，迄今为止，没有构建起这种新实体法（没有竞合）的请求权体系……”[①]。

其实，在股东会决议瑕疵诉讼这一特殊的诉讼中，学者对判决既判力主观范围的争议与关注远胜于对既判力客观范围的关注。从掌握的相关资料来看，学术界对股东会决议瑕疵诉讼判决既判力客观范围的争议与诉讼标的理论相互交叉和呼应，并未进行完全拆解式的讨论。当然，对股东会决议瑕疵诉讼判决既判力客观范围进行讨论仍有必要，此问题的明确也有助于避免可能发生的重复诉讼问题，并使股东会决议瑕疵诉讼的诉讼标的理论更加清晰明朗。[②]

学术界一般认为既判力客观范围限于判决主文。判决主文是指对诉状中记载的请求趣旨（或者是上诉状中记载的上诉趣旨）的法院判断结论。[③]将既判力客观范围限于判决主文的原因有四：（1）判决主文的判断实际上是对诉讼标的的判断（判决标的独立说对此有不同见解），在此基础上对既判力客观范围的判断即是对诉讼标的的判断，此种判断方式具有明确易行的特点。（2）防止突袭裁判和保障当事人的程序性权利。由于当事人对诉讼标的已经进行了充分的攻击防御，因而将既判力客观范围限于判决主文，对诉讼标的的判断可以保障当事人不受突袭裁判。对诉讼中的争点，当事人往往无法进行像诉讼标的一

① 林剑锋：《民事判决既判力客观范围研究》，厦门大学出版社 2006 年版，第 55 页。

② 日本等大陆法系国家所指的重复诉讼为诉讼系属中的重复起诉。我国所称的重复诉讼实际上包含了重复起诉和既判力理论中前诉判决对后诉的遮断两个方面。一般认为《民诉法解释》第 247 条和 248 条将大陆法系国家语境下的重复诉讼和既判力作了混同处理。对此有学者认为应当限缩我国重复诉讼的范围，明确区分重复起诉和既判力。参见冉博：《“重复诉讼”与“既判力”的混同及其规制》，《法律适用》2018 年第 16 期。

③ 梅本吉彦：『民事訴訟法（新版）』、信山社、2006、898 頁。

样认真的考量和充分的辩论，若作为判决理由的争点也发生既判力，则会因当事人关注每个争点导致诉讼程序的拖延和本末倒置。（3）实现法院对案件的迅速审理。将既判力客观范围限于判决主文，也可以使法院针对当事人的争点实现审理顺序上的灵活，可根据诉讼要件的难易程度作出灵活的审理。如在债权债务关系中，法院可根据“借贷关系是否成立”和“已经偿还借款”的难易程度，在后者业已明确的情况下直接作出裁判。若判决理由也可发生既判力，则需要法官对前者作出审理，会耗费大量的司法资源，导致诉讼拖延。（4）从辩论主义的视角来看，辩论主义的第一项要求是“法院据以作出裁判的主要事实必须在当事人的辩论中出现”，由此衍生出当事人的主张责任，法院裁判应当以当事人的请求为限。此外，由于大陆法系国家当事人主义的诉讼构造，当事人通过诉讼请求的方式决定法院审判的对象，将既判力客观范围限于判决主文体现了对当事人处分主义的尊重。可以看出，上述对既判力客观范围限于判决主文的论述体现了大陆法系国家“既判力客观范围＝判决主文中的判断范围＝诉讼标的的界限”这一传统观点。[①]

和既判力客观范围在抵销抗辩中例外地及于判决理由不同，争点效理论认为既判力客观范围及于判决理由。[②]既判力客观范围限于判决主文虽然操作易行，却将法院对事实和先决性法律关系的判断排除在外。日本学者新堂幸司倡导的争点效理论旨在扩张传统的既判力客观范围，该观点认为对于双方当事人争执的主要争点，法院对此进行审理并作出判断。若该争点作为先决问题出现在后诉案件的审理中，前诉法院对该争点的判断产生通用力，后诉当事人不得

① 不过，既判力客观范围在抵销抗辩中例外地及于判决理由。抵销抗辩不仅可以在本诉中提出，也可以作为独立的事由另行起诉。若前诉中的抵销抗辩不受既判力客观范围遮断，则前诉中的被告可以该抵销债权为由再次提起诉讼，由此产生的后果是法院对该反对债权的重复审理，前诉中的当事人须重复应诉，这对于前诉中胜诉的原告而言极为不利，由于原告的请求债权已经在前诉中进行了审理并受既判力客观范围遮断，无法在后诉中作为抗辩。被告的抵销债权作为判决理由若不受既判力客观范围遮断，则有可能使前后两个判决发生矛盾。当然，对于抵销数额在多大程度上被既判力客观范围遮断，学术界也存有争议。

② 一般认为争点效的适用包括以下要件：（1）裁判主体在前后两诉中均为主要争点；（2）当事人在前诉中对该争点进行了充分的攻击防御；（3）前诉判决对该争点作出了实质性判断；（4）前诉系争实体利益较后诉更为重要；（5）须当事人主动援引。

提出违反该判断的主张及举证，后诉法院也不得作出与之相矛盾的判断。有学者认为："争点效理论试图通过赋予判决理由中对诉讼中的重要争点所作的判断以一种通用的确定力，将这种重要争点判断所产生的确定力与传统意义上的既判力相区别，进而实现传统既判力客观范围向判决理由中之判断事项扩张的理论目的，摆脱传统既判力客观范围理论与诉讼实践脱节的困境。"①

争点效理论机能和新诉讼标的理论密切相关。学者新堂幸司作为新诉讼标的的倡导者，无疑认识到了日本新诉讼标的理论将当事人在诉讼中的地位作为诉讼标的带来的内容空洞化，而争点效理论则可以缓解这种现象。或许可以认为，对于日本新诉讼标的理论的缺陷，学者在对判决效力层面的理论研究中找到了应对之策。争点效理论适用于同一当事人之间发生的前后诉，但前诉口头辩论终结后的当事人的承继人以及标的物持有人、辅助参加人也受其约束。争点效和既判力均是从公平理念的角度寻求拘束力的正当性，只是前者源于"当事人现实行使了这种地位或权能，并亲自创造了判决的基础"，后者源于"当事人可以平等展开争议"的地位或权能。②

若既判力客观范围仅限于判决主文，在股东会决议瑕疵诉讼诉讼标的三元论之下，若适格原告提起股东会决议无效之诉，则判决主文是法院对股东会决议无效的认定。无论胜诉与否，同一主体针对该股东会决议不得再提起股东会决议无效诉讼。但适格原告依旧可以基于相同或不同事由提起股东会决议不成立等诉讼，在诉讼要件满足的情况下，法院应当作出实体判决。此时前诉法院

① 丁宝同：《民事判决既判力研究》，法律出版社 2012 年版，第 130 页。

② 参见［日］新堂幸司：《新民事诉讼法》，林剑锋译，法律出版社 2008 年版，第 497 页。从上文对争点效的介绍可以看出，新堂幸司的争点效理论借鉴了英美法系国家的争点排除理论，将英美法系国家为避免双重裁决危险进而维护司法裁决稳定性的争点排除规则引进大陆法系国家既判力客观范围理论。争点排除规则规定，"当事实或者法律上的争点被终局判决实际审理并经裁决，那么无论前后两诉请求是否相同，前诉对于争点所作的认定在后续诉讼中对于双方当事人而言是绝对性的"。参见胡军辉：《美国民事既判力理论研究》，北京师范大学出版社 2015 年版，第 57 页。在学说发展的后期，新堂幸司在争点效理论的基础上又提出了既判力与争点效之外的遮断效概念。不过，大陆法系国家和我国学术界一般认为遮断效是既判力项下的效力之一。参见曹志勋：《反思事实预决效力》，《现代法学》2015 年第 1 期；江伟、常廷彬：《论已确认事实的预决力》，《中国法学》2008 年第 3 期。

在判决理由中对案件事实的认定并不能发生既判力。在诉讼标的一元论下，无论原告诉请为何，法院均对该股东会决议作出自认为正确的认定，判决确定后适格原告不得就该股东会决议的同一起诉事由再行起诉。但若认为不同的起诉事由构成不同的诉讼标的，即便是在诉讼标的一元论下，当既判力客观范围仅限于判决主文时，依旧不能避免适格原告提起后诉和法院作出实体裁判，前诉法院在判决理由中对案件事实的认定也不能发生既判力。① 因此，无论采何种诉讼标的理论，将既判力客观范围限于判决主文的规定均会使股东会决议瑕疵诉讼面临重复诉讼的问题。由于不同种类的股东会决议瑕疵诉讼均指向同一瑕疵股东会决议，因此其既判力客观范围限于判决主文还是包括判决理由的争议亟待厘清。

二、股东会决议瑕疵诉讼判决既判力客观范围的界定

争点效在理论上面临诸多批判，一方面，传统上将既判力客观范围限于判决主文的优势在于整齐划一，但争点效理论打破了这一确定的判断基准。另一方面，何为当事人经过充分辩论的争点的确定本身就是一个难题，如何评价当事人已经进行了充分的攻击防御和程序保障并无具体的评判标准。此外，若争点效理论得到适用会导致当事人对每个争点均抱以慎重的态度，加重当事人的负担并导致诉讼拖延。并且，对于争点能否提出上诉的问题，争点效理论也并未给出明确的答复。赋予判决理由中的争点以既判力只是特殊案件类型中的特殊抉择，应作为原则中的例外而非普遍适用的规则，目的在于平衡双方当事

① 即便是《民诉法解释》第 247 条采重复诉讼“三要素”说，但在一元论观点之下，虽然法院可以突破原告主张的诉讼标的进行裁判，但原告依然要提出具体的诉讼请求，要求法院判决股东会决议无效、撤销或不成立，此时依旧可能出现前诉和后诉诉请不同的情形。当然，也有学者认为三种股东会决议瑕疵诉讼实质上诉讼请求相同，从本质上看均旨在请求法院澄清公司决议的有效性。从此种角度来说，股东会决议无效、撤销和不成立诉讼的诉讼目的与内容实质上相同，应当承认针对同一决议基于同一事实提起的股东会决议无效、撤销或不成立诉讼构成重复起诉。参见周翠：《公司决议诉讼的功能定位与程序机制》，《中外法学》2019 年第 3 期。

人利益和裁判的稳定性。因此，这里并不赞同广泛适用争点效理论，前诉裁判中法院作出实质性裁判的判决理由，在后诉中可以作为证据影响法官的自由心证，而非直接发生既判力。①

对于原告提起的股东会决议瑕疵诉讼，判决主文中涉及法院对股东会决议效力作出的判断。在判决理由中，也会出现当事人进行充分争执的焦点的判断。但是，无论争点效理论的优缺点如何，其都难以在股东会决议瑕疵诉讼中适用。由于坚持别诉禁止理论，因而对于同一股东会决议，一旦法院作出确定判决，同一主体或不同主体均不得对此再行争执。虽然对于股东会决议效力本身无法再行争执，但前诉中的争点在作为后诉的其他诉讼中仍有可能作为先决性问题出现。如股东会决议瑕疵诉讼中股东资格的争议可作为其他公司诉讼的先决性问题。但是，对于此争点，并不认为其应当采用争点效理论，而是认为其应为证明效，在后诉中作为证据使用。我国虽然目前无中间确认之诉这一诉讼类型，但学者对此已多有讨论②，我国可在借鉴大陆法系国家中间确认之诉的基础上增加这一制度并稍作改良，以此克服既判力客观范围仅限于判决主文的缺陷。

综上所述，股东会决议瑕疵诉讼判决的客观范围应以判决主文为限。判决主文应明确案涉股东会决议存有何种瑕疵，法院对于股东会决议瑕疵诉讼的裁判应以当事人请求为限。《征求意见稿》第 9 条对法院关于股东会决议效力的

① 国内学者认为预决效力和既判力是两个不同的概念，同时预决效力和争点效也是不同的概念。预决效力的适用对象是已确认事实，已确认事实既有判决理由中的事项，也包含判决主文中的事项。参见江伟、常廷彬：《论已确认事实的预决力》，《中国法学》2008 年第 3 期。也有学者认为预决效力不同于公文书的证明力规则，认为法院裁判的证明力仅体现在法院确实作出了与文书内容相同的司法行为，而不涉及文书中的法律争点、事实或证据，后者实际上是法院的法律判断，但其并未在进行学术批判的基础上明确表达自己的观点。参见曹志勋：《反思事实预决效力》，《现代法学》2015年第1期。对于已决事实的效力，有学者在对预决力、非预决力以及证明效三种观点进行分析的基础上，指出应当废除已决事实免证效力规定，将已决事实评价放归法官自由心证评价。参见段文波：《预决力批判与事实性证明效展开：已决事实效力论》，《法律科学》（西北政法大学学报）2015 年第 5 期。

② 参见傅郁林：《先决问题与中间裁判》，《中国法学》2008 年第 6 期；段文波：《构建我国民事诉讼中间判决制度论——对德国和日本民事中间判决制度的借鉴》，《政治与法律》2009 年第 10 期；谢阿桑：《关于确立我国民事诉讼中间判决制度的思考》，《现代法学》2004 年第 3 期；张晋红：《关于中间确认判决制度的立法思考》，《中国法学》2002 年第 5 期。

认定规定了两种不同的见解[①]，足见立法机关在制定此条文过程中的纠结。有学者认为该条是对股东会决议瑕疵诉讼裁判客观范围的规定，并在此基础上对《征求意见稿》第 9 条和股东会决议瑕疵诉讼判决既判力客观范围进行了论述，同时在坚持股东会决议瑕疵诉讼诉讼标的一元论的基础上认为该诉讼的裁判效力及于彼此。[②] 上述认为该意见稿第 9 条为股东会决议瑕疵诉讼判决既判力客观范围的观点值得商榷。

《征求意见稿》第 9 条规定的是法院对股东会决议瑕疵诉讼的审理和裁判问题，此种规定含蓄地反映了立法对股东会决议瑕疵诉讼裁判既判力客观范围的两种态度。一方面，大陆法系国家对既判力客观范围的规定，如《日本民事诉讼法》第 114 条第 1 款规定“确定判决限于主文具有既判力”、《德国民事诉讼法》第 322 条第 1 款规定“判决中，只有对于以诉或反诉而提起的请求所作出的裁判有确定力”，均表明了确定判决与判决主文或诉讼标的的关系。因此，若对股东会决议瑕疵诉讼裁判既判力客观范围进行规定，应直接体现其和判决主文、诉讼标的概念的关系。另一方面，我国《民事诉讼法》及其司法解释中并无独立的既判力客观范围概念，并未像大陆法系国家一样对既判力的客观范围进行明确规定，不能因为此条规定体现了既判力客观范围的理念就认为其是对既判力客观范围的规定。《征求意见稿》第 9 条两种观点的分歧，实际上体现的是对诉讼标的和判决标的两者关系的纠结。独立的判决标的说认为判决标的的范围和诉讼标的并不完全统一，判决标的针对的是法院的判决而言的。[③] 在独立的判决标的说之下，法院裁判无须以当事人诉讼请求为限。

---

① 《征求意见稿》第 9 条规定：“原告起诉请求确认股东会或者股东大会、董事会决议不存在、未形成有效决议、决议无效或者撤销决议，与人民法院根据案件事实作出的认定不一致的，应当直接作出判决。另一种观点：原告起诉请求确认股东会或者股东大会、董事会决议不存在、未形成有效决议、决议无效或者撤销决议，与人民法院根据案件事实依法认定的决议效力情形不一致的，应当告知原告可以变更诉讼请求。原告不变更的，应当驳回诉讼请求。”

② 参见刘哲玮：《论公司决议诉讼的裁判效力范围》，《山东大学学报》（哲学社会科学版）2018 年第 3 期。

③ 参见陈荣宗：《民事程序法与诉讼标的理论》，台湾大学法律学系法学图书编辑委员会，1984 年，第 353 页。

根据该意见稿，一种观点认为当原告的诉讼请求和法院认定不一致时，法院应当根据其调查结果直接作出判决。此种观点之下判决标的和诉讼标的并不统一，其具有独立性，此时既判力客观范围及于判决标的。另一种观点认为当原告诉讼请求和法院认定不一致时，法院应当告知原告变更诉讼请求。若原告不进行变更，法院应当驳回其诉讼请求，此时判决标的和诉讼标的具有一致性。第一种观点体现了典型的职权主义思维，虽然在一定程度上可以迅速解决对于股东会决议效力的争议，但违反了要件事实理论的要求，如此裁判也会增加法院在诉讼过程中的负担。第二种观点体现了当事人主义的诉讼理念，也符合现行民事诉讼的基本原理。但此规定的缺陷在于不能一次性地解决有关股东会决议效力的争议。立法在两种观点之间摇摆，最终的结果是《公司法解释（四）》中删除了《征求意见稿》第 9 条对股东会决议瑕疵诉讼两种可能的判决方式的规定。

该意见稿的两种观点体现了截然不同的诉讼模式理念。随着司法改革的推进，我国诉讼模式逐渐由职权主义向当事人主义转变，亦有学者倡导在我国建立协同主义诉讼模式。① 在当事人主义诉讼模式下，当事人在诉讼程序的启动、继续以及诉讼资料及证据资料的提出与确定方面享有主导权，并由此限定法院审判对象及范围的主体诉讼地位关系。② 在职权主义诉讼模式下，法官在诉讼中居于主导地位。法官不仅掌控诉讼的整体进程，还主导诉讼程序的开始、终了以及诉讼对象的决定，并且法官在证据资料的收集方面具有主导权，可以依职权探知案件事实。③ 我国目前的诉讼模式更像是学者倡导的协同主义模式，此种诉讼模式属于当事人主义诉讼模式的范畴，是在当事人主义诉讼模式之下进行的改良，而非独立于职权主义和当事人主义诉讼模式的第三种民事诉讼模式。在股东会决议瑕疵诉讼中，由于案件的公益性和复杂性，法官应在探究案

---

① 参见王福华：《民事诉讼协同主义——在理想和现实之间》，《现代法学》2006 年第 6 期；亢晶晶：《协同主义诉讼模式在刑事诉讼中的导入——兼谈我国控辩审关系的反思与重构》，《法律科学》（西北政法大学学报）2015 年第 3 期。

② 参见常怡主编：《比较民事诉讼法》，中国政法大学出版社 2002 年版，第 78 页。

③ 参见张卫平：《诉讼构架与程式——民事诉讼的法理分析》，清华大学出版社 2000 年版，第 15—16 页。

件真实方面发挥更大的积极主动性。

由此可见，立法对股东会决议瑕疵诉讼判决裁判方式的回避并非明智之举，条文制定过程中的争议并不能通过交由司法实践自行处理的方式摸索解决。但《公司法解释（四）》中删除《征求意见稿》第9条的规定意味着公司立法并未对股东会决议瑕疵诉讼案件审理和法院裁判进行明确规定，此种情形下应适用《民事诉讼法》及其司法解释关于法院审理案件的规定。股东会决议瑕疵诉讼裁判的既判力客观范围，应通过立法的方式进行明确，既可以在民事诉讼相关立法中统一规定，也可以在公司法立法中基于股东会决议瑕疵诉讼的特殊性对其既判力客观范围作出特殊的说明。

第三节　股东会决议瑕疵诉讼判决既判力主观范围

学术界对于股东会决议瑕疵诉讼判决既判力主观范围的争议，包括既判力主观范围对世效力说、片面对世效力说和相对扩张说。本节赞同对世效力说，并在此观点基础上设计相关程序，以保障第三人的权利。

一、股东会决议瑕疵诉讼判决既判力主观范围的争议

既判力的主观范围具有相对性。民事诉讼法以当事人处分主义和辩论主义为前提，法院因此有作出不当判决的可能，原则上既判力仅及于当事人。对未作为当事人参加诉讼获得程序保障的第三人不产生判决效力。[①] 和大陆法系国家相似，英美法系国家既判力理论也认为生效判决仅约束诉讼双方当事人。由于案外人无法获得充分的程序性保障，因而既判力主观范围一般不对其进行扩张。

但在特定情形下，确定判决对与当事人存有实体法上从属关系的案外人产

① 上原敏夫·池田辰夫·山本和彦:『民事訴訟法（第4版）』、有斐閣、2003、192頁。

生拘束力。对于此种效力，有观点认为是反射效，也有观点持既判力扩张说，还有观点认为是第三人效力说。[①] 虽然上述三种观点均存有一定的缺陷，相互比较之下此处采通说观点，将此种扩张视为既判力主观范围的扩张。既判力主观范围在特定情形下才进行扩张，和坚持既判力相对性原则的初衷其实也是一致的，即为了维护法律关系的安定性。从权利保护必要性的角度，也欠缺程序保障方面的实质性利益。一般形式上的既判力扩张包括口头辩论终结后的诉讼继承人、标的物的持有人、诉讼被担当人。然而，除了上述通常意义上的既判力主观范围扩张之外，还存在特殊案件中突破既判力相对性原则的情形，学者一般将其称为对世效力。[②]

在股东会决议瑕疵诉讼中，学者对其主观范围产生了争议，主要有既判力主观范围对世效力说、既判力主观范围片面对世效力说和既判力主观范围相对扩张说。域外国家立法和主流观点认为股东会决议瑕疵诉讼判决具有对世效力，但在仅是原告胜诉判决还是所有判决均产生对世效力上产生了争议，因此有了既判力主观范围对世效力说和既判力主观范围片面对世效力说的交锋。对于既判力主观范围相对扩张说，我国实体法学者从股东会决议拘束力等角度进行了论证。

（一）股东会决议瑕疵诉讼判决既判力主观范围对世效力说

德国学者认为形成判决具有对世效力，仅因为其诉讼标的和发挥的作用就应如此，此种形成力和既判力应作区分。这也是立法赋予具有公益性的确认判

① 参见吴英姿：《判决效力相对性及其对外效力》，《学海》2000年第4期。

② 对世效力的本质为何？日本有学者采既判力说，也有学者采形成力说。除此之外，也有学者认为形成判决时此拘束力为形成力，确认判决时此拘束力为既判力。还有学者认为在当事人之间为形成力，在第三人之间为反射效。也有学者认为此拘束力不同于既判力和形成力，而是失权效的扩张。参见常廷彬：《民事判决既判力主观范围研究》，中国人民公安大学出版社2010年版，第35页。此种拘束力不同于既判力，因为既判力具有相对效力，传统的既判力扩张的特殊情形有限，并未对特殊的诉讼类型作出例外规定。而形成力一般存在于形成判决之中，股东会决议无效和不成立判决以及原告败诉的股东会决议撤销判决并非形成判决。反射效理论也有不周延之处，因为反射效并非法院依职权调查的事项，其适用以当事人的援引为前提，因而此种拘束力的性质有待于进一步探讨。

决具有对世效力的原因。[①] 也有学者进一步认为原告胜诉的形成判决导致诉讼对象产生形成效果，无须通过执行程序。由于对世效力也导致当事人之外的第三人无法就同一事件再行起诉，形成判决并不存在既判力。[②] 有学者认为“一方面形成判决变动了既有的法律关系，另一方面形成判决也作出了判断认可了形成要件或形成权的存在”[③]。对于股东会决议撤销诉讼，其判决作为形成判决具有对世效力，及于第三人，此种判决形成的法律效果无人可以否认。[④] 台湾地区学者认为形成判决只具有形成力而无既判力，其判决的主观范围及于一般第三人。[⑤] 学者邓辉辉虽然对形成判决效力的本质未作表态，但认为对于股东会决议撤销诉讼，其对世效力不以原告胜诉为前提，具有对世效力的公司关系诉讼的裁判均是对事实关系成立的认定，由于成立与否的理由不因当事人不同而存在差异，因而无论原告是否胜诉均具有对世效力。[⑥]

在婚姻效力诉讼以及亲子关系诉讼中也普遍存在突破既判力相对性原则的情形。离婚判决和亲子关系判决涉及身份关系的变更，由此涉及的法律关系不应仅在当事人之间加以明确，还应在全体关系人之间予以确定，因而大陆法系国家立法往往赋予其不同于普通判决的效力，如《日本人事诉讼法》第24条规定人事诉讼确定判决对第三人也发生效力。也有学者从类似必要共同诉讼的角度，为判决约束未参加诉讼之人寻求理论上的合理性，认为“类似必要共同诉讼人，各个共同诉讼人在法律上都具有独立实施诉讼的权能，如果他们一同

---

① 参见［德］汉斯－约阿希姆·穆泽拉克:《德国民事诉讼法基础教程》，周翠译，中国政法大学出版社 2005 年版，第 331—332 页。

② 参见［日］中村英郎:《新民事诉讼法讲义》，陈刚、林剑锋、郭美松译，法律出版社 2001 年版，第 107 页。

③ 李辉:《形成权诉讼与形成之诉关系辨析》，《法学论坛》2016 年第 1 期。

④ 参见肖建华:《民事诉讼当事人研究》，中国政法大学出版社 2002 年版，第 166—167 页。由于当事人无法就形成要件存在与否再行争执，因而认为形成要件的存在受既判力约束，由于法律关系因确定判决发生变动，形成要件被在此争执的可能很小，使得既判力难以发挥作用，但并不意味着形成判决无既判力。参见［日］三月章:《日本民事诉讼法》，汪一凡译，（台北）五南图书出版公司 1997 年版，第 57 页。

⑤ 参见陈荣宗:《婚姻无效与股东大会决议无效诉讼》，民事诉讼法研究基金会:《民事诉讼法之研讨（四）》，（台北）三民书局 1993 年版，第 9、32 页。

⑥ 参见邓辉辉:《民事诉讼既判力理论研究》，中国政法大学出版社 2014 年版，第 251 页。

起诉或被诉，则依照固有必要共同诉讼处理。而如果其中一人起诉或一人被诉时，其他人并未参加，法院所作判决，对于未参加诉讼的人也产生效力”[①]。

学术界通说认为股东会决议瑕疵诉讼是类似必要共同诉讼。类似必要共同诉讼是指“数人对于为诉讼标的之法律关系，虽得分别提起单一诉讼或合并提起共同诉讼，如经一同起诉或一同被诉，其诉讼标的对于该数人全体，即须合一确定，不许法院对之为歧异判决之共同诉讼也”[②]。日本学者新堂幸司认为类似必要共同诉讼包括三种类型[③]，并将其主张的争点效理论贯穿于其理论体系的始终，其对类似必要共同诉讼的第三种分类也体现了这一点。所谓“合一确定”是指对于有关诉讼目的的权利或法律关系，法院作出的判决内容对于共同诉讼当事人不能相异，为一次性解决当事人之间的纷争，在诉讼法效果上不得出现矛盾并作出合一判决。[④]

公司往往具有多个股东，大型上市公司股东更是数以万计，因此股东会决议瑕疵诉讼适格原告众多，采必要共同诉讼的方式并不可取。但由于涉及同一股东会决议下同一诉讼标的，又需要判决“合一确定”。对于同一诉讼标的下的股东会决议瑕疵诉讼，不同的适格原告起诉的具体事由可能并不相同，但此

---

① 肖建华:《民事诉讼当事人研究》，中国政法大学出版社 2002 年版，第 171 页。

② 吴明轩:《民事诉讼法（中册）》，（台北）三民书局 2016 年版，第 787 页。

③ 此三种情形为:（1）一名共同诉讼人单独起诉，该判决效力扩张至其他共同诉讼人与对方当事人之间的情形;（2）不存在判决抵触的危险，但就解决纠纷的实效性而言，存在合一确定的必要;（3）共同诉讼人提出或被提出的请求在重要的争点上共通，或者针对数名被告请求之间存在目的与手段的关系，只有当原告获得针对所有被告的胜诉判决才能实现终局目的。参见[日]新堂幸司:《新民事诉讼法》，林剑锋译，法律出版社 2008 年版，第 546—547 页。

④ 参见李木贵:《民事诉讼法（下）》，（台北）元照出版有限公司 2007 年版，第 8—41 页。学术界其实存在对“合一确定”的不同理解。有学者认为此处的“合一确定”应当是诉讼法上的“合一确定”，也有学者认为此处的“合一确定”应为实体法上的合一确定。有学者认为对于类似必要共同诉讼的类型应当作立法上的明确规定，明确判断的标准。参见[日]三月章:《日本民事诉讼法》，汪一凡译，（台北）五南图书出版公司 1987 年版，第 258 页。正是对“合一确定”理解的不同导致了类似必要共同诉讼范围界定的不同。只不过随着诉讼法和实体法的分离，诉讼法上的“合一确定”逐渐成为通说。参见段文波:《德日必要共同诉讼“合一确定”概念的嬗变与启示》，《现代法学》2016 年第 2 期。有学者在类似必要共同诉讼的基础上提出准必要共同诉讼的概念，区分的标准在于将类似必要共同诉讼看成是法律上的“合一确定”，而将准必要共同诉讼看成是理论上的“合一确定”。参见胡震远:《我国准必要共同诉讼制度的建构》，《法学》2009 年第 1 期。

时仅是攻击防御方法的不同，并不影响法院对此作出统一的判决。当然，在股东会决议撤销诉讼中，仅存在于一个原告特有的撤销事由并不影响股东会决议撤销诉讼判决对其他股东的效力，此时因为该原告的诉由对全体股东有利，由此带来的利益应当及于全体，法院应当作出原告方胜诉的合一裁判。[①]

例如，在作为类似必要共同诉讼的股东会决议撤销诉讼中，在股东甲和乙提起共同诉讼的场合，若甲胜诉乙败诉，前一判决导致股东会决议不得撤销，后一判决得出相反结果，由此产生不同判决效力之间的冲突。谷口安平教授认为对于类似必要共同诉讼判决效力扩张的矛盾，由于实体法并未对支持请求与驳回请求何者优先的问题作相应的规定，因此矛盾无法解决，法院必须作出同样内容的判决。日本学者高桥利文认为，若股东会决议瑕疵诉讼判决仅具有片面对世效力，因此不属于类似必要共同诉讼。他认为：（1）公司诉讼应在何种程度上谋求程序统一应根据具体诉讼的特质及法律的具体规定确定。（2）《日本商法》105条第3款（现行《日本公司法》第837条）仅规定此种诉讼属于同一审级时应合并辩论及判决的情形，并未要求统一进行其他诉讼程序。（3）在分开判决的情形中，若仅部分当事人提起上诉，效力不及于未上诉人。高桥利文说为少数说，与申请同时审判的共同诉讼具有类似的规则。也有学者认为，即使具有片面对世效力也属于类似必要共同诉讼：（1）类似必要共同诉讼的目的在于即便不会产生冲突也要避免发生错综复杂的法律关系，也无在其后作出否定实质意义的判决（驳回请求）。[②]（2）先作出的驳回请求的判决对仍处于诉讼系属中的当事人在事实上造成不利，因此应当赋予其他共同诉讼人阻止此

---

① 对于“合一确定”和“同胜同败”之间的关系，有学者认为虽然类似必要共同诉讼中共同诉讼人受拘束的终局判决结果是“同胜同败”，但其实理论界并未将“合一确定”和“同胜同败”等同，只要判决内容并无矛盾即可。若强调“合一确定”必然“同胜同败”，则应专指固有的必要共同诉讼，不能将此类推到其他情形。否则，台湾地区“民事诉讼法”第54条第2项准用第56条“合一确定”的规定将无法理解。对于类似必要共同诉讼的判决效力，该学者认为是否包括既判力应当根据不同的法律关系而定，不应一概而论，对于判决效力是否及于未参加诉讼之人也因实体法不同而不同。参见李木贵：《民事诉讼法（下）》，（台北）元照出版有限公司2007年版，第8、46、47页。

② 此处应该是说没有必要在后诉驳回原告实体请求。

种情形发生的权能。[①]

对于上述批判和反思，日本学者高桥宏志认为:（1）若甲乙分别诉讼，则当甲胜诉判决先作出且确定时，判决对世效力导致乙的诉讼应该出现支持请求的胜诉结果。[②]（2）若同时作出甲胜诉判决和乙败诉判决，或乙败诉判决先作出，此时对世效力应优先，若如此，将股东会决议撤销诉讼作为类似必要共同诉讼的基础便不存在。但其又认为在判决效力扩张的情形下采类似必要共同诉讼说是妥当的，并且特意作出内容相异的判决及分别进行程序欠缺合理性。在不否认类似必要共同诉讼的前提下，他作出了如下反省:（1）当作为共同诉讼人的乙准备放弃诉讼请求但法院不允许时，可撤回诉讼。[③]（2）若对方不同意撤销时乙可以缺席审判。但此时会给乙带来诉讼费用的不利益，此时可以与甲进行协调。但乙发生中断、中止的事由时甲的诉讼也陷于停滞，此时对甲也造成一定的不便。（3）乙可以通过选定当事人制度脱离诉讼。此外，他还认为对于作为共同诉讼中的一人，在控诉审即将审结时才查明，此时可将其作为必要共同诉讼人进行处理。[④]

此外，台湾学者许士宦认为，从纷争解决一次性、被告公平及程序利益保护看，股东会决议瑕疵诉讼判决既判力主观范围对世效力说显然更为优越。[⑤]刘哲玮坚持股东会决议瑕疵诉讼判决既判力主观范围全面扩张的观点，无论原告是否胜诉，法院针对股东会决议作出的效力认定均具有对世效力。除了上述从类似必要共同诉讼的角度寻求理论依据外，刘哲玮还从我国司法实务的现状

---

① 此时不是普通共同诉讼，法官不得先行裁判。高桥宏志在不否认此种观点的情况下就共同诉讼人会在多大程度上有此意识去防止先出现一个驳回请求的判决给出了自己的思考。参见 [日] 高桥宏志:《重点讲义民事诉讼法》，张卫平、许可译，法律出版社 2007 年版，第 213—214 页。

② 应当合并审理。即便没有合并审理，后诉也应驳回诉讼请求而不是胜诉。

③ 在本书设计的股东会决议瑕疵诉讼框架下原告不得撤诉。

④ 参见 [日] 高桥宏志:《重点讲义民事诉讼法》，张卫平、许可译，法律出版社 2007 年版，第 215、219 页。

⑤ 参见陈鹏光:《股东会决议争讼事件之确认利益、被告适格及判决对世效——着重于探讨其相关审判实务应如何依循修正民事诉讼法之意旨处理及今后残留之课题》，民事诉讼法研究基金会:《民事诉讼法之研讨（十六）》，（台北）三民书局 2009 年版，第 69 页。

以及此种观点难以真正损害第三人权益的角度进行了论证。[①]

（二）股东会决议瑕疵诉讼判决既判力主观范围片面对世效力说

在既判力主观范围的扩张中，存在一种特殊的观点，即既判力片面对世效力说，此种观点主要在公司诉讼中被学者提及。与普通诉讼不同，公司诉讼尤其是股东会决议瑕疵诉讼适格当事人众多，若仅采既判力相对效力理论容易导致重复诉讼和矛盾判决的发生。但若采对世效力理论则容易损害未参加诉讼的第三人的诉权，还有可能导致公司与个别股东串通，提起诉讼获得具有对世效力判决的可能性。为此，德国和日本立法对股东会决议瑕疵诉讼判决既判力主观范围采片面对世效力说。片面对世效力是指原告败诉的判决仅在当事人之间发生效力，原告胜诉的判决效力及于任何第三人。

为维护公司经营的稳定，德国立法并未局限于确认判决具有相对效力，形成判决具有对世效力的传统理论。对于股东会决议撤销诉讼，《德国股份公司法》规定了在撤销诉讼一个月起诉期限届满前法院不得开庭审理，此举导致无论法院作出的撤销判决原告胜诉与否，其他适格原告因期限经过均不能再提起撤销诉讼。根据《德国股份公司法》第 248 条的规定，宣告股东会决议无效的判决（原告胜诉判决）效力及于全体股东、董事及监事，德国通说认为该等判决效力及于任何人。此规定扩大了生效判决约束的对象，对于原告胜诉的判决，其他适格原告无论是否参加诉讼，均不能再提起股东会决议无效或撤销诉讼，这有利于防止重复诉讼和矛盾判决的发生，维护公司经营的稳定和良好运转。

从《日本公司法》第 838 条可以看出，在股东会决议争讼事件中，原告胜诉判决具有对世效力。日本立法对股东会决议无效、撤销和不存在诉讼判决片面对世效力的规定既考虑了对重复诉讼的规制，也顾及了对第三人程序权的保障。既判力的片面扩张意味着，对于原告胜诉的判决，其他适格原告不得再行提起同类的诉讼，在一定程度上保证了判决的稳定性，也有利于防止个别股东的缠讼行为。但是，原告败诉的判决并不具有对世效力，其他适格原告仍可提

① 参见刘哲玮：《论公司决议诉讼的裁判效力范围》，《山东大学学报》（哲学社会科学版）2018 年第 3 期。

起相关诉讼。对于股东会决议撤销诉讼，因只有三个月的起诉期限，在原告败诉后起诉期限大都已经届满，因而其他原告再行提起撤销诉讼的可能性很小。因而在撤销诉讼中，既判力对世效力说和片面对世效力说产生的实际结果并无太大差别。但在股东会决议无效和不存在诉讼中，由于并未规定和撤销诉讼一样短暂的起诉期间，片面对世效力说在原告败诉时无力对反复诉讼进行规制。①

未采用既判力对世效力理论，体现了对第三人程序权利的保障。《日本公司法》删除了对诉讼系属由公司进行公告的规定。在大型公司中股东众多，由此可能出现利害关系人因不知晓诉讼未能充分进行参与。若采取既判力对世效力理论，无论原告是否胜诉，股东会决议瑕疵诉讼判决均具有对世效力，会剥夺适格当事人再行争讼的权利，有可能侵害第三人利益。日本对再审程序的启动条件规定严苛，实体性权利很难通过再审的方式予以救济，并且日本无第三人撤销之诉制度，第三人也无法通过提起诉讼的方式撤销已经生效的裁判。我国也有学者认为应当借鉴德日经验，股东会决议瑕疵诉讼既判力主观范围的扩张应为片面扩张。②

（三）股东会决议瑕疵诉讼判决既判力主观范围相对扩张说

股东会决议瑕疵诉讼判决既判力主观范围相对扩张说认为股东会决议瑕疵诉讼判决不应仅约束诉讼双方当事人，还应进行一定程度的扩张，但否认股东会决议瑕疵诉讼判决的对世效力。持此观点者主要从实体法上股东会决议约束对象的视角为其观点提供理论支撑。对于股东会决议的约束对象，学者多认为因决议仅在公司内部决定公司意思，因而对董事和监事具有拘束力。基于所有

---

① 对于股东会决议撤销诉讼，台湾地区理论界目前认为应采对世效力说。但实务界通说认为应采片面对世效力的观点，法院就原告败诉的本案判决仅有确认原告形成权不存在的既判力，此项既判力不及于未起诉的第三人。原告胜诉的本案判决，除确认原告的形成权具有既判力之外，还具有使股东会决议失效的形成力。此形成力对一切第三人均存在，对于未起诉的原告最初也具有此形成权，但因形成判决而消减。若未起诉的股东再提起相同的诉讼，法院应以诉无理由予以驳回。参见姚其圣：《民事诉讼法论》下册，（台北）新学林出版股份有限公司2016年版，第205页。

② 参见谢文哲：《股东会决议撤销之诉研究》，《金陵法律评论》2007年第1期。

权和经营权相分离的原则，股东会决议不拘束第三人。在股东会作为公司权力机关而非代表机关的基础上，股东会决议对第三人并不直接发生法律效力，但当股东会决议效力存在瑕疵时，第三人的权益可能会受到影响。决议行为的瑕疵因团体内部行为引起，故团体应对其过错承担责任且不应牵涉第三人利益。因而学者一般认为当决议涉及第三人时，决议瑕疵并不影响外部行为的效力，当决议不涉及第三人或其非善意时，决议瑕疵导致外部行为效力待定或无效。①

我国公司法并未明确规定股东会决议的约束对象，也导致学者对此多有论述且观点不一。有观点认为，由于董事会由作为公司权力机关的股东会选举，其作为执行机构执行股东会决议，因而应受该决议的拘束，进而约束董事会成员。由于公司高级管理人员由董事会任免，因而其也应受股东会决议的约束。但对监事应区别对待，股东会决议仅约束由公司选举产生的监事，公司职工选举产生的监事不受股东会决议的约束。② 股东会决议应对董事会、董事和监事产生拘束力，而不应将监事产生的原因作为是否受股东会决议效力约束的分类依据而区别对待。一方面，《公司法解释（四）》第 1 条将监事作为股东会决议无效和不成立诉讼的适格原告也从反面印证了董事和监事受股东会决议的拘束，并且该司法解释并未对监事进行区分。另一方面，公司决议和相关诉讼本就复杂，若基于监事产生的原因不同就可不受股东会决议的拘束，则会使股东会决议的执行打折，也容易导致由此产生的法律关系更加混乱。

股东会决议对股东是否具有拘束力？有观点认为虽然股东和公司在人格与财产上相互独立，表面上看股东会决议无法约束股东，但若股东会决议对股东无拘束力，则不会导致股东权益受股东会决议侵害的情形，因而可从反面推导出股东是股东会决议约束的对象。③ 否定者认为，由于股东会决议是公司的意思表示而非股东的意思表示，因而对股东不具有拘束力。学者石纪虎认为股东会决议仅对股东具有消极的法律拘束力，原因在于股东只能对提交股东会讨论

① 参见冯兆蕙、李霞：《〈民法总则〉第 134 条第 2 款“决议行为”之探析》，《河北法学》2019 年第 1 期。

② 参见石纪虎：《关于股东大会决议效力的探讨》，《政治与法律》2009 年第 5 期。

③ 参见钱玉林：《股东大会决议的法理分析》，《法学》2005 年第 3 期。

的事项进行表决，此种权利是一种否定性的权利。[①] 从学者对股东会决议是否约束股东的讨论来看，对股东会决议性质观点的不同也影响着对股东会决议效力约束对象范围的认知。股东会决议是否约束公司？有学者认为对此问题的讨论是虚假命题。股东会决议针对的是公司董监事和股东，而非公司本身。股东会决议是公司中的现象和问题，无引入“公司”术语的必要。对这一伪命题进行讨论的价值在于在股东会决议瑕疵诉讼中应当以何者作为被告，并认为股东会决议瑕疵诉讼的被告应通过原告的诉讼理由确定。[②]

股东会决议对相对人是否具有拘束力？根据《公司法解释（四）》第6条的规定，对于与善意相对人形成的法律关系，仅公司依据被法院认定为无效或撤销的决议作出的行为才不受影响。与正式公布的司法解释相比，《征求意见稿》将法院认定为存有瑕疵的股东会决议视为自始没有法律效力。《公司法解释（四）》虽然在保护善意相对人的基础上采用民法对善意相对人利益进行保护的通常做法，承认了公司与善意相对人形成的法律关系不因决议本身的效力而受影响，但立法条文仅将范围局限于股东会决议被认定为无效或撤销时的情形，决议不成立并未明确包含在内。对此，存在两种不同的理解：其一，立法之所以对股东会决议不成立时的情形未作规定，原因在于立法旨在对股东会决议无效、可撤销和不成立的溯及力及对善意第三人的保护作不同处理。由于决议不成立一般是指自始不存在故而自始不发生效力，也无必要依据“该决议”保护公司与善意相对人形成的法律关系。其二，《公司法解释（四）》第6条对于股东会决议不成立的情形未作规定应为立法漏洞，决议不成立和决议无效与可撤销一样，在法律效果上应一视同仁。因为从《公司法解释（四）》第5条的规定来看，股东会决议不成立包括实际存在但存有严重瑕疵的决议，公司依据此种具有严重瑕疵的决议和善意相对人之间产生的法律关系应受保护。无论公司是否实际召开了股东会或决议表决出现不符合规定等其他决议不成立的情形，只要具备了“决议”外观并形成合理信赖，善意第三人的利益均应受到保护，因此也应当将决议不成立的情形包含在内。

---

① 参见石纪虎：《关于股东大会决议效力的探讨》，《政治与法律》2009年第5期。
② 参见石纪虎：《关于股东大会决议效力的探讨》，《政治与法律》2009年第5期。

然而，在分析了《公司法解释（四）》第 6 条的规定之后，还存在对《民法总则》第 82 条规定的理解，以及其与《公司法解释（四）》第 6 条之间的协调。根据《民法总则》第 82 条的规定，仅对法院撤销的决议，营利法人基于该决议和善意相对人形成的民事法律关系才不受影响，并未包括决议无效和不成立的情形。由于与《民法总则》相比《公司法解释（四）》为特别法，因此股东会决议对第三人的效力应适用《公司法解释（四）》第 6 条的规定。法院认定股东会决议无效或可撤销的情形，公司与善意第三人形成的法律关系不受影响，股东会决议不成立的情形也应包含在内，对此上文已有说明。

此处的善意第三人，应包括相对人实际上不知晓事实以及在进行形式审查之后仍无从知晓存在的事实，此两种情形均应认定为善意。[①] 一般情形下应当推定相对人为善意，除非有证据证明第三人为恶意，相对人为恶意须由公司进行证明。除此之外也有观点认为对于法律规定的须由公司决议的对外交易，无论第三人是否知情均不受保护，此种情形属于公司外部合同行为的法律风险。[②] 但上述观点并未引起学术界的广泛关注和讨论。也有观点认为股东会决议为单方法律行为，单方法律行为仅能创设权利不能施加义务，因而对第三人不具有法律拘束力。但若第三人为公权力机关，股东会决议应在其职权范围内具有拘束力。[③] 由于股东会决议为单方法律行为的支持者较少，从单方法律行为角度对股东会决议约束范围进行讨论的观点也难以得到学术界和实务界的认可。

对于公司诉讼中既判力主观范围的扩张，我国学者吴明童认为其属于相对扩张，不同于解除婚姻或收养关系诉讼因身份关系的特殊性使其既判力具有对世效力。对于人数众多的公司诉讼，由于全体股东无法亲自参加而只能由法定代表人为维护全体股东利益参加诉讼，不管法院判决如何均对全体股东产生既判力。[④] 丁勇认为股东会决议瑕疵诉讼判决既判力不仅约束股东，还约束董监

---

① 参见沈德咏主编:《〈中华人民共和国民法总则〉条文理解与适用》，人民法院出版社 2017 年版，第 612 页。

② 参见包晓丽:《民法规范论在公司法中的适用》,《河南财经政法大学学报》2018 年第 2 期。

③ 参见石纪虎:《关于股东大会决议效力的探讨》,《政治与法律》2009 年第 5 期。

④ 参见吴明童:《既判力的界限研究》,《中国法学》2001 年第 6 期。

事。他还认为股东会决议撤销诉讼判决具有对世效力的论断本身就无法立足，更不用说将股东会决议无效和不成立诉讼看成形成之诉进而赋予其对世效力。撤销决议的判决效力也不能超出股东会以决议方式撤销先前决议的效力。无论是法院裁决撤销股东会决议还是公司自主撤销，第三人均只能接受此客观事实，此种接受不具有法律效力，也改变不了第三人的法律地位，否则会错误地推论出任何判决均具有对世效力。[①]

二、股东会决议瑕疵诉讼判决既判力主观范围的界定

正如前文所述，我国立法并未明确规定股东会决议的约束对象，学者对此观点不一。也正是因为如此，试图通过股东会决议约束对象的范围来界定股东会决议瑕疵诉讼判决的既判力主观范围并不可行，此学说内部也无法就股东会决议瑕疵诉讼判决约束的对象达成一致。这里，相对扩张说意识到了在公司诉讼中既判力相对效力的弊端，但未采用彻底的全面扩张理论。或许在认为公司诉讼既判力主观范围应进行相对扩张的学者看来，虽然公司诉讼涉及全体股东的利益，但并未像身份关系案件那样对法律关系的稳定造成如此大的影响。在股东会决议瑕疵诉讼中，提起相关诉讼的适格原告并非仅限于股东，还包括董监事等。若要采用既判力主观范围相对扩张理论，前提便在于立法应当对股东会决议瑕疵诉讼适格原告和被告进行明确的规定，为相对扩张的范围提供一个具体的参照。然而，《公司法解释（四）》第 1 条对股东会决议撤销和不成立适格原告范围的规定在理论界还存有一定的争议，相对扩张到何种程度是一个值得深思的问题。

对股东会决议瑕疵诉讼类似必要共同诉讼形态的认定，实际上是从诉的主观合并的角度作出的。从诉讼标的的角度看，由于确认之诉和形成之诉判决不需要执行，当事人无须全部参加诉讼，因而在诉讼形态上一般应认为是非固有必要共同诉讼（类似必要共同诉讼）。对于股东会决议瑕疵诉讼，单数或复数

① 参见丁勇：《组织法的诉讼构造：公司决议纠纷诉讼规则重构》，《中国法学》2019 年第 5 期。

股东均可提起，由于诉讼标的仅有一个，因此只能是必要共同诉讼。由于公司法通过实体法的方式赋予了股东等适格原告单独或聚合提起诉讼的权利，此时的股东会决议瑕疵诉讼和固有的必要共同诉讼又存在区别，“因此在诉讼法的学理上，只好将其作为必要共同诉讼的一种特殊的形态来处理”①。虽然有学者主张在我国建立诉讼标的牵连型的必要共同诉讼形态，但我国学者段厚省从诉讼标的的角度对此种观点作出了抨击，认为即便是在诉讼标的牵连型的诉讼中，仍旧仅存在一个诉讼标的，且“诉讼标的牵连”的概念和标准均难以把握。②由于英美法系国家以争议的事实是否同一作为评价当事人合并和诉的客观合并以及是否构成重复诉讼的标准，因此对于具有牵连关系的主张应当在一次诉讼中一次性解决，由此出现强制合并制度和复杂的交叉请求制度。可见，我国学者对牵连型必要共同诉讼的理论构想实际上借鉴了英美法系国家的争议事实理论，但由于和我国以规范出发型的诉讼制度并不吻合，故显得格格不入。

对于股东会决议瑕疵诉讼的诉讼形态，我国有学者认为《公司法解释（四）》将解散公司和公司决议诉讼确定为类似必要共同诉讼。③这里，对我国学术界将股东会决议瑕疵诉讼认为是类似必要共同诉讼并无异议，但并不赞同上述认为我国《公司法解释（四）》将股东会决议瑕疵诉讼定性为类似必要共同诉讼的观点。一方面，通说认为《民事诉讼法》第55条仅规定了固有的必要共同诉讼和普通共同诉讼两种类型，并未将类似必要共同诉讼包含在内。有学者认为从《民事诉讼法》第55条无法得出“当事人必须一同起诉或应诉，法院必须合并审理，必须作出合一裁判，当事人不能要求退出诉讼”，因而此条款并未明确排斥类似必要共同诉讼，将我国必要共同诉讼制度进行限缩使其仅包含固有必要共同诉讼是学者基于立法的模糊作出的错误推演。④我国《民事诉讼

① 段厚省：《共同诉讼形态研究——以诉讼标的理论为方法》，陈光中、江伟主编：《诉讼法论丛》第11卷，法律出版社2006年版，第251页。

② 参见段厚省：《共同诉讼形态研究——以诉讼标的理论为方法》，陈光中、江伟主编：《诉讼法论丛》第11卷，法律出版社2006年版，第267页。

③ 参见蒲一苇：《诉讼法与实体法交互视域下的必要共同诉讼》，《环球法律评论》2018年第1期。

④ 参见兰仁迅：《我国必要共同诉讼类型再思考》，《华侨大学学报》（哲学社会科学版）2011年第4期。

法》第55条并未如大陆法系国家一样，将固有必要共同诉讼规定为“诉讼标的同一”，而是采用了“诉讼标的共同”这一表述，可知我国并未在立法上确立类似必要共同诉讼，而是基于司法实践和总结得出的普遍的非立法共识，学者对《民事诉讼法》第55条作扩大解释后将类似必要共同诉讼纳入其中。应通过立法的方式对类似必要共同诉讼的类型作出明确规定。另一方面，《公司法解释（四）》第3条第2款规定：“一审法庭辩论终结前，其他有原告资格的人以相同的诉讼请求申请参加前款规定诉讼的，可以列为共同原告。”由于股东会决议瑕疵诉讼的特殊性，诉讼请求和诉讼标的在此处重合，因此法律条文其实是在表述：其他有原告资格之人以相同的诉讼标的申请参加系属中的诉讼的，法院可以将其列为共同原告。此处用语是“可以”而非“应当”，因此存在法院不列为共同原告的可能。通过对大陆法系国家类似必要共同诉讼概念的对比，可见此处的规定并非严格意义上的类似必要共同诉讼的规定。①

和婚姻效力诉讼相似，股东会决议瑕疵诉讼既包括作为形成之诉的股东会决议撤销诉讼，也包括股东会决议无效和不成立诉讼。股东会决议撤销诉讼判决的对世效力，可以通过形成之诉的形成力具有对世效力予以解释，但对股东会决议无效和不成立诉讼这两种在传统上被认为是确认之诉的诉讼判决具有对世效力，则难以作出合理的解释。可见，对世效力并非仅限于形成判决。我们也不赞成将与当事人具有一定联系的第三人受判决拘束看成是既判力主观范围的扩张，却将判决对不特定当事人产生拘束力看成是不同于前者的对世效力。既判力主观范围的扩张包括对世效力，对世效力只是既判力主观范围扩张项下的一种特殊情形。② 在股东会决议瑕疵诉讼中，法院作出的股东会决议瑕疵诉讼裁判对作为诉讼当事人之外的第三人发生法律效力，有些第三人实际上与股东会决议在某种程度上也存在利害关系，如公司高管、职工以及债权人等，此种第三人虽然也和股东会决议瑕疵诉讼的当事人有联系，但并不包含在既判力

① 当然，对于此时法院是否有可能将此种具有原告资格的人列为第三人并非此处思考的问题。

② 前文所述的既判力主观范围对于口头辩论终结后的诉讼继承人、标的物的持有人、诉讼被担当人的扩张可以称之为既判力主观范围的一般扩张，后者的对世效力可以称为既判力主观范围的特殊扩张。

主观范围一般扩张范围之内，而是属于特殊的扩张。

可见，无论是原告胜诉还是败诉，我国股东会决议瑕疵诉讼判决均应具有对世效力。一方面，前文将股东会决议瑕疵诉讼被定性为类似必要共同诉讼，在理论上应具有对世效力。另一方面，对于股东会决议撤销诉讼因特殊诉讼时效的限制，由于在法院作出判决之前其他未提起诉讼的原告诉权基本上因时间经过已经消灭，无论是采用判决既判力主观范围对世效力说、片面对世效力说或相对扩张说，在结果上均不会产生太大差别。赋予股东会决议无效和不成立诉讼判决对世效力则需要进一步设计对第三人程序保障的相关制度，下文将会对此问题进行详细论述。

对于一般的诉讼继受，善意取得人并不受既判力的约束，无论其对诉讼系属知晓与否，否则容易造成民事实体法和程序法之间的冲突与混乱。对于恶意取得人，无论知晓诉讼系属与否，均受既判力扩张所及。但是在股东会决议瑕疵诉讼中，无论受让人取得股权善意与否以及是否知晓诉讼系属，因其受公司章程的约束以及股东会决议瑕疵诉讼判决效力的特殊性，均应受判决的约束。对于原股东在诉讼系属中转让股权后受让人参与诉讼的问题，应按照《民诉法解释》第249、250条的规定进行操作，这里不再赘述。也正是股东会决议瑕疵诉讼判决效力的特殊性，使在诉讼中对第三人进行程序保障比一般诉讼更为迫切。

三、股东会决议瑕疵诉讼中的第三人程序保障

在承认股东会决议瑕疵诉讼判决具有对世效力时，未作为诉讼当事人的第三人受判决的拘束。为了使此种对世效力具有正当性，应充分考虑对第三人利益的保护。本书认为为了维护公司经营的稳定和社会公共利益，对于股东会决议瑕疵诉讼应借鉴适用域外婚姻效力诉讼中的别诉禁止制度，此举意味着对于案外第三人的程序保障变得更为必要。对于第三人的程序权，可通过以下三种途径予以保障。第一，对处分主义和辩论主义采取一定的限制，采用人事诉讼程序中的职权探知主义。第二，通知第三人知晓诉讼系属，赋予其进行参加

诉讼的机会。第三，使第三人可通过第三人撤销之诉的方式进行救济。总体上看，按照诉讼的进程对上述途径予以分析和具体适用，可将股东会决议瑕疵诉讼中第三人的程序保障分为审前程序保障、诉讼中的程序保障和事后救济三个方面，下文也以此为逻辑展开相关论述。

（一）审前程序保障

在诉讼开始前对第三人的程序保障主要是让第三人知晓诉讼系属，无论第三人是否参加诉讼，在形式上其知情权已经得到保障，也为进而规定股东会决议瑕疵诉讼判决具有对世效力奠定了基础。对于审前程序的保障，德国对于公司诉讼特别规定了公司公告制度。除此之外，法院职权通知制度也为第三人知晓诉讼系属提供了程序上的保障。无论是公司公告还是法院依职权进行通知，对第三人的通知都可从以下几个方面进行分析：（1）由何人进行通知；（2）受通知的第三人的范围；（3）通知的时间、方式和事项；（4）漏未通知的效果；（5）受通知的第三人的诉讼地位。

对于股东会决议瑕疵诉讼的公司公告制度，德国对此进行了明确的规定。德国立法考虑到了对股东等适格原告的诉权和知情权的保障，为防止公司董事、监事等权利人通谋骗取判决，规定了公司诉讼公告制度，赋予诉讼外第三人有参与股东会决议瑕疵诉讼的机会，潜在的适格原告可以提起相关诉讼或加入已有的诉讼中来。《德国股份公司法》对诉讼系属的通知有明确规定，且学者认为此种公告制度已充分发挥了其预期机能。该法第 246 条第 4 款规定董事会应将诉讼的提起和审理的日期不迟延地在公司公报上公布。此规定有利于其他适格原告基于相同或不同的事由针对同一股东会决议提起撤销诉讼，法院对数个撤销诉讼合并同时审判，或者股东作为第三人加入到已有的诉讼中来。股东会决议无效诉讼准用撤销诉讼的上述规定。日本在 2005 年《日本商法》修正前对诉讼系属的公告进行了明文规定，当时通说认为公司违反公告诉讼系属的规定对股东会决议瑕疵诉讼的判决效力不产生影响，少数说认为公告诉讼系属是撤销判决发生对世效力的前提。现行《日本公司法》未对公司公告诉讼系属进行规定，学者认为这意味着日本立法对诉讼外第三人程序保障未采取明确的立场。[①]

我国公司领域立法并未全面要求公司应当将其进行的诉讼以公告的方式进行公示，仅《上海证券交易所股票上市规则》《深圳证券交易所股票上市规则》等文件对上市公司诉讼披露作了特别的要求。对于股东会决议瑕疵诉讼此种涉及众多股东和利害关系人的诉讼，立法应要求公司予以公告。要求公司进行公告，一方面可以最大限度地通知到与案件具有利害关系的第三人，促使其参与诉讼进而更好地维护自身合法权益，并为其受判决约束提供理论上的支撑；另一方面也可以克服法院依职权通知范围有限的弊端。

我国对公司公告制度的设计包括以下几个方面：（1）公告主体。由于是公司公告制度，自然应当由公司进行公告。对于具体的执行部门，董事会应具有管理公司业务经营和事务的权力，与公司其他业务部门相比具有更高的地位，所作公告更有可能引起潜在第三人的注意，因而将公告的义务赋予董事会较为妥当。（2）受通知的第三人的范围。由于本书认为股东会决议瑕疵诉讼判决均具有对世效力，因而原则上对公司进行公告的范围不作限制。但对公司股东和其他具有原告资格的主体应当进行重点通知。（3）通知的时间、方式和事项。公司公告的时间应当贯穿诉讼的始终，自法院受理案件时起，至获得确定判决时止。虽然在口头辩论终结之前第三人可以加入到诉讼中来，但不能据此认为应当以口头辩论终结作为公司公告的截止点，原因在于法院有关股东会决议瑕疵诉讼的判决具有对世效力，即便在口头辩论终结后得知诉讼的第三人无法参与到诉讼中来，但可以为其接受法院判决结果或是否进行事后救济提供心理预期。董事会应当在公司主要办事机构所在地明显位置将公司公告予以张贴，并在公司内部信息系统予以公告，除此之外还应在公司网站显著位置进行公告。公告的内容应包括股东会决议瑕疵诉讼的当事人、起诉事由、开庭时间以及具有原告资格的范围主体和其他利害关系人主体，并明确写明

① 参见陈鹏光：《股东会决议争讼事件之确认利益、被告适格及判决对世效——着重于探讨其相关审判实务应如何依循修正民事诉讼法之意旨处理及今后残留之课题》，民事诉讼法研究基金会：《民事诉讼法之研讨（十六）》，（台北）三民书局2009年版，第40—41页。

上述主体可归入诉讼系属，且无论其是否参与诉讼法院判决均具有对世效力，并告知上述主体在法院判决生效后可采取的救济措施。（4）漏未通知的效果。由于无论第三人是否参加诉讼均受判决约束，因此第三人不得直接以未受通知为由主张不受判决约束。漏未通知的情形，仅可以作为第三人提起撤销之诉的理由。（5）受通知的第三人的诉讼地位。对于受通知的第三人的诉讼地位，若受通知人本身具有原告资格且与提起诉讼的原告主张一致，应加入原诉讼成为共同原告。若主张与提起诉讼的原告不一致，则应为有独立请求权的第三人。若受通知人是和股东会决议具有利害关系的其他人，可以根据《公司法解释（四）》第 3 条第 1 款的规定将其列为第三人。

进一步需要考虑的问题是我国《公司法解释（四）》第 3 条第 1 款规定的第三人应为何种形式的第三人。此处的第三人既包括有独立请求权的第三人，也包括无独立请求权的第三人。若原告提起股东会决议撤销诉讼，其他受通知股东认为应主张股东会决议无效或不成立，此时由于受通知股东可提出自己独立的诉讼请求，因而可作为有独立请求权的第三人加入到诉讼中来，其地位相当于原告，拥有原告所具有的一切权利与义务。此外，《公司法解释（四）》第 3 条第 2 款规定：其他具有原告资格且诉讼请求与原告相同的主体参与诉讼的，可列为共同原告。对于获得通知但未明确表示态度的适格原告，立法并未作出明确规定。由于股东会决议瑕疵诉讼并非固有的必要共同诉讼，即便其他受通知的原告“无动于衷”，也不应像我国对必要共同诉讼的规定那样将其强行列为原告。与股东会决议效力有效与否具有其他利害关系但不能作为原被告或有独立请求权的第三人参与诉讼的主体，根据我国现有立法，似乎应当作为无独立请求权的第三人辅助原告或被告一方进行诉讼。

但是，其他利害关系人作为无独立请求权的第三人辅助原告或被告一方进行诉讼在理论上是否具有不恰当之处？其他利害关系人有可能站在原告一方，也有可能站在被告一方，其作为第三人参与诉讼的目的在于查清案件事实，而非在被告败诉时承担责任。我国第三人制度尤其是无独立请求权第三人制度的缺陷在股东会决议瑕疵诉讼中同样暴露无遗。由于第三人制度的缺陷，也有学者呼吁引进大陆法系国家的辅助参加人制度对我国无独立请求权第三人制度进行改良。[①] 在决定是否引进该制度时要考虑两个问题：第一，我国第三人制度的缺陷是否不可克服，以至于必须引进大陆法系国家的辅助参加人制度。第二，域外国家辅助参加人制度的运作逻辑能否与我国民事诉讼法的体系和架构相契合，实践中可能出现的问题能否在我国司法实践中得到有效控制。综观域外辅助参加制度，可以看出辅助参加人具有独立性和从属性两方面的特征，和我国无独立请求权的第三人制度分属不同的逻辑框架和制度体系，并且辅助参加人制度最大的特点在于辅助参加人的效力为参加效，仅在被参加人败诉时对其产生效力，并且以当事人的援用为前提。[②] 因此，引入辅助参加人制度以替代我国无独立请求权第三人制度的设想难以践行。我们不赞同通过辅助参加的制度设计解决股东会决议瑕疵诉讼判决效力面临的上述难题。[③]

从前文论述中可以看出，公司违反股东会决议瑕疵诉讼诉讼系属公告的规定并不影响最终判决的效力，但此种公告有助于为第三人提供程序上的保障，因而有存在的必要性。由于在股东会决议瑕疵诉讼中公司作为被告，让公司主动公告自己作为被告的诉讼，进而使股东或其他具有原告资格的主体加入诉讼

① 参见赵信会、李祖军:《无独立请求权第三人制度的内部冲突与制衡》,《现代法学》2003 年第 6 期；罗飞云:《无独立请求权第三人制度：比较、借鉴与重构》,《甘肃社会科学》2007 年第 5 期。

② 参见 [日] 高桥宏志:《重点讲义民事诉讼法》，张卫平、许可译，法律出版社 2007 年版，第 304—305 页。

③ 我国有不少学者在对域外第三人制度进行考察的基础上认为应将我国无独立请求权的第三人分为“义务型无独立请求权的第三人”和“辅助型无独立请求权的第三人”。并且，有学者认为有独立请求权的第三人和无独立请求权的第三人之间可以相互转化，区分的关键在于第三人参加诉讼的方式，如果以提起诉讼的方式参加，则为有独立请求权的第三人；如果基于申请或通知的方式参加，则为无独立请求权的第三人。参见王亚新:《第三人参与诉讼的制度框架与程序操作》,《当代法学》2015 年第 2 期。根据此种理解，在股东会决议瑕疵诉讼中，若其他具有原告资格者以提出不同主张的方式参与到原诉讼中应为有独立请求权的第三人，若申请参加或被法院通知参加应为无独立请求权的第三人。其他不具有原告资格的利害关系人由于无法以起诉的方式就股东会决议效力提出自己独立的主张，因此无论是申请还是被通知参加均只能作为无独立请求权的第三人，但是由于其对裁判结果并不承担责任，因此应为辅助型无独立请求权的第三人。我国立法对无独立请求权的第三人并未作上述区分，实践中法院为了查明案件真实虽将上述利害关系人列为无独立请求权的第三人，但不应让此第三人承担案件不利后果。因此，通过立法的方式改良我国无独立请求权第三人制度尤为迫切。

中来，其实是为公司胜诉设置障碍，即便是其他利害关系人以第三人的方式加入诉讼中来，也会使最初的诉讼更加复杂。除此之外，将公司涉讼案件进行公告也不利于公司对外进行业务交流，有可能导致合作伙伴的犹豫而使公司错失商业良机。因而公司对诉讼系属进行公告的积极性是值得怀疑的，至少在立法无完善的惩戒和保障措施的情形下很难调动非上市公司对股东会决议瑕疵诉讼诉讼系属公告的积极性。因而，立法在规定股东会决议瑕疵诉讼诉讼系属公司公告制度的同时，也应制定相应的惩戒措施，建立相应的威慑机制。

由上所述，可从以下几个方面进行规制。（1）设立群众举报制度。由于公司数量和相关诉讼众多，单纯依靠工商管理机关排查难以取得良好效果并形成威慑，因而可设立群众举报制度，由公司股东、内部工作人员以及其他知晓公司股东会决议诉讼者进行举报，促使公司自觉履行义务。（2）赋予工商管理机关或法院罚款的权限。对于公司应当公告而未进行公告的，相关部门在接到举报或法院告知后可进行一定数额的罚款，具体数额可根据公司未履行公告义务造成后果的严重程度而定。此外，公司公告涉及法院案件审理和判决的稳定性，也应赋予法院对公司不予公告股东会决议瑕疵诉讼诉讼系属进行罚款的权限。法院可参照对妨害民事诉讼行为的处理，按照法定程序对公司不予公告的行为予以罚款。（3）设立公司违信通报制度。公司不履行公告义务的，由工商管理部门协同法院制作相关违信名册，在工商管理部门和法院公告栏予以公告，并取消企业此年度的评优资格。上市公司违反此义务的，同时报送证券监督管理部门并根据上市公司约束规范予以处罚。

与公司公告相配套的是法院依职权通知制度。法院依据职权通知制度实际上贯穿于诉讼的始终，但为了更好地与公司公告制度相衔接，本书在审前保障程序中对此制度进行讨论。法院依职权通知利害关系人参与诉讼的依据，可从法条中找到。例如台湾地区“民事诉讼法”第 67 条之 1 规定法院应当在言词辩论终结前，以书面方式将诉讼事件及进行程度通知与案件裁判结果具有法律上利害关系的第三人。在我国民事诉讼程序中，法院在审理案件的过程中发现有第三人存在时应当进行通知，第三人也可主动以起诉或申请参加的方式加入到诉讼中来。因而在股东会决议瑕疵诉讼中法院对潜在原告和其他利害关系人进行职权通知符合法院在案件审理中的一贯做法，但对潜在原告和其他利害关系人的通知并非法院的强制性义务。一方面，案外人有义务维护自身合法权益，自然应当对和自身权利相关的诉讼有最基础的关注和了解，而不是“躺在权利上睡觉”。另一方面，法院根据案件原被告的请求和攻击防御方法，在要件事实的基础上对案件进行审理和裁判，除固有必要共同诉讼外，法院无强制性义务对案件相关人进行绝对的通知，立法也并未规定法院未履行通知义务时的处罚措施。

根据《民诉法解释》第 81 条的规定，在股东会决议瑕疵诉讼的二审程序中，第三人申请参加诉讼主动放弃审级利益的，是否准许由法院裁定。由于股东会决议瑕疵诉讼判决具有对世效力的特殊性，基于一次性解决纠纷以及社会公共利益的考量，对于自愿放弃审级利益的第三人，法院应特别予以准许。对于和原告有共同利益诉求的潜在适格原告能否在二审中直接放弃审级利益，以共同原告的身份加入到诉讼中来的问题，既然立法对第三人进行了此种例外性的规定，对和案件裁判结果更具紧密利害关系的潜在原告，也应给予其参与诉讼的机会。如此，不仅有利于法院更为全面地了解案情并彻底地解决纠纷，也有利于维护法院裁判的稳定性。此种设想不仅适用于股东会决议瑕疵诉讼案件，也应扩展到其他类似必要共同诉讼或普通共同诉讼案件中。在当事人主义诉讼模式之下，既然当事人自愿放弃其审级利益，只要此种审级利益的放弃并不违反社会公共利益或他人合法权益，法院应尊重当事人的处分权。若未能参加诉讼的潜在适格原告未能在自愿放弃审级利益的情形下加入原诉讼中来，其虽然后续可提起第三人撤销之诉，但徒增诉累。当然，在此种设想未得到立法的肯定之前，上述主体可在符合条件的情况下提起第三人撤销之诉。

我国对法院依职权通知的制度设计可从以下几个方面入手。（1）通知主体。法院依职权通知制度应当由审理案件的合议庭进行通知，具体可由法官助理或书记员进行操作。（2）受通知的第三人的范围。和公司公告一样，由于本书认为股东会决议瑕疵诉讼判决均具有对世效力，因而原则上对法院职权通知的范围不作限制。但对公司股东和其他具有原告资格的主体及利害关系人，应当进行重点通知。（3）通知的时间、方式和事项。对于法院依职权通知的时间，应当贯穿诉讼的始终，自法院受理案件时起，至获得确定判决时止。法院在口头辩论结束前的任何阶段均应当履行相应的通知义务，在法院公告栏明显位置予以张贴，并通过《人民法院报》等报刊对社会公众进行公告。考虑到前两种公告手段效果的有限性，法院还应当对公司进行明确的告知，以便公司积极进行相关公告，弥补法院依职权告知的不足。法院在司法实践过程中也可以根据案件情况对潜在原告或利害关系人采用电话或书面方式进行分别通知。公告的内容应包括股东会决议瑕疵诉讼的当事人、起诉事由、开庭时间以及具有原告资格的范围主体和其他利害关系人主体，明确指出上述主体可参与到诉讼系属中来，且无论其是否参与诉讼法院判决具有对世效力，并告知上述主体在法院判决生效后可采取的救济措施。（4）漏未通知的效果。法院采取了上述依职权通知的手段即认为已经履行了通知义务，对于未得到通知者，仅可以作为其提起第三人撤销之诉的理由。（5）受通知的第三人的诉讼地位。和前文对公司公告的论述一致，若受通知人本身具有原告资格且与提起诉讼的原告主张一致，应加入原诉讼成为共同原告；若主张与提起诉讼的原告不一致，则应为有独立请求权的第三人。若受通知人是和股东会决议具有利害关系的其他人，则可以根据《公司法解释（四）》第 3 条第 1 款的规定列为第三人。

（二）诉讼中的程序保障

《德国股份公司法》第 246 条规定：法院对原告提起的股东会决议撤销诉讼在一个月期限届满前不得开庭审理。《德国股份公司法》第 246 条规定的目的在于一次性解决纠纷，也在一定程度上体现了对第三人的程序保障。若法院在期限届满前不开庭审理，未起诉的案外第三人在获得诉讼系属的通知后可以原告或第三人的身份加入到诉讼中来，此种开庭审理之前的加入有助于第三人在法院开庭前就充分参与案件，更好地进行攻击和防御。

《德国股份公司法》规定：对于股东会决议无效和撤销诉讼不得进行独任审判，也无和解程序。此种对股东会决议瑕疵诉讼审理方式的限制体现了对当事人程序权的保障，但也从侧面体现了对案外第三人程序权的保障。合议庭和独任制是法院进行案件审理的两种方式。和独任制相比，虽然合议庭审理存在成本较高和诉讼效率较低等问题，但可以有效提高案件审判质量和防止司法腐败。将合议庭审理作为股东会决议瑕疵诉讼唯一的审判组织形式体现了立法对此种诉讼的重视，也更能为当事人提供程序上的保障。收到通知的第三人参加诉讼后，其程序权利也得到了合议庭审理下的保障。德国立法对无和解程序的规定，也可以有效避免原告与被告恶意串通提起诉讼，通过和解的方式变相剥夺其他原告的诉权，使公司股东会决议瑕疵通过判决得到补正的不良企图。

辩论主义和职权探知主义是两种发现案件真实的方法，我国民事诉讼逐步由职权探知主义转向辩论主义，但在这一转型过程中不应轻易否定职权探知主义的合理元素。[①] 即便是适用辩论主义的国家，在人事诉讼中仍规定了适用职权探知主义的例外。股东会决议瑕疵诉讼虽然未涉及人身关系，但作为一种随着经济发展逐步演化而来的现代型诉讼，关涉公司的稳定经营和社会稳定，借鉴人事诉讼中职权探知主义的合理元素也并不意味着对我国民事诉讼向辩论主义转型趋势的否认和悖反。

在股东会决议瑕疵诉讼中，职权探知主义的适用并不意味着当事人消极被动。在诉讼过程中，当事人仍负主张责任，法院裁判的主要事实依然要以当事人的辩论为限。即便是在人事诉讼，也并不意味着全部适用职权探知主义，有些事项依旧适用辩论主义。根据《民诉法解释》第 92 条的规定，法院原则上受当事人自认的约束，除非自认内容“涉及身份关系、国家利益、社会公共利益等应当由人民法院依职权调查的事实”。虽然股东会决议瑕疵诉讼并不涉及人身关系，但由于此类诉讼案件的特殊性，为防止原被告串通损害其他适格原告的利益，法院应不受当事人自认的约束。那么，此种构想是否意味着需要对现行立法进行修改呢？我们认为对现行法应持包容态度，在立法未进行修改之前，应在肯定现行法的基础上对其不足作尽可能符合实践和理论的解释。除股东会决议瑕疵诉讼之外的其他公司诉讼，以及环境污染诉讼和医疗纠纷诉讼等现代型诉讼，往往涉及国家或社会公共利益，因而根据《民诉法解释》第 92 条第 2 款的规定，法官可对此类案件作从宽解释，因案件涉及国家或公共利益

① 参见翁晓斌、周翠:《辩论原则下的法官实质指挥诉讼与收集证据的义务》,《现代法学》2011 年第 4 期。

而不受当事人自认的约束，暂且不必在现行法之外增加新的例外情形。

根据辩论主义的第三命题，法院调查证据以当事人申请为限，不得主动进行证据调查。职权探知主义和此相对应，法官可依职权主动调查证据。但是应该注意到，法院依职权调查的证据为证据资料，当事人在诉讼中提出的主张和证据为诉讼资料，法官在裁判时不得以证据资料代替诉讼资料。同时，为防止发生突袭裁判，对于法院依职权调查的证据，应给予当事人辩论的机会。在股东会决议瑕疵诉讼中，法院应当以当事人对于股东会决议效力为何的主张和证据作为裁判的基础，依职权主动对证据进行的调查作为诉讼资料的补充。但法院的裁判应以诉讼标的为限，判决原告胜诉或败诉，不得超越原告的主张在判决主文中对股东会决议效力作出不同的认定。若法官在诉讼过程中对股东会决议的效力有不同认识，可以在公开心证的基础上建议原告进行诉的追加或变更。此外，法院也不得在判定股东会决议效力之外要求公司对某一事项应作出何种股东会决议，或者要求公司再行就某一事项重新按照法定程序作出决议。

此外，对于提起的股东会决议瑕疵诉讼，原告不得撤诉。这一方面是考虑到其他适格原告"搭便车"的心理。在有适格原告提起诉讼的情况下，其他潜在原告考虑到与公司的关系以及诉讼花费，可能缺少加入诉讼的积极性。此种心理有可能被公司利用，从而与个别股东进行商议提起诉讼，在六十日期限届满时撤回诉讼。此时其他适格原告因期间经过不得再提起诉讼，具有可撤销事由瑕疵的股东会决议因期限经过而得到补正。为防止此种情形发生，应当禁止原告撤回股东会决议瑕疵诉讼，并配合公司公告和法院职权告知制度促使其他适格原告和利害关系人参与诉讼。另一方面是考虑到有股东利用股东会决议制度恶意阻碍公司正常经营。正如本书第一章所述，在德国微量持股股东为谋取不正当利益恶意提起诉讼的情形时有发生，我国司法实践中也出现过类似案例。由于公司内部关系复杂，有可能存在的情形是多个股东进行串通，在原告撤诉后其他股东又反复提起诉讼，不断对公司进行骚扰。此种情形更可能出现在没有设置较短的起诉期间的股东会决议无效或不成立诉讼中。基于上述两点考量，建议在股东会决议瑕疵诉讼中限制原告的处分权，其提起的相关诉讼不得撤回，法院均应对此作出裁判。

（三）事后救济措施

股东会决议瑕疵诉讼的事后救济措施是指当法院判决确定后第三人因未参与诉讼而采取的救济措施，主要包括第三人撤销之诉和再审制度。案件当事人在判决确定后申请法院再审不属于此处讨论的范围，故在后文主要围绕第三人撤销之诉在股东会决议瑕疵诉讼案件中的适用展开相关论述。

2012年《民事诉讼法》修改时首次在第56条第3款对第三人撤销之诉进行了规定，2015年《民诉法解释》在此基础上以专章的形式对第三人撤销之诉的起诉条件、受理、裁判以及和再审程序的关系等进行了规定和完善。从我国对于第三人撤销之诉的规定来看，若法院支持第三人的请求，应当改变原裁判或调解书中错误的部分，更改后的判决对原裁判或调解书的当事人发生法律效力。有观点认为德国和日本并无第三人撤销之诉的直接规定，并未为第三人规定相对独立的救济程序。即便是通过再审之诉给予第三人救济的机会，日本也认为更具建设性的做法是在原诉中赋予第三人参加诉讼的机会。① 但也有学者认为德国存在第三人撤销之诉制度，只是未将第三人撤销之诉和案外人异议之诉作严格区分。除此之外，若撤销判决得到法院支持，仅撤销原判决的执行力对其既判力并无影响。②

台湾地区的第三人撤销之诉是再审程序后的特别程序。台湾学者一般认为其“民事诉讼法”第507条之1规定的可提起第三人撤销之诉的有法律上利害关系的第三人为受判决拘束的第三人。但从台湾地区的规定来看，其并未具体限制第三人提起撤销之诉的案件范围，亦未直接规定对婚姻效力等涉及人身关系案件不得提起第三人撤销之诉。也有学者认为，第三人在特定情形下针对婚姻效力判决有提起第三人撤销之诉的必要性和可能性。③

对于第三人撤销之诉，不同国家和地区的立法规定略有差异，但法国对第三人撤销之诉判决效力的规定独具特殊性。法国第三人撤销之诉制度规定在

---

① 参见徐一楠:《第三人撤销之诉制度研究》，人民法院出版社2018年版，第39页。

② 参见严仁群:《不受判决拘束者之事后救济》，《法学家》2015年第1期。

③ 参见黄国昌:《民事诉讼理论之新开展》，北京大学出版社2008年版，第309—311页。

《法国新民事诉讼法典》第 582~592 条。在法国，第三人撤销之诉和再审并列属于特别上诉程序。法国对可提起第三人撤销之诉的适格原告范围的规定处在不断变化之中，总体上倾向于从宽把握第三人撤销之诉的提起，并借助司法判例对复杂的边缘性问题进行厘清。[①] 从具体规定中可以看出，法国对可提起第三人撤销之诉案件的范围并未在立法中进行限制，如并未限制婚姻效力案件不得提起第三人撤销之诉，且明确规定对于非讼案件亦可提起第三人撤销之诉。与我国对第三人撤销之诉仅规定了 6 个月的起诉期间相比，法国规定了 30 年的诉讼时效，且无“不可归责于己的事由而未参加诉讼”的限制。原因在于法国第三人撤销之诉判决效力的特殊性。[②]

在股东会决议瑕疵诉讼中，虽然有公司公告和法院依职权通知两种措施保障第三人知晓诉讼系属并参与到诉讼中来，但仍无法排除第三人因不能归责于己的事由未参加诉讼的情形。如前文所述，股东会决议瑕疵诉讼因涉及公益，和婚姻效力诉讼具有众多相似性。为维护婚姻关系和社会关系的稳定，《民诉法解释》第 295 条明确规定将婚姻关系等涉及人身关系的判决排除在提起第三人撤销之诉范围之外，人民法院对此提起的第三人撤销之诉不予受理。同理，是否有必要基于维护股东会决议效力和公司经营的稳定性将股东会决议瑕疵诉讼判决排除在第三人撤销之诉救济的范围之外？

虽然根据本书的观点股东会决议瑕疵诉讼和婚姻效力关系诉讼具有诸多相似之处，但不应将股东会决议瑕疵诉讼作为第三人撤销之诉救济范围的例外。第一，从救济的必要性来看，婚姻关系涉及人身关系，在法院允许解除婚姻关系后当事人有可能另行结婚，对第三人的救济往往是财产方面的救济，财产关系救济的必要性难以和人身关系的稳定相提并论，此时对第三人的程序保障无法抗衡人身关系的确定性。并且，婚姻效力诉讼和第三人密切相关，和股东会决议瑕疵诉讼可以“搭便车”相比，前者案件中涉及的第三人一般难以“袖手

---

① 参见韩艳:《第三人撤销之诉制度研究》，浙江大学出版社 2017 年版，第 71—72 页。

② 根据《法国新民事诉讼法典》第 591 条的规定，法院针对第三人异议作出的判决的效力具有相对性。对于第三人撤销之诉，若法院支持第三人的主张，则原判决对该第三人不发生效力，且扩张至被撤销的原判决所产生的后果。但原判决在原当事人之间依然有效，此规定和我国存在重大差异。

旁观”。股东会决议瑕疵诉讼虽然涉及公司稳定经营和社会公共利益，但决议的内容并不涉及人身关系，仅涉及公司的经营决策和人事任命。第二，从诉讼双方的实力和救济的目的上来看，即便在婚姻关系中双方当事人在经济和教育等方面存在差异，但毕竟是自然人之间的诉讼。股东会决议瑕疵诉讼之间的诉讼是作为原告的自然人和作为被告的法人之间的较量，在经济实力上原告难以和被告相抗衡，加之股东会决议和公司经营的复杂性，在诉讼中法官更有可能出现错误裁判。通过第三人撤销之诉对已经发生效力的裁判进行救济，也可以对公司在诉讼中的行为形成威慑。并且，股东会决议瑕疵诉讼涉及股东会决议效力问题，其往往成为后续诉讼的前提，为了维护法律关系的稳定性，立法将其单独作为独立的诉讼类型进行诉讼。对股东会决议效力的裁判直接关系到后续的救济，在公司可以对瑕疵股东会决议进行补正或另行作出股东会决议等众多内部“自救”方式的情形下，承认第三人可通过撤销之诉的方式对发生效力的股东会决议瑕疵诉讼判决进行救济，并无明显的利益失衡。

虽然我国将第三人撤销之诉与再审程序并列，承认了其不同于再审程序的独立价值，但对第三人撤销之诉的判决并未采取法国模式。那么，在股东会决议瑕疵诉讼中是否法国的第三人撤销之诉模式更为可行？按照法国第三人撤销之诉的模式，在股东会决议瑕疵诉讼中，当法院支持第三人的撤销请求时，原生效判决在原当事人之间仍发生法律效力，仅该第三人不受判决约束。在此种情形下，可以保持原判决的稳定性，也可以兼顾第三人程序保障的问题。也正是因为如此，法国的第三人撤销之诉无论起诉期限长短如何，均不会过分影响原判决的效力。此种规定在涉及人数较少的普通民事诉讼案件中或许不会出现太多问题，但对于人数众多的公司诉讼和现代型诉讼弊端明显。在股东会决议瑕疵诉讼中，第三人判决效力的相对性也会产生另一后果，即同一股东会决议，在原当事人之间是否有效是一种结果，在第三人那里又是另一种结果。股东会决议的效力关涉公司的后续经营决策，此举极易导致股东会决议效力及其约束范围的混乱，尤其是在公司决议涉及众多利害关系人的情形下。虽然法国第三人撤销之诉的判决相对性模式有助于维护原判决的稳定，但其无法为股东会决议效力作出划一的处理，在复杂且涉及人数众多的股东会决议瑕疵诉讼中并非一个好的选择。若采用法国第三人撤销之诉的效力模式，也意味着要对我国立法中关于第三人撤销之诉的基本理念和具体制度设计作出全面的修改。股东会决议瑕疵诉讼及其判决面临的众多问题应侧重于在我国现行立法体制下找出合理的应对措施，而非贸然基于域外经验指责我国立法的不足并盲目进行借鉴。①

我国《民事诉讼法》第234条规定了在执行程序中案外第三人提起再审的可能性，但是对于股东会决议瑕疵诉讼并无执行问题，法院仅是对股东会决议的效力进行判断，因此第三人似乎无法直接通过再审程序进行权利救济。此时应当区分无独立请求权的第三人和有独立请求权的第三人两种情形。对于无独立请求权的第三人，不能直接提起再审，但可以通过原案件当事人或法院、检察院等可以启动再审程序的主体“迂回”救济。对于有独立请求权的第三人，这里倾向于我国学者对有独立请求权的第三人事后再审救济所作的分类，如果其知悉而拒绝以起诉的方式参加，其事后认为原确定裁判有错误且具备法定再审理由的，可以作为原案第三人以当事人身份申请再审；如果其知悉但因不可归责于己的原因无法通过起诉参与到原诉讼中来，可以依照《民事诉讼法》第207条第8项中的“应当参加诉讼的当事人”作为再审适格主体申请再审。②在股东会决议瑕疵诉讼中，若有独立请求权的第三人知悉诉讼但拒绝以起诉方式参与到原诉讼中来，可在符合再审事由的情形下作为原案第三人申请再审；若知悉诉讼但因不可控的因素未能以起诉方式参与到原诉讼中来，以“应当参加诉讼的当事人”的身份申请再审。

因我国第三人撤销之诉并非再审程序后的救济程序，因而可能出现在审理

① 虽然第三人撤销之诉为第三人提供了救济途径，但其对“不能归责于己的事由”以及六个月起诉期限的规定也意味着其救济的有限性。除此之外，第三人还可以通过再审的方式进行救济。我国再审程序可由法院和检察院依职权启动，也可由当事人向法院申请启动，当事人并不能直接启动再审程序。和我国不同的是，其他国家和地区一般通过再审之诉的方式提起再审，再审程序也分为审查再审事由的有无和对案件进行再次审理两个阶段，由此产生对于再审之诉诉讼标的的争论。参见熊跃敏、刘芙、李卓：《民事再审程序研究》，吉林人民出版社2005年版，第198—199页。

② 参见杨卫国：《论民事诉讼第三人权益救济制度系统之重构——以案外第三人撤销之诉原告适格为中心》，《海南大学学报》（人文社会科学版）2015年第3期。

第三人撤销之诉期间，法院对原判决启动再审程序的情形。由于无论何种方式均能对第三人起到救济的效果，故我国采取了再审审理吸收第三人撤销之诉的立法模式。在股东会决议瑕疵诉讼中，若在第三人提起撤销之诉的过程中法院对原裁判决定再审，除非原案件当事人恶意串通损害该第三人合法权益，法院应当将案件并入再审程序，而非中止再审审理。然而，将第三人撤销之诉与再审合并，在民事诉讼法基础理论框架内，此种诉的客观合并属于何种性质的诉的客观合并？我们认为，此种诉的客观合并为诉的混合合并，在再审程序吸收第三人撤销之诉的基础上，法院将两个案件进行合并审理。

还有一个值得思考的问题，那就是第三人撤销之诉并入再审程序的时间范围。《民诉法解释》第 299 条规定了第三人撤销之诉案件审理期间并入再审程序的情形，但并未明确表明此审理期间的范围。若第三人撤销之诉在一审辩论终结前并入再审程序，在理论和实践层面均无障碍。若第三人撤销之诉已经作出一审判决或正处于二审阶段，是否应该并入再审程序？最高人民法院对此并未给出明确的答复。[①] 将已经进入二审阶段的第三人撤销之诉并入再审程序是否有违第三人对诉讼的信赖以及权利保障的充分性是值得深思的。基于对现有立法字面含义的理解，只要第三人撤销之诉判决尚未确定，法院应当将此诉讼并入再审程序，但裁判时应当对第三人撤销请求和再审请求同时作出裁判。不过应当注意的是，按照本书对股东会决议瑕疵诉讼的设计，无论是和股东会决议相关的第三人撤销之诉还是再审程序，均应遵守由合议庭进行审理、不得撤诉与和解的特殊要求。

虽然第三人可通过第三人撤销之诉的方式进行权利救济，但相比于直接参与诉讼，立法为第三人撤销之诉设定了较为严苛的条件。尤其是在我国司法实践中，为维护确定判决和法律关系的稳定性，对第三人撤销之诉案件的审查相当严格，通过事后救济的方式推翻原判决的效力并非易事。并且，对于股东会决议效力这一争议，在判决确定后通过第三人撤销之诉“大动干戈”地改变原裁判并影响已经形成的法律关系，从成本和收益的角度看并非良策。因而通过公

---

① 参见沈德咏主编:《最高人民法院〈民事诉讼法司法解释〉理解与适用（下）》，人民法院出版社 2015 年版，第 807 页。

司公告和法院依职权通知保障第三人的知情权并使其参与到诉讼中来，才是其维护权益的最佳路径。诉讼过程中的保障措施有助于发现案件真实，事后的救济手段应处于辅助性的地位，是前期各种保障措施均未能奏效后的“无奈之举”。

第四节 股东会决议瑕疵诉讼判决既判力时间范围

传统既判力时间范围理论通说将事实审言词辩论终结时作为基准时，但仍有关于在特殊案件中应对此基准时进行限缩或扩张的争论，在股东会决议瑕疵诉讼判决既判力时间范围的讨论中，也面临是否应适用此种例外的思考。本节在坚持股东会决议瑕疵诉讼判决既判力时间范围应采通说的基础上展开相关论述。

一、股东会决议瑕疵诉讼判决既判力时间范围的争议

成为确定判决对象的私法上的权利关系随着时间经过有发生变更和消灭的可能性，因此判决应固定一个时间点，明确在该时间点上法院对权利关系存否的判断。[①]“所谓既判力的基准时又称既判力的标准时，是指确定终局判决对当事人之间争议的事实状态和权利状态产生既判效果的特定时间点。基准时点之前已经形成的实体法律关系是法院审理和判决的对象，法院确定的权利义务关系受判决的既判力效力拘束……基准时是既判力再诉禁止效力、既判力遮断效力和再诉新事由的起算时点。”[②]“发生既判力的判决只确认特定时刻的权利状态，而不是确认所有未来的权利状态。”[③]按照传统理论，当事人应在基准时前提出攻击防御方法，因故意或过失未能提出的，均不得在后诉中再行提起。

---

① 吉野正三郎:『民事訴訟法（第3版）』、成文堂、1998、260頁。

② 胡军辉:《民事裁判既判力问题新探索》，法律出版社2018年版，第61页。

③ [德]奥特马·尧厄尼希:《民事诉讼法（第27版）》，周翠译，法律出版社2003年版，第332页。

既判力时间范围理论将事实审言词辩论终结时作为基准时，亦即既判力时间范围的界限。在大陆法系国家，若案件为一审终审或者未上诉，则一审言词辩论终结时为基准时，否则以二审言词辩论终结时为基准时。在英美法系国家并无基准时的概念，虽然一审法院负责事实审，上诉法院负责法律审，但并不能生搬硬套大陆法系的概念对其制度进行解读和框定。将事实审言词辩论终结时作为基准时，原因有二：其一，从法官的角度，在此时可以对案件作出完整的判断；其二，从当事人的角度，言词辩论终结时所有事由均由当事人进行了主张，不得再行争议。① 也有观点认为将事实审言词辩论终结时作为基准时符合辩论主义原则和程序保障原理。在言词辩论终结时，当事人的诉讼请求和证据均向法院提出，程序的不可逆转性导致当事人不得变更或增加诉讼请求和提出新的事实证据，将此时作为既判力的基准时符合辩论主义的要求。在事实审言词辩论终结时，当事人已经获得了充分的程序保障，所有的攻击和防御方法已经被充分行使，此时作为基准时符合程序保障原理的要求。②

学术界一般认为既判力确定的是权利关系在基准时上存在与否，不论权利关系在基准时以前是否存在。基准时后出现的新事由不受既判力的约束，当事人可就此提起新的诉讼。对于基准时以前的权利状态，不受既判力时间范围的约束。因而新堂幸司在此基础上认为，既判力并不能阻断当事人在后诉中提出前诉权利在前诉基准时前不存在的主张。如原告在确认土地所有权的案件中，在败诉判决后可提出该土地从买取时至前诉基准时为止的其他请求，在既判力基准时之前土地归原告所有的主张不被前诉既判力遮断。虽然新堂幸司倡导争点效理论可以遮断该主张，但毕竟认为此不属于既判力时间范围的效力范畴。③

对于既判力基准时例外的合理性，学者主要从主张的可预料性和提出责任两个角度进行论证。传统既判力时间范围导致当事人即便因过失未提出的主张在后诉中也会被既判力遮断，持可预料性说的学者认为，若当事人在前诉中的

---

① 参见［日］高桥宏志：《民事诉讼法：制度与理论的深层分析》，林剑锋译，法律出版社2003年版，第489页。

② 参见邓辉辉：《民事诉讼既判力理论研究》，中国政法大学出版社2014年版，第266页。

③ 参见［日］新堂幸司：《新民事诉讼法》，林剑锋译，法律出版社2008年版，第481页。

主张具有不可预料性，该主张就不被既判力遮断。[①] 另一种试图对既判力时间范围例外进行合理性论证的学说是提出责任说。此学说认为，既判力时间范围的界限划定还应考虑当事人在诉讼程序中对实体请求所负的提出责任。若当事人有能力对某项实体请求提出主张则当事人负有提出责任，确定判决的既判力及于该请求。若某项实体请求发生在基准时之前，但当事人因实体规范或其他客观因素无法提出主张的，当事人对该请求不负提出责任，该请求亦不受既判力时间范围的约束，当事人可再行起诉就该事项进行争执。[②]

对于既判力基准时的例外情形，学者进行了较为细致的探讨，主要以形成权为主，如抵销权、撤销权、解除权等，此外还包括对后遗症能否再行起诉主张损害赔偿的讨论。[③] 形成权是否受前诉既判力的遮断有肯定说和否定说之争。根据既判力时间范围理论，对于后诉中当事人违反规定提出了基准时前的事由，法院不得对之进行审理。但形成权为实体法上规定的权利，若当事人在诉讼中未行使未到期的形成权且受既判力遮断，则意味着通过诉讼可以剥夺实体法上的权利，此种情形下获得的既判力具有不正当性。

对于形成权不受既判力遮断的反对观点主要考虑到形成权在执行中的困

---

① 此观点和当事人程序保障有异曲同工之妙，若当事人未获得程序保障，既判力就不得及于此主张。程序保障的观点和可预料性相比更为宽泛且具有普适性，因为程序保障的观点不仅可以作为对既判力时间范围例外的理论依据，而且可以对既判力客观范围及主观范围的例外情形作出解释。法院在后诉中将对此种可预料性的有无进行判断，将削弱既判力时间范围的机械性。正如有学者认为，此种可预料性本身就是一个模糊的概念，对可预料性的判断很难有一个客观的评价标准，基于一个无统一适用标准的理论对既判力基准时传统整齐划一的规定作出变动并不妥适。

② 然而，此种理论无法撼动现有的既判力时间范围的传统学说。提出责任说试图彻底否定既判力时间范围的界定模式，但前提是应对提出责任的概念作一个明确的界定。若无明确的界定，将会使后诉法官难以对实体请求受既判力时间范围拘束作出清晰的判断，缺乏可适用性并造成实践上的混乱。参见丁宝同:《民事判决既判力研究》，法律出版社 2012 年版，第 236—237 页。

③ 由于对后遗症损害赔偿提起后诉的合理性问题并非既判力时间范围的一个讨论视角，还包括诉讼标的视角和部分请求理论，对诉讼标的和部分请求的视角本书不作详细评述。从既判力时间范围的角度，支持者认为后遗症发生在基准时之后，属于新的事由，不受前诉既判力的遮断。不过从中也可以发现既判力的时间范围和客观范围的联系十分紧密。

境。以撤销权为例，若撤销权不受既判力的遮断，在执行过程中撤销权人可提起异议诉讼阻止法院的强制执行。此种行为在一定程度上可以看成权利的不正当行使，对于本可以在诉讼中行使的权利故意在执行的最后阶段行使进而达到拖延诉讼和其他不正当目的，但在坚持撤销权不受既判力遮断的情形下又不得禁止此行为，尽管此举应受道德上的谴责。① 与其他形成权不同，学术界对抵销权讨论颇多。和撤销权与解除权相比，抵销作为一种偿还的方法无论是在标准时前还是之后行使均对偿还人无损。即便偿还人在基准时后行使的抵销权被既判力遮断，也仅仅意味着权利人不能以该反对债权进行抵消，但仍可以通过另行起诉的方式获得该债权。② 从众多观点中可以看出，对于形成权是否受既判力遮断，从正反两面论述均有一定的道理，这也意味着整齐划一的既判力时间范围无法对实践中的各种情形作出圆满的回应，关键在于学者进行何种利益

① 传统理论认为，与撤销事由相比，违法更为严重的无效事由都受既判力遮断，撤销事由作为更为轻微的事由也应受既判力遮断。有学者对此传统观点进行了批判，认为对于承认撤销权不受前诉既判力遮断而导致执行程序中面临的困境，可通过诚实信用原则作出例外规制，即在当事人违背诚实信用的情况下其所享有的撤销权受前诉既判力的遮断。对于此种折中的观点，也有学者提出了有力的质疑。民事诉讼中的诚实信用原则从民法中发展而来，虽然对诚实信用原则的适用范围存有一定的争议，但将诚实信用原则作为民事诉讼法的基本原则已成为学术界共识。不过，若有法律和制度上的具体规定，则一般不径直适用诚实信用原则。参见田平安主编：《民事诉讼法·原则制度篇》，厦门大学出版社 2006 年版，第 223 页。通过诚实信用原则对既判力遮断效进行例外规制，而不采用既判力的一般理论，是否有违常理值得深思。从主张及举证的角度看，“若依据诚实信用的遮断，则由前诉的胜诉当事人对‘违反诚实信用原则’进行主张和举证，而如果依据既判力的遮断，则由前诉的败诉当事人对‘未抵触既判力’进行主张及举证”。从当事人负担平衡的角度看，采既判力对撤销权予以遮断的观点更为妥当。参见 [日] 高桥宏志：《民事诉讼法：制度与理论的深层分析》，林剑锋译，法律出版社 2003 年版，第 496 页。

② 高桥宏志从抵销权的担保机能出发，为防止反对债权实现价值趋于下降，抵销权不受前诉既判力的遮断。此外还存在折中说，一种观点认为抵销权是否受既判力遮断取决于权利人是否意识到抵销条件成就。若意识到此条件成就则失权，未意识到则不失权。另一种观点认为仅在反对债权和诉权债权存在牵连关系的情形下撤销权才受既判力遮断。也有学者认为，形成权原则上受既判力遮断，但对在后诉中被主张的形成权应分别进行考量，当“过去存在的一次性事实作为形成原因”时，形成权受既判力的遮断。当“多数的事实或者持续性的一定状况作为形成原因”时，形成权不受既判力的遮断。参见 [日] 高桥宏志：《民事诉讼法：制度与理论的深层分析》，林剑锋译，法律出版社 2003 年版，第 501—502 页。

上的取舍。

在普遍意义上，若坚持传统的既判力时间范围传统理论，股东会决议瑕疵诉讼时间范围的基准时为事实审言词辩论终结时。对此，刘哲玮认为包含股东会决议瑕疵诉讼在内的公司诉讼的基准时应当是事实审言词辩论终结时，裁判作出后不得再以基准时后发生的新事实就该决议效力再行起诉。[①] 若坚持少数说，认为应考虑可预料性和提出责任，则对包括股东会决议瑕疵诉讼在内的所有诉讼的既判力时间范围的理解异于通说。此时应出现既判力的限缩而非扩张，即在存有不可预料性和无提出责任时，当事人在事实审言词辩论终结前未提出的主张不受既判力时间范围的遮断。因此，传统上对既判力时间范围的普遍争议在股东会决议瑕疵诉讼中也会有所体现。

在婚姻效力诉讼中，有学者认为存在既判力时间范围的扩张和限缩。在离婚案件中，若夫妻双方感情在基准时之后出现了好转和恢复的状况，法官不应机械地将基准时作为判决夫妻关系是否破裂的刚性标准，此为基准时的扩张。一方面，从不得上诉的角度考虑，法院判决离婚的案件采一审终审制，当事人不得对此进行上诉。夫妻关系在基准时后已经恢复的情况下，若法官一味坚守，则会对婚姻关系造成难以挽回的损失，事后的弥补措施也未必能将此不利影响全部消除。另一方面，基于《婚姻法》的立法目的和司法政策，法官应尽可能地维护婚姻关系的稳定。

在离婚诉讼中，我国《民法典》第 1079 条规定了众多导致婚姻关系破裂的事由，即使当事人未就基准时之前已经形成的事由提起诉讼，也不受既判力遮断效的约束。虽然实践中将婚姻关系、相关的财产分配和子女抚养问题一并处理，但对夫妻财产分配和子女抚养案件也可单独起诉，法律并未禁止。基于不可预测性理论和提出责任理论，在离婚判决中法官可进行基准时的限缩。夫妻身份关系与夫妻财产分配和子女抚养问题具有相对独立性，分开处理不会带来矛盾判决，逐步解决其他问题具有合理性。[②] 当然，此仅为学者的个人观点，

---

① 参见刘哲玮:《论公司决议诉讼的裁判效力范围》,《山东大学学报》(哲学社会科学版) 2018 年第 3 期。

② 参见胡军辉:《民事裁判既判力问题新探索》，法律出版社 2018 年版，第 61—63 页。

立法并未明确规定婚姻诉讼的特殊性足以使法官对既判力基准时进行灵活适用。或许将离婚判决既判力基准时进行扩张具有些许合理性，但对于既判力基准时的限缩却难以苟同。虽然夫妻身份关系和相关的财产分配及子女抚养问题具有独立性和紧迫性，但这本身并不能说明基于不可预测理论及提出责任理论对基准时进行限缩具有合理性，这两者之间没有必然联系，属于不同的逻辑层面。并且，该学者似乎认为法官可在离婚判决中对基准时进行限缩，但身份关系破裂导致的夫妻财产分配或子女抚养案件并不适用此种限缩。

在股东会决议瑕疵诉讼中是否存在既判力时间范围的限缩和扩张？在事实审言词辩论终结后，若公司通过内部治愈的方式就具有瑕疵的股东会决议补正，此时法院应如何作出裁判？适格原告对于事实审口头辩论之前已经形成的瑕疵事由，由于不可预料性或提出责任的困难，能否不受既判力时间范围遮断再提起后诉？在对股东会决议瑕疵诉讼判决既判力时间范围进行讨论时，应回应上述疑问。

二、股东会决议瑕疵诉讼判决既判力时间范围的界定

股东会决议瑕疵诉讼和婚姻诉讼一样，具有一定的公益性，对此作出的判决影响到诉讼当事人及其他受判决效力约束的第三人，公司承担的社会责任意味着其经营的稳定也关涉社会的稳定。为维护股东会决议效力的稳定，不应当对其基准时进行扩张或限缩。一方面，股东会决议瑕疵诉讼和婚姻案件相比更为复杂。在股东会决议瑕疵诉讼中，法官需要对股东会决议的效力作出认定，此认定过程不仅涉及股权知识，还涉及相应的股东会召集和表决问题，其复杂程度远非离婚案件所及。法官可以对股东会决议瑕疵诉讼案件裁判的基准时作出扩张或限缩，会使股东会决议效力的认定更为复杂。另一方面，相对于离婚判决，法官对股东会决议瑕疵诉讼效力的判决救济途径更多。由于当事人对股东会决议瑕疵诉讼判决可提起上诉，因而此种诉讼的基准时和普通诉讼一样为二审言词辩论终结时。和一审终审的案件相比，此时当事人更能对其主张进行充分的攻击和防御，法官对案件也可以有更为充分的时间进行了解，即便由

此产生了不利情形，也可以通过公司内部决议的方式再行作出新的决议。若基于不可预测性和提出责任理论对股东会决议瑕疵诉讼案件裁判的基准时进行限缩，则难以兼顾善意第三人的权益以及公司决议的稳定性。与离婚诉讼相比，股东会决议瑕疵诉讼的优势在于其并非人事诉讼，即便决议涉及董监事的人事任免也不会像离婚判决一样对家庭和社会关系造成难以挽回的后果。

不容回避的问题是，对既判力时间范围中基准时的讨论更多的是学者自圆其说，至于法官在案件裁判过程中对于基准时的遵守与否，则难以进行量化。没有直接评价标准的原因有二：（1）我国立法中并无既判力的概念。既然没有既判力这一明确的概念，也就不存在对既判力时间范围的遵守以及限缩和扩张进行详细的规定。（2）自由心证公开的困境。证据制度经历了由神示证据制度到法定证据制度再到自由心证制度的演变。有观点认为法官自由心证的范围限于证明力，法官应对证据的证明力进行自由判断。① 也有观点认为法官自由心证的范围包括证据能力和证明力两个方面，但对于前者应受立法上的限制。② 但无论持上述哪种观点，对法官在案件中是否遵循了既判力时间范围的规定并不属于自由心证公开讨论的范畴，难以直接通过自由心证的方式予以监督和作出评判。学者对既判力时间范围例外情形的列举依赖逻辑上的推演和假设，然而任何例外均意味着对整齐划一的规则的冲击。在立法难以作出统一规定且无操作细则的情形下，理论上的演绎难以在实践中推行，强行适用会加剧实践中的乱象。

此外，大力推行司法责任制，强调法官对案件终身负责，是目前司法改革的焦点，在此种宏观背景下法官也不会轻易采纳学者的观点。③ 公共利益维护以及对当事人程序的保障，并不能成为法官对基准时进行突破并借以免责的借口。在对法官自身无任何保障的前提下主张法官突破既判力基准时的常规无异

---

① 参见田平安主编：《民事诉讼法 · 诉讼证据篇》，厦门大学出版社 2006 年版，第 64 页。

② 参见张卫平：《自由心证原则的再认识：制约与保障——以民事诉讼的事实认定为中心》，《政法论丛》2017 年第 4 期。

③ 有关法官责任制的具体内容可参见崔永东：《法官责任制的定位与规则》，《现代法学》2016 年第 3 期。

于空中楼阁。因此，虽然在股东会决议瑕疵诉讼裁判过程中可能会出现特殊情形，但鉴于突破既判力时间范围的众多不切实际之处，法官对股东会决议瑕疵诉讼的裁判应坚持既判力时间范围的传统规定，不应由法官基于具体案件的情形作看似灵活的处理。

从本节的论述可以看出，对于既判力时间范围的众多问题，其实尚未形成一套完美的理论，股东会决议瑕疵诉讼本身的复杂性增加了其判决既判力时间范围的复杂性。与其他诉讼不同的是，股东会决议瑕疵诉讼更倾向于公益性，过于复杂情形的例外规定不符合股东会决议瑕疵诉讼一次性解决纠纷和维护公司经营稳定的主要目标，因而对股东会决议瑕疵诉讼判决既判力时间范围采最为传统的观点更为妥当。由于坚持别诉禁止理论，不存在当事人在法院对股东会决议效力作出裁判后再行起诉的问题，对股东会决议瑕疵诉讼判决既判力时间范围限缩的讨论便失去了意义。公司在股东会决议瑕疵诉讼事实审言词辩论终结后作出了与原股东会决议内容相同的另一股东会决议的情形，属于下文讨论的“重复形成对象”问题，而非既判力时间范围理论研究的对象。

第五节　股东会决议瑕疵诉讼中的“重复形成对象”问题

股东会决议瑕疵诉讼中还面临“重复形成对象”的问题。面对此困境，学者们相继提出了扩张既判力客观范围、确立中间确认之诉制度、适用争点效理论、采用诚实信用原则、扩大诉讼标的等解决途径。然而，上述解决方案均有不足之处，应通过立法的方式对“重复形成对象”问题的处理作出直接规定。对此，下文进行详细阐释。

一、股东会决议瑕疵诉讼中的“重复形成对象”困境

股东会决议瑕疵诉讼中还存在“重复形成对象”的问题。例如股东基于

股东会决议内容违反公司章程提起股东会决议撤销诉讼，法院支持了原告的请求，但在判决确定后该公司再次作出了相同内容的决议。这就是所谓的“重复形成对象”问题，类似的还有行政机关重复作出内容相同的行政处罚行为。相比之下，行政机关的“重复形成对象”行为在实践中更为常见，如行政机关在某一行政处罚行为被法院撤销后基于同样的事由再次作出相同的处罚决定。在股东会决议瑕疵诉讼中，公司有可能通过两种方式对法院生效判决进行应对，一是对于因程序性事项被撤销或认定不存在的内容也存有问题的股东会决议，在严格按照程序要求的基础上再次作出内容与被撤销股东会决议相同的决议；二是对于仅因内容被判定无效的股东会决议，再次以相同方式作出内容相同的决议。无论公司通过上述哪种方式对法院生效判决进行“积极”应对，均属于“重复形成对象”研究的范畴。但无论原股东会决议的效力因何种原因被法院否定，若其后续作出的股东会决议与被法院否定效力的前股东会决议内容不同，不管公司是否存在恶意，均不属于“重复形成对象”研究的问题。

此时面临的问题是原告是否需要再次起诉并由法院再次进行审理，还是将前诉法院对股东会决议瑕疵诉讼的判断直接适用于第二个诉讼程序？如果不适用，原告需要再次起诉，有可能导致法院针对内容相同的股东会决议作出和原裁判不同的认定。即便原告胜诉，公司也可以通过继续作出相同内容的决议耗尽原告的财力与精力。在笔者看来，出现此种情形的原因一方面在于司法的消极性。法院作为居中裁判者，不应当对公司经营进行过多的干预，否则有违司法公正的理念。因而，法院对公司据以作出股东会决议的理由进行多大程度上的审查，是一个值得思考的问题，法院也无法要求公司对何种事由应作出内容为何的股东会决议。另一方面在于民事诉讼基础理论无法给出一个圆满的解释。正如部分请求、定期金给付和后遗症求偿诉讼面临的理论和实践困境，学者无论是从诉讼标的还是既判力层面都无法给出一个完美的解决路径，更多的是择优选择一种处理方式，或者由最高人民法院通过发布指导性案例的方式，指导下级法院对类似案例作出较为统一的裁判。此外，股东会决议往往是公司后续经营决策和交易的基础，加之公司股东、董事会、高级管理人员和债权债务人之间关系复杂，股东会决议瑕疵治愈具有多样性，以及此种判决无须法院后续进行强制执行，法院对股东会决议效力的判断也难以对公司的后续决议形成有力的威慑和约束。

为了贯彻当事人平等理念，学术界一般认为有必要使前诉判决对公司股东会的后续行为产生拘束力。日本学者从不同的角度构筑合理的理论解决“重复形成对象”问题，如扩张解释具有先决关系的前诉的既判力使其及于后诉、通过中间确认之诉对股东会不具有作出特定内容决议的权能进行确认、给予前诉判决理由以争点效及运用诚实信用原则解释前诉对后诉的拘束力。除上述理论之外，也有学者建议针对“重复形成对象”问题，应将诉讼标的作扩大化处理，即诉讼标的为此类决议行为的违法性予以确定或撤销的请求，而不是针对具体的股东会决议行为予以确定或撤销的请求。[①] 若后诉法院承认原裁判对股东会决议效力的认定，可以极大地缩短后诉的审理时间，否则后诉法院必须从头开始对案件再次进行审理。

二、股东会决议瑕疵诉讼中“重复形成对象”困境解决路径的反思

将“具体的、扩张的解释具有先决关系的前诉既判力及于诉讼标的不同的后诉”的观点，在理论上有不合逻辑之处。首先，由于传统上既判力客观范围仅限于法院对诉讼标的的判决，作为补救措施法律上允许中间确认请求。[②] 在“重复形成对象”情境下，公司虽然作出了前后两个内容相同的股东会决议，但两者是独立存在的公司行为。虽然后诉直接受原裁判既判力的约束从维护公司经营稳定性的角度来看具有一定的合理性，但即便是扩张解释，也不应认定为既判力及于诉讼标的不同的后诉。正如前文所述，既判力的客观范围与诉讼标的一致，既然前后诉诉讼标的不同，将既判力进行如此扩张有违民事诉讼基本原理，因而无论是从先决关系的角度还是从既判力扩张至诉讼标的不同的后诉的角度，此种扩张均有不妥之处。仅仅针对“重复形成对象”问题就要违背

① 参见文晓鹏、严永谊:《“重复形成对象”诉讼问题之研究》,《吉林师范大学学报》(人文社会科学版）2013 年第 6 期。

② 松本博之・上野泰男:『民事訴訟法（第 6 版)』、弘文堂、2010、160 頁。

民事诉讼基本原理的逻辑一贯性并不可取。

将公司不得作出一定内容的决议作为中间确认之诉的对象来解决“重复形成对象”问题并不可行。首先，我国并无中间确认之诉制度，仅因“重复形成对象”问题难以为设立此制度提供充分的理论和实践依据，尤其是在股东会决议瑕疵诉讼能否对原告提供有效及多大程度上的救济受到质疑的情形下。其次，中间确认之诉的立法目的是克服既判力客观范围的固有缺陷，通过诉讼的方式赋予先决法律关系以既判力。中间确认之诉针对的是案件最终裁判的先决问题，因中间确认之诉作出的中间确认判决仅约束原双方当事人。[①] 在出现“重复形成对象”问题时，虽然先前法院针对股东会决议效力作出的裁判和公司后续作出的股东会决议在内容上相同，但提起后诉的原告和前诉的原告并不一定是同一主体，即便是同一主体，前诉对股东会决议效力的判断并不构成后诉中的先决关系。因此，企图通过中间确认之诉解决“重复形成对象”的观点并不可行，此观点并未顾及中间确认之诉须满足的特定构成要件。

从争点效理论的角度寻求解决路径也并不合理。和中间确认之诉一样，争点效理论适用于原当事人之间。并且争点效理论自日本学者新堂幸司创立以来一直存有争议，且其适用须当事人主动援引。若试图通过争点效理论对“重复形成对象”问题进行规制，则意味着需要对争点效理论的适用进行扩大解释，即争点效不仅适用于原当事人之间，在股东会决议瑕疵诉讼中还可以例外地在不同当事人之间发生效力。本来对争点是否进行了充分争执的判定就是一个模糊的概念，将原当事人进行争执的结果是否应当统一地适用于后诉存在疑问，更何况对本身就有争议的争点效理论作此扩大解释就更加不符合民事诉讼基本法理。

适用诚实信用原则解决这一问题也不具有足够的说服力。公司对已经被否定了效力的股东会决议事项再次作出内容相同的决议，明显违反了诚信原则的要求和其他主体的合理期待。但正如前文所述，此原则具有模糊性，并且在有具体法律规定的情形下一般不引用此原则作为裁判依据。因此，在后诉当

① 参见谢阿桑：《关于确立我国民事诉讼中间判决制度的思考》，《现代法学》2004年第3期。

事人和前诉当事人极有可能不相同的前提下，仅仅因诚实信用原则，就否认股东会另行作出的内容相同的股东会决议的效力，对后诉当事人的接受度以及裁判的稳定性是一大挑战。因此，我们并不认为诚实信用原则是解决“重复形成对象”问题的良方，不赞成依据诚实信用原则对股东会决议中的“重复形成对象”问题提出的解决方案。①

传统诉讼标的理论无法解决“重复形成对象”问题。因为基于传统的诉讼标的理论，股东会的后续重复行为与前诉判决中的股东会决议瑕疵属不同的原因事实，构成不同的诉讼标的。正如借款纠纷一样，两笔相同数额而借款期限不同的借款行为构成两个原因事实，为两个诉讼标的。因此，若使前诉判决对股东会后续作出同样决议内容的行为产生拘束力，须对传统的诉讼标的理论进行修正，故而有观点认为可将对此类行为违法性的判断作为诉讼标的。具体来说，当前诉法院判决否定原股东会决议效力、公司再行作出内容相同的股东会决议时，若后诉原告主张前一股东会决议和后一股东会决议具有同一性并对此进行主张和举证，则被告不得提出“违法原因事实不违法”的抗辩和争执，前诉法院对股东会决议效力的判断对后诉具有既判力。但将“这种处分”所具有的一般违法性的确定作为诉讼标的的观点也有脱离通常的诉讼标的概念之嫌。因而也有学者认为法院对此类行为法效果上判断的拘束力类似于判例拘束原则。②

我国并无英美法系上的先例拘束原则，虽有案例指导制度，但并不意味着前诉法官对法律问题的判断必然约束后诉法官。仅凭一方当事人的意思就可以重复的行为，并且在此类行为的效力还可以作为审判对象的情形下，法官对此行为效力的判断不产生拘束力也不利于大众对于纠纷解决的信赖和法的安定性。因此日本学者高桥宏志认为，从实质上来说，此类判决理由中的判断应当产生拘束力。前诉法官对原股东会决议效力的判断属于法的观点的判断，此种

---

① 参见文晓鹏、严永谊:《“重复形成对象”诉讼问题之研究》,《吉林师范大学学报》(人文社会科学版)2013年第6期。

② 参见[日]高桥宏志:《民事诉讼法：制度与理论的深层分析》，林剑锋译，法律出版社2003年版，第535—536页。

判断对后诉也应产生争点效，后诉法官应受到前诉法官判断的约束。[①] 但正如前文对争点效理论解决“重复形成对象”问题的批判一样，以此为理由使前诉法官的判断对后诉法官具有拘束力在理论上并不能自圆其说。

三、股东会决议瑕疵诉讼中“重复形成对象”困境的应对

通过上文论述，可知对于“重复形成对象”问题难以单纯从诉讼标的或是既判力客观范围扩张等单一理论的角度寻求恰当的解决。最简便易行的方式是通过立法对此作出明确的规定，从实体法层面解决这一难题。即明文规定若法院通过裁判的方式否定了股东会决议的内容，公司股东会不得再作出相同内容的决议，但仅因程序性瑕疵导致决议效力瑕疵的除外。之所以将仅因程序性瑕疵导致决议瑕疵排除在外，原因在于若公司作出的股东会决议内容并无违法之处，仅因程序性事项被法院否定了效力，事后公司在符合程序要求的情形下即使作出了内容相同的股东会决议，也不应属于典型意义上的“重复形成对象”行为，此时自然不受“公司股东会不得再作出相同内容决议”的约束，前诉法院对股东会决议效力的判断不得适用于后诉。

虽然通过立法的方式直接规定公司除仅因程序性瑕疵之外不得再作出和原股东会决议内容相同的后续决议，但仍不能避免上述行为的发生。若公司后续作出了和原股东会决议内容相同的决议，则面临前后股东会决议的审查以及对原审原告和第三人利益保护的问题。若公司在法院对先前股东会决议效力进行否定后又作出了内容相同的股东会决议，在原告提起后诉后，法院应当审查前诉法院否定股东会决议效力的原因。若仅因程序性事项导致原股东会决议无效，而后公司又作出了内容相同的股东会决议，则后诉和前诉并非此处要解决的“重复形成对象”问题，法院应当对案件进行重新审查，在查明后诉的基础上对后作出的股东会决议效力问题作出独立的裁判。若前股东会决议并无程序

---

① 参见［日］高桥宏志：《民事诉讼法：制度与理论的深层分析》，林剑锋译，法律出版社 2003 年版，第 536 页。

性问题，公司在前股东会决议被法院否决后又作出了内容相同的股东会决议，则无论后作出的股东会决议是否还具有除内容之外的其他瑕疵，均应认定为“重复形成对象”行为，后诉法院应当依据“公司股东会不得再作出相同内容的决议”的禁止性规定直接否定后续股东会决议的效力。

应从实体法进行规定的角度来解决“重复形成对象”问题理论上遭遇的难题，此举虽然便利了后诉法院对于案件的审查，但具有起诉资格的原告为了维护自己的利益还是要提起后续的诉讼，公司依旧可以不断作出内容相同的股东会决议耗尽原告的财力和精力。此时公司的行为并不构成诉讼法上的恶意，因为其并未提起诉讼；从狭义上来说，也不构成对于诉讼的妨碍，因为其并未侵害原告的诉权。若从根本上防止公司此种不道德的做法，还需要从实体法的角度进行规定，若公司重复作出内容相同的股东会决议，应赋予工商管理部门一定的罚款权限，在接到相关公众的举报后在查明事实的基础上可对公司予以罚款。并且为了对公司形成威慑，不应对此罚款设定上限，应综合考量对潜在原告的损害确定合适的罚款数额。对于被处罚的公司，还应向相关部门进行曝光和通报，制作相应黑名单以示警戒。此外，从广义上来说，公司为了逃避前诉法院对股东会决议效力的认定而企图通过再次作出决议的方式达到不正当的目的，从实质上来说也是对法院裁判的不遵守和诉讼的妨碍。后诉法院可以在查明案情的基础上对公司处以一定的罚款，此种司法上的罚款和行政机关作出的罚款决定并不冲突，并不违反“一事不二罚”的原则。

结 语

社会经济的发展促进了公司的繁荣，但繁荣的背后也隐藏着纠纷和危机。股东会决议效力争议的增多反映了商业的繁荣，也凸显了公司内部治理的有限性。学术界对股东会决议瑕疵诉讼的研究经历了从少到多、从实体法到程序法与实体法相结合的历程。作为实体与程序交错的场域，本书的研究虽然以民事诉讼基础理论为主，但仍避不开对以《公司法》为首的实体法律规定内容的探讨。这也从侧面反映出仅仅从民事诉讼法的角度难以找到应对股东会决议瑕疵诉讼面临的众多困境的良策。

从民事诉讼法的角度，可以沿着两条不同的逻辑主线展开论述，一条逻辑主线是诉，以诉的构成要素为框架，对股东会决议瑕疵之诉进行剖析；一条逻辑主线是诉讼，以诉讼进程为指引，对股东会决议瑕疵诉讼进行讨论。两条逻辑主线各有缺点：以诉的视角展开，难以在内涵的范围内探讨无法回避的股东会决议瑕疵诉讼判决既判力问题；以诉讼的视角展开，面对繁杂的诉讼流程难以做到一一述及。本书以诉讼的视角展开，并未对股东会决议瑕疵诉讼的流程面面俱到，而是将其融入对重点问题的讨论之中。

本书对股东会决议瑕疵诉讼适格当事人、诉讼标的和判决既判力等问题的阐述，也是学术界关注的焦点。无论是适格当事人的范围、诉讼标的理论选择还是判决既判力范围的界定，本书始终思考的问题是如何进行制度设计，以更好地寻求当事人和案外人程序保障与纠纷一次性解决之间的平衡，这有待后续的研究与探讨。

参考文献

（按姓氏笔画排名）

一、中文文献

（一）著作

常廷彬:《民事判决既判力主观范围研究》，中国人民公安大学出版社 2010 年版。

常怡主编:《比较民事诉讼法》，中国政法大学出版社 2002 年版。

陈计男:《民事诉讼法论（上）》，（台北）三民书局 2006 年版。

陈群峰:《审判视野下的公司诉讼研究》，法律出版社 2013 年版。

陈荣宗、林庆苗:《民事诉讼法（上）》，（台北）三民书局 2016 年版。

陈荣宗、林庆苗:《民事诉讼法（中）》，（台北）三民书局 2014 年版。

陈荣宗:《民事程序法与诉讼标的理论》，台湾大学法学丛书编辑委员会，1984 年。

陈贤贵:《当事人适格问题研究》，厦门大学出版社 2013 年版。

崔建远等:《民法总论》，清华大学出版社 2010 年版。

《德国民事诉讼法》，丁启明译，厦门大学出版社 2016 年版。

《德国商事公司法》，胡晓静、杨代雄译，法律出版社 2014 年版。

邓辉辉:《民事诉讼既判力理论研究》，中国政法大学出版社 2014 年版。

丁宝同:《民事判决既判力研究》，法律出版社 2012 年版。

杜万华主编:《最高人民法院〈公司法司法解释(四)〉理解与适用》,人民法院出版社 2017 年版。

段厚省:《民事诉讼标的论》,中国人民公安大学出版社 2004 年版。

《法国新民事诉讼法典》,罗结珍译,中国法制出版社 1999 年版。

郭明瑞、房绍坤主编:《民法(第 4 版)》,高等教育出版社 2017 年版。

韩龙:《公司董事会决议效力研究》,法律出版社 2016 年版。

韩艳:《第三人撤销之诉制度研究》,浙江大学出版社 2017 年版。

胡军辉:《美国民事既判力理论研究》,北京师范大学出版社 2015 年版。

胡军辉:《民事裁判既判力问题新探索》,法律出版社 2018 年版。

黄国昌:《民事诉讼理论之新开展》,北京大学出版社 2008 年版。

江伟、邵明、陈刚:《民事诉权研究》,法律出版社 2002 年版。

江伟主编:《民事诉讼法(第 5 版)》,高等教育出版社 2016 年版。

姜世明:《举证责任与证明度》,厦门大学出版社 2017 年版。

姜世明:《民事诉讼法基础论》,(台北)元照出版有限公司 2012 年版。

蒋学跃:《法人制度法理研究》,法律出版社 2007 年版。

柯芳枝:《公司法论》,中国政法大学出版社 2004 年版。

李建伟:《公司诉讼专题研究》,中国政法大学出版社 2008 年版。

李龙:《民事诉讼标的理论研究》,法律出版社 2003 年版。

李木贵:《民事诉讼法(上)》,(台北)元照出版有限公司 2007 年版。

李木贵:《民事诉讼法(下)》,(台北)元照出版有限公司 2007 年版。

李志刚:《公司股东大会决议问题研究——团体法的视角》,中国法制出版社 2012 年版。

林剑锋:《民事判决既判力客观范围研究》,厦门大学出版社 2006 年版。

林少伟:《英国现代公司法》,中国法制出版社 2015 年版。

刘俊海:《公司法学》,北京大学出版社 2013 年版。

刘俊海:《股份有限公司股东权的保护》,法律出版社 1997 年版。

刘连煜:《现代公司法》,(台北)新学林出版股份有限公司 2011 年版。

吕太郎:《民事诉讼之基本理论(一)》,(台北)元照出版有限公司 2009

年版。

梅慎实:《现代公司治理结构规范运作论(修订版)》,中国法制出版社 2002 年版。

钱卫清:《公司诉讼:公司司法救济方式新论》,人民法院出版社 2004 年版。

钱玉林:《股东大会决议瑕疵研究》,法律出版社 2005 年版。

邱联恭:《程序利益保护论》,(台北)三民书局 2005 年版。

邱联恭:《司法之现代化与程序法》,(台北)三民书局 2001 年版。

《日本民事诉讼法典》,曹云吉译,厦门大学出版社 2017 年版。

沈德咏主编:《〈中华人民共和国民法总则〉条文理解与适用(下)》,人民法院出版社 2017 年版。

沈德咏主编:《最高人民法院〈民事诉讼法司法解释〉理解与适用(下)》,人民法院出版社 2017 年版。

施天涛:《公司法论(第 4 版)》,法律出版社 2018 年版。

石少侠主编:《公司法学》,中国政法大学出版社 2012 年版。

史尚宽:《民法总论》,中国政法大学出版社 2000 年版。

宋旺兴:《民事案由制度研究》,法律出版社 2014 年版。

谭启平、王宏、孙鹏:《中国民法学》,法律出版社 2015 年版。

田平安主编:《民事诉讼法·基础理论篇》,厦门大学出版社 2009 年版。

田平安主编:《民事诉讼法·诉讼证据篇》,厦门大学出版社 2006 年版。

田平安主编:《民事诉讼法·原则制度篇》,厦门大学出版社 2006 年版。

王泰铨:《公司法新论》,王志诚修订,(台北)三民书局 2009 年版。

王亚新、陈杭平、刘君博:《中国民事诉讼法重点讲义》,高等教育出版社 2017 年版。

魏振瀛主编:《民法(第 7 版)》,北京大学出版社 2017 年版。

吴明轩:《民事诉讼法》中册,(台北)三民书局 2016 年版。

肖建华、唐玉富:《新型民事诉讼程序问题研讨》,中国人民公安大学出版社 2018 年版。

肖建华:《民事诉讼当事人研究》，中国政法大学出版社 2002 年版。

谢文哲:《公司法上的纠纷之特殊诉讼机制研究》，法律出版社 2009 年版。

《新订日本公司法典》，王作全译，北京大学出版社 2016 年版。

熊跃敏、刘芙、李卓:《民事再审程序研究》，吉林人民出版社 2005 年版。

徐一楠:《第三人撤销之诉制度研究》，人民法院出版社 2018 年版。

许士宦:《民事诉讼法（上）》，（台北）新学林出版股份有限公司 2016 年版。

许士宦:《新民事诉讼法》，北京大学出版社 2013 年版。

杨建华:《民事诉讼法要论》，郑杰夫增订，北京大学出版社 2013 年版。

杨建华:《问题研析民事诉讼法（二）》，（台北）三民书局 2010 年版。

杨军:《诉的利益研究》，北京交通大学出版社 2014 年版。

姚其圣:《民事诉讼法论》下册，（台北）新学林出版股份有限公司 2016 年版。

姚瑞光:《民事诉讼法论》，中国政法大学出版社 2011 年版。

张凝:《日本股东大会制度的立法、理论与实践》，法律出版社 2009 年版。

张卫平:《法学研究与教育方法论》，法律出版社 2017 年版。

张卫平:《民事诉讼：关键词展开》，中国人民大学出版社 2005 年版。

张卫平:《诉讼构架与程式——民事诉讼的法理分析》，清华大学出版社 2000 年版。

张文显:《法理学（第五版）》，高等教育出版社 2018 年版。

张雪娥:《公司股东大会决议效力研究》，法律出版社 2018 年版。

赵心泽:《股东会决议瑕疵诉讼制度研究》，法律出版社 2017 年版。

赵旭东主编:《商法学（第 3 版）》，高等教育出版社 2015 年版。

朱锦清:《公司法学（上）》，清华大学出版社 2017 年版。

（二）译著

[德] 奥特马·尧厄尼希:《民事诉讼法（第 27 版）》，周翠译，法律出版社 2003 年版。

[法]狄骥:《宪法论》，钱克新译，商务印书馆1959年版。

[德]迪特尔·梅迪库斯:《德国民法总论》，邵建东译，法律出版社2000年版。

[日]高桥宏志:《民事诉讼法：制度与理论的深层分析》，林剑锋译，法律出版社2003年版。

[德]格茨·怀克、克里斯蒂娜·温德比西勒:《德国公司法》，殷盛译，法律出版社2010年版。

[日]谷口安平:《程序的正义与诉讼（增补本）》，王亚新、刘荣军译，中国政法大学出版社2002年版。

[德]汉斯-约阿希姆·穆泽拉克:《德国民事诉讼法基础教程》，周翠译，中国政法大学出版社2005年版。

[美]杰克·H.弗兰德泰尔、玛丽·凯·凯恩、阿瑟·R.米勒:《民事诉讼法》，夏登峻等译，中国政法大学出版社2003年版。

[日]近藤光男:《最新日本公司法（第7版）》，梁爽译，法律出版社2016年版。

[韩]李哲松:《韩国公司法》，吴日焕译，中国政法大学出版社2000年版。

[德]罗森贝克、施瓦布、戈特瓦尔德:《德国民事诉讼法（上）》，李大雪译，中国法制出版社2007年版。

[日]末永敏和:《现代日本公司法》，金洪玉译，人民法院出版社2000年版。

[日]三月章:《日本民事诉讼法》，汪一凡译，（台北）五南图书出版公司1987年版。

[日]山本为三郎:《日本公司法精解》，朱大明等译，法律出版社2015年版。

[日]松本博之:《日本人事诉讼法》，郭美松译，厦门大学出版社2012年版。

[德]托马斯·莱塞尔、吕迪格·法伊尔:《德国资合公司法》，高旭军等译，法律出版社2005年版。

[日]新堂幸司:《新民事诉讼法》，林剑锋译，法律出版社 2008 年版。

[日]伊藤真:《新民事诉讼法（第四版补订版）》，曹云吉译，北京大学出版社 2019 年版。

[日]中村英郎:《民事诉讼法讲义》，陈刚、林剑锋、郭美松译，法律出版社 2001 年版。

（三）论文

包晓丽:《民法规范论在公司法中的适用》,《河南财经政法大学学报》2018 年第 2 期。

北京市第一中级人民法院课题组:《关于建立民事审判“纠纷一次性解决机制”的调研报告》,《法律适用》2013 年第 1 期。

步兵、孟星宇:《股东会决议不存在探析——以〈公司法〉第 22 条为中心》,《东南大学学报》（哲学社会科学版）2014 年第 2 期。

蔡虹:《释明权：基础透视与制度构建》,《法学评论》2005 年第 1 期。

蔡立东、杨宗仁:《论股东会决议撤销权的主体及其行使》,《当代法学》2008 年第 5 期。

曹云吉:《立案登记制下“当事人”的程序构造》,《法制与社会发展》2017 年第 5 期。

曹志勋:《德国诉讼标的实体法说的发展——关于对请求权竞合的程序处理》,《交大法学》2018 年第 1 期。

曹志勋:《论我国法上确认之诉的认定》,《法学》2018 年第 11 期。

陈醇:《论单方法律行为、合同和决议之间的区别——以意思互动为视角》,《环球法律评论》2010 年第 1 期。

陈醇:《意思形成与意思表示的区别：决议的独立性初探》,《比较法研究》2008 年第 6 期。

陈桂明、李仕春:《形成之诉独立存在吗？——对诉讼类型传统理论的质疑》,《法学家》2007 年第 4 期。

陈杭平:《“纠纷事件”：美国民事诉讼标的理论探析》,《法学论坛》2017

年第 6 期。

陈杭平:《诉讼标的理论的新范式——“相对化”与我国民事审判实务》,《法学研究》2016 年第 4 期。

陈鹏光:《股东会决议争讼事件之确认利益、被告适格及判决对世效——着重于探讨其相关审判实务应如何依循修正民事诉讼法之意旨处理及今后残留之课题》,民事诉讼法研究基金会:《民事诉讼法之研讨(十六)》,(台北)三民书局 2009 年版。

陈荣宗:《婚姻无效与股东会决议无效之诉讼(之一)》,民事诉讼法研究基金会:《民事诉讼法之研讨(四)》,(台北)三民书局 1993 年版。

崔东豪、王丽维:《董事会决议中弃权票的性质认定》,赵旭东、宋晓明:《公司法评论》第 2 辑,人民法院出版社 2007 年版。

崔玲玲:《诉的类型新论——对诉的类型传统理论的扬弃》,《河北法学》2013 年第 1 期。

崔永东:《法官责任制的定位与规则》,《现代法学》2016 年第 3 期。

戴建庭、白明刚:《单方法律行为、合同、决议的瑕疵分析和责任比较》,《东方法学》2012 年第 4 期。

丁勇:《德国公司决议瑕疵诉讼滥用问题研究及启示》,《比较法研究》2013 年第 4 期。

丁勇:《股东大会决议撤销诉讼功能反思》,《法学》2013 年第 7 期。

丁勇:《组织法的诉讼构造:公司决议纠纷诉讼规则重构》,《中国法学》2019 年第 5 期。

《董事会所为之决议若属违法,则其所召集之股东会效力是否受影响——“最高法院”99 年度台上第 1650 号判决》,(台北)《判解集》2011 年第 7 期。

杜睿哲:《论诉讼继受》,《西北师大学报》(社会科学版)2005 年第 1 期。

段厚省:《共同诉讼形态研究——以诉讼标的理论为方法》,陈光中、江伟主编:《诉讼法论丛》第 11 卷,法律出版社 2006 年版。

段厚省:《请求权竞合研究》,《法学评论》2005 年第 2 期。

段文波:《德日必要共同诉讼“合一确定”概念的嬗变与启示》,《现代法学》2016年第2期。

段文波:《构建我国民事诉讼中间判决制度论——对德国和日本民事中间判决制度的借鉴》,《政治与法律》2009年第10期。

段文波:《美国民事诉讼标的内涵的变迁——以诉讼方式的发展为主线》,《学海》2009年第2期。

段文波:《起诉条件前置审理论》,《法学研究》2016年第6期。

段文波:《请求权竞合论:以诉之选择性合并为归宿》,《现代法学》2010年第5期。

段文波:《我国民事管辖审查程序的反思与修正》,《中国法学》2019年第4期。

冯兆蕙、李霞:《〈民法总则〉第134条第2款"决议行为"之探析》,《河北法学》2019年第1期。

傅郁林:《先决问题与中间裁判》,《中国法学》2008年第6期。

傅郁林:《追求价值、功能与技术逻辑自洽的比较民事诉讼法学》,《法学研究》2012年第5期。

甘培忠、赵文冰:《对公司决议效力的一些思考——析〈最高人民法院关于适用中华人民共和国公司法若干问题的规定(四)〉(征求意见稿)中的相关规定》,《法律适用》2016年第8期。

韩长印:《共同法律行为理论的初步构建——以公司设立为分析对象》,《中国法学》2009年第3期。

何东闽:《如何区分公司决议不成立与可撤销》,《中国律师》2018年第8期。

洪秀芬:《出席股东请求撤销决议诉讼权》,(台北)《月旦法学教室》2009年第77期。

侯东德:《股东权的产生逻辑:一个契约理论的考察》,《改革与战略》2008年第12期。

胡晓静:《德国学理及司法实践中的股东会决议不成立——兼评〈公司法司法解释(四)〉第5条》,《山东大学学报》(哲学社会科学版)2018年第3期。

胡震远:《我国准必要共同诉讼制度的建构》,《法学》2009年第1期。

黄学武、葛文:《股东会召集程序瑕疵与撤销——一则申请撤销股东会决议纠纷案评析》,《法学》2007 年第 9 期。

贾文卿:《论私法决议行为的性质》,《河南财经政法大学学报》2018 年第 3 期。

江伟、刘敏:《论民事诉讼模式的转换与法官的释明权》，陈光中、江伟主编:《诉讼法论丛》第 6 卷，法律出版社 2001 年版。

蒋丽华:《优化营商环境下股东会决议瑕疵诉讼之诉讼标的》,《河南财经政法大学学报》2023 年第 2 期。

亢晶晶:《协同主义诉讼模式在刑事诉讼中的导入——兼谈我国控辩审关系的反思与重构》,《法律科学》(西北政法大学学报) 2015 年第 3 期。

赖华子、胡东平:《股东会议决议撤销诉讼的功能定位》,《南昌大学学报(人文社会科学版)》2013 年第 6 期。

兰仁迅:《我国必要共同诉讼类型再思考》,《华侨大学学报》(哲学社会科学版) 2011 年第 4 期。

雷万来:《公司股东会议决议诉讼之诉讼标的》，民事诉讼法研究基金会:《民事诉讼法之研讨(十五)》,(台北) 三民书局 2008 年版。

雷震、帅晓东、李航:《有瑕疵的公司决议撤销诉讼不能调解》,《人民司法(案例)》2009 年第 20 期。

李辉:《形成权诉讼与形成之诉关系辨析》,《法学论坛》2016 年第 1 期。

李建伟:《公司决议效力瑕疵类型及其救济体系再构建——以股东大会可撤销为中心》,《商事法论集》2008 年第 2 期。

李建伟:《论公司决议可撤销的适用事由——基于司法适用立场的立法解释》,《浙江社会科学》2009 年第 8 期。

李磊:《请求权竞合解决新论——以客观预备合并之诉为解决途径》,《烟台大学学报》(哲学社会科学版) 2016 年第 4 期。

李宇:《基础回填：民法总则中的意思表示与法律行为一般规则》,《华东政法大学学报》2017 年第 3 期。

李志刚:《公司股东大会撤销决议诉讼的当事人：规范、法理与实践》,

《法学家》2018 年第 4 期。

刘敏:《论民事诉讼中当事人恒定原则的适用》,《法商研究》2016 年第 5 期。

刘文科:《公司决议的法律性质与效力》,《法治现代化研究》2018 年第 3 期。

刘哲玮:《论公司决议诉讼的裁判效力范围》,《山东大学学报》(哲学社会科学版)2018 年第 3 期。

刘哲玮:《普通形成权诉讼类型考辨——以合同解除权为例》,《中外法学》2014 年第 5 期。

刘哲玮:《确认之诉的限缩及其路径》,《法学研究》2018 年第 1 期。

卢佩:《困境与突破:德国诉讼标的理论重述》,《法学论坛》2017 年第 6 期。

陆俊伟:《公司股东会决议性质研究》,《东南大学学报》(哲学社会科学版)2016 年 S2 期。

罗飞云:《无独立请求权第三人制度:比较、借鉴与重构》,《甘肃社会科学》2007 年第 5 期。

罗水平、熊洋:《论客观的预备合并之诉及对我国立法之借鉴》,《求索》2009 年第 9 期。

骆永家:《阐明权》,民事诉讼法研究基金会:《民事诉讼法之研讨(四)》,(台北)三民书局 1993 年版。

吕凤祥:《新〈公司法〉下股东大会决议的若干法律问题》,《理论与改革》2006 年第 4 期。

冒金山:《公司决议诉讼之裁判思路》,赵旭东、宋晓明主编:《公司法评论(2007 年第 4 辑)》,人民法院出版社 2008 年版。

孟勤国、张素华:《公司法人人格否认理论与股东有限责任》,《中国法学》2004 年第 3 期。

欧元捷:《确认亲子关系诉讼的原告资格论——以诉的种类为秩序框架》,《政治与法律》2018 年第 11 期。

彭真明、温长庆:《股东会决议程序性瑕疵的体系解释》,《江海学刊》2019年第2期。

蒲一苇:《诉讼法与实体法交互视域下的必要共同诉讼》,《环球法律评论》2018年第1期。

钱玉林:《论可撤销的股东大会决议》,《法学》2006年第11期。

瞿灵敏:《民法典编纂中的决议:法律属性、类型归属与立法评析》,《法学论坛》2017年第4期。

冉博:《"重复诉讼"与"既判力"的混同及其规制》,《法律适用》2018年第16期。

任重:《释明变更诉讼请求的标准——兼论"证据规定"第35条第1款的规范目的》,《法学研究》2019年第4期。

任重:《我国民事诉讼释明边界问题研究》,《中国法学》2018年第6期。

任重:《形成判决的效力——兼论我国物权法第28条》,《政法论坛》2014年第1期。

石纪虎:《关于股东大会决议效力的探讨》,《政治与法律》2009年第5期。

石纪虎:《关于股东大会决议效力的探讨》,《政治与法律》2009年第5期。

宋春龙:《非正当当事人处理方式研究——兼论我国非正当当事人处理制度之建构》,《大连理工大学学报》(社会科学版)2017年第4期。

苏翠萍:《股东大会决议不存在制度研究》,《商事法论集》2009年第1期。

滕娟:《专家:股东会决议有无效力还需参照〈民法总则〉》,《财会信报》2017年9月11日。

王福华:《民事诉讼协同主义——在理想和现实之间》,《现代法学》2006年第6期。

王雷:《〈民法总则〉中决议行为法律制度的力量与弱点》,《当代法学》2018年第5期。

王雷:《公司决议行为瑕疵制度的解释与完善——兼评公司法司法解释四(征求意见稿)第4-9条规定》,《清华法学》2016年第5期。

王雷:《论民法中的决议行为——从农民集体决议、业主管理规约到公司决议》,《中外法学》2015 年第 1 期。

王雷:《论我国民法典中决议行为与合同行为的区分》,《法商研究》2018 年第 5 期。

王雷:《我国民法典编纂中的团体法思维》,《当代法学》2015 年第 4 期。

王湘淳:《股东会决议撤销诉讼：功能重校与规则再造》,《法学论坛》2018 年第 1 期。

王湘淳:《股东会决议撤销诉讼之二次诉讼困局研究》,《海南大学学报（人文社会科学版）》2018 年第 3 期。

王杏飞:《对我国民事诉判关系的再思考》,《中国法学》2019 年第 2 期。

王杏飞:《论释明的具体化：兼评〈买卖合同解释〉第 27 条》,《中国法学》2014 年第 3 期。

王亚新:《第三人参与诉讼的制度框架与程序操作》,《当代法学》2015 年第 2 期。

王彦明:《股东大会决议的无效与撤销——基于德国股份法的研究》,《当代法学》2005 年第 4 期。

温长庆:《论公司决议的形成规则及其在回避表决时的运用——从“万科董事会决议”的争议点切入》,《法商研究》2018 年第 1 期。

文晓鹏、严永谊:《“重复形成对象”诉讼问题之研究》,《吉林师范大学学报》（人文社会科学版）2013 年第 6 期。

翁晓斌、周翠:《辩论原则下的法官实质指挥诉讼与收集证据的义务》,《现代法学》2011 年第 4 期。

吴飞飞:《决议行为归属与团体法“私法评价体系”构建研究》,《政治与法律》2016 年第 6 期。

吴高臣:《论股东大会决议的性质》,《首都师范大学学报》（社会科学版）2014 年第 6 期。

吴明童:《既判力的界限研究》,《中国法学》2001 年第 6 期。

吴英姿:《判决效力相对性及其对外效力》,《学海》2000 年第 4 期。

吴英姿:《诉讼标的理论“内卷化”批判》,《中国法学》2011 年第 2 期。

夏璇:《辩论主义语境下证据共通原则的适用》,《社会科学家》2015 年第 9 期。

[日]小川宏幸:《股东大会决议不存在、确认无效、撤销诉讼》，赵旭东、宋晓明主编:《公司法评论》第 3 辑，人民法院出版社 2004 年版。

肖建国、黄忠顺:《诉讼实施权理论的基础性建构》,《比较法研究》2011 年第 1 期。

谢阿桑:《关于确立我国民事诉讼中间判决制度的思考》,《现代法学》2004 年第 3 期。

谢可训:《试论我国现行民事诉讼模式下的释明权》，陈光中、江伟主编:《诉讼法论丛》第 9 卷，法律出版社 2004 年版。

谢文哲:《股东会决议撤销之诉研究》,《金陵法律评论》2007 年第 1 期。

熊跃敏:《民事诉讼中法院的释明：法理、规则与判例——以日本民事诉讼为中心的考察》,《比较法研究》2004 年第 6 期。

熊跃敏:《民事诉讼中法院释明的实证分析——以释明范围为中心的考察》,《中国法学》2010 年第 5 期。

徐银波:《决议行为效力规则之构造》,《法学研究》2015 年第 4 期。

许惠峰、陈昱龙:《股东会决议瑕疵法律效果之经济分析》,(台北)《全国律师》2013 年第 2 期。

许中缘:《论意思表示瑕疵的共同法律行为——以社团决议撤销为研究视角》,《中国法学》2013 年第 6 期。

薛波:《〈民法总则〉对商事关系的包容性及表现——兼论决议行为立法问题》,《中南大学学报》(社会科学版)2016 年第 1 期。

薛波:《我国未来〈民法总则〉决议行为的立法安排》,《湖北社会科学》2016 年第 2 期。

薛军:《论可撤销法律行为撤销权行使的方法——以中国民法典编纂为背景的分析》,《法学家》2016 年第 6 期。

严仁群:《不受判决拘束者之事后救济》,《法学家》2015 年第 1 期。

严仁群:《诉讼标的之本土路径》,《法学研究》2013 年第 3 期。

杨建华:《重叠（竞合）诉之合并与选择合并（之一)》,《民事诉讼法之研讨（三)》,（台北）三民书局 1988 年版。

杨钧、秦嫣:《论释明制度》,《法学》2003 年第 9 期。

杨卫国:《论民事诉讼第三人权益救济制度系统之重构——以案外第三人撤销之诉原告适格为中心》,《海南大学学报》（人文社会科学版）2015 年第 3 期。

杨峥嵘、杨京紫:《确认公司决议有效诉讼的司法必要性及其法律适用路径——以完善我国〈最高人民法院关于适用中华人民共和国公司法若干问题的规定（四)〉第一条为视角》,《湖南社会科学》2018 年第 2 期。

叶林:《股东会会议决议形成制度》,《法学杂志》2011 年第 10 期。

叶林:《商行为的性质》,《清华法学》2008 年第 4 期。

《依无效董事会召开之股东会，得撤销——“最高法院”96 年度台上第 2833 号民事判决》,（台北）《判解集》2014 年第 26 期。

殷秋实:《法律行为视角下的决议不成立》,《中外法学》2019 年第 1 期。

俞巍:《股东请求确认股东会决议有效的诉讼不宜受理》,《法学》2008 年第 9 期。

袁琳:《基于“同一事实”的诉的客观合并》,《法学家》2018 年第 2 期。

占善刚:《民事诉讼中的证据共通原则研究》,《法学评论》2012 年第 5 期。

张晋红:《关于中间确认判决制度的立法思考》,《中国法学》2002 年第 5 期。

张晋红:《民事诉讼合并管辖立法研究》,《中国法学》2012 年第 2 期。

张卫平:《对民事诉讼法学贫困化的思考》,《清华法学》2014 年第 2 期。

张卫平:《民法典与民事诉讼法的连接与统合——从民事诉讼法视角看民法典的编纂》,《法学研究》2016 年第 1 期。

张卫平:《民事诉讼法学方法论》,《法商研究》2016 年第 2 期。

张卫平:《民事诉讼法学方法论》,《法商研究》2016 年第 2 期。

张卫平:《诉的利益：内涵、功能与制度设计》,《法学评论》2017 年第 4 期。

张卫平:《重复诉讼规制研究——兼论“一事不再理”》,《中国法学》2015年第2期。

张卫平:《自由心证原则的再认识:制约与保障——以民事诉讼的事实认定为中心》,《政法论丛》2017年第4期。

张旭荣:《法律行为视角下公司会议决议效力形态分析》,《比较法研究》2013年第6期。

赵万一:《资本三原则的功能更新与价值定位》,《法学评论》2017年第1期。

赵信会、李祖军:《无独立请求权第三人制度的内部冲突与制衡》,《现代法学》2003年第6期。

赵秀举:《论请求权竞合理论与诉讼标的理论的冲突与协调》,《交大法学》2018年第1期。

赵泽君、蒋丽华:《禁止不利益变更原则的反思与引入》,《西北民族大学学报》(哲学社会科学版)2019年第4期。

周翠:《公司决议诉讼的功能定位与程序机制》,《中外法学》2019年第3期。

周游:《股权性质之争:误区释疑与价值重述》,《经贸法律评论》2019年第2期。

左卫民:《法学实证研究的价值与未来发展》,《法学研究》2013年第6期。

(四)其他

北京市朝阳区人民法院(2017)京0105民初29833号民事判决书。

北京市大兴区人民法院(2017)京0115民初6970号民事裁定书。

北京市第二中级人民法院(2009)二中民终字第22302号民事判决书。

江苏省高级人民法院(2017)苏民再124号民事判决书。

昆明市中级人民法院(2009)昆民五终字第3号民事裁定书。

泸州市江阳区人民法院(2018)川0502民初1371号民事判决书。

南京市中级人民法院(2017)苏01民终1337号民事判决书。

宁波市中级人民法院（2012）甬仑商外初字第250号民事判决书。

上海市普陀区人民法院（2011）普民二（商）初字第1185号民事判决书。

深圳市罗湖区人民法院（2018）粤0303民初22461号民事判决书。

石家庄市鹿泉区人民法院（2019）冀0110民初197号民事判决书。

石家庄市鹿泉区人民法院（2019）冀0110民初197号民事判决书。

台湾地区“最高法院”68年台上字第603号判决。

台湾地区“最高法院”96年台上字1525号判决。

台湾地区“最高法院”97年台上字第925号判决。

台湾地区高等法院98年上字第149号民事判决。

徐州市中级人民法院（2017）苏03民终8397号民事裁定书。

长沙市中级人民法院（2018）湘01民终1944号民事判决书。

浙江省杭州市上城区人民法院（2008）上民二初字第1285号民事判决书。

二、日文文献

（一）著作

吉野正三郎:『民事訴訟法（第3版)』、成文堂、1998。

梅本吉彦:『民事訴訟法（新版)』、信山社、2006。

上原敏夫・池田辰夫・山本和彦:『民事訴訟法（第4版)』、有斐閣、2003。

松本博之・上野泰男:『民事訴訟法（第6版)』、弘文堂、2010。

小山昇:『訴訟物の研究』、信山社、1994。

（二）論文

福永有利:「法人内部紛争の当事人適格」、鈴木忠一・三ケ月章:『実務民事訴訟法講座第1巻（新版)』、日本評論社、1981。

高地茂世:「法人の内部紛争をめぐる訴訟における当事者適格」、『法律論叢』第56巻第5号、1983。

谷口安平:「株主総会の決議を争う訴訟の訴訟物」、小山昇・中野貞一郎・松蒲馨等:『演習民事訴訟法』、青林書院、1987。

霜島甲一:「総会決議の取消・無効を主張する訴訟の訴訟物」、鈴木忠一・三ケ月章:『実務民事訴訟講座 5』、日本評論社、1970。

西原寛一:「株主総会決議不存在確認の訴の特質」、『法学教室』第 3 号、1962。

岩原紳作:「株主総会決議を争う訴訟の構造(九)」、『法学協会雑誌』第 97 巻第 8 号、1980。

中島弘雅:「法人の内部紛争における被告適格について -5」、『判例タイムズ』第 36 巻第 554 号、1985。

中島弘雅:「株主総会決議無効確認訴訟における取消判決の許否: 最高裁昭和 54 年 11 月 16 日第二小法廷判決を機縁として」、『商学討究』第 33 巻第 4 号、1983。

佐藤鉄男:「株主総会の決議を争う訴訟の訴訟物」、青田善充・伊藤真:『民事訴訟法の争点(第 3 版)』、有斐閣、1998。

后　记

股东会瑕疵决议的分类及其效力问题，一度成为学术热点，实体法学者对此进行了较为充分的研究，并作为中国法学会商法学研究会年会的研讨主题进行专门探讨。相比之下，对股东会决议瑕疵诉讼的研究却十分有限，是一个值得从实体与程序交融视角进行深入挖掘的领域。

本书是在我博士学位论文的基础上，结合多年来对股东会决议瑕疵诉讼持续的研究完善而成。我于 2017 年考入西南政法大学诉讼法学（民事诉讼方向）专业，有幸成为赵泽君教授的弟子，开启了从 2017 年至 2020 年三年的博士求学历程。这三年，也是我对股东会决议瑕疵诉讼持续研究和关注的三年，导师对该选题的肯定给予了我持续研究的动力。

2020 年 7 月博士毕业后，我入职西北政法大学民商法学院民事诉讼法教研室。多年福分和运气的积攒，我得以拜在知名商法学者、西北政法大学郭富青教授门下，从事博士后研究工作，继续从民事诉讼法和公司法的交叉视角深化对股东会决议瑕疵诉讼的研究。郭富青教授学术功力深厚，温文尔雅，循循善诱，不断帮我打开思路。诚挚感谢郭富青教授的孜孜教诲与鼓励，每每与其长谈，总能获益匪浅。与郭老师交流学术的日子，是我生命里一段十分快乐与难忘的时光。

写作过程中，幸而在多位同学与师长的帮助下不断充实资料和厘清写作思路，在此一并致谢。感谢我的硕士研究生王坤瑜、郑璐璐、李佳育三位同学，为本书校对付出了大量的时间和精力。

感谢山东大学出版社肖世伟编辑，在本书出版过程中给予了大力支持，使本书得以顺利出版。

感谢家人对我的精神支持与理解，感谢亲朋好友长期以来的帮助。

蒋丽华

2023年8月　于西安